Erinnerungen

Erinnerungen

Claus von Rosen

Old Guard Press

Published in the United Kingdom in 2015
for Old Guard Press by
Shearsman Books
50 Westons Hill Drive
Emersons Green
BRISTOL
BS16 7DF

Shearsman Books Ltd Registered Office
30–31 St. James Place, Mangotsfield, Bristol BS16 9JB
(this address not for correspondence)

ISBN 978-1-84861-410-9

Copyright © The Estate of Claus von Rosen, 2015.
Vorwort, Nachwort copyright © Detlev von Rosen, 2015.

The right of Claus von Rosen to be identified as the author
of this work has been asserted by his Estate in accordance with the
Copyrights, Designs and Patents Act of 1988.

Erinnerungen

Vorwort

Das Gebiet, das als Baltikum bezeichnet wird, wurde im 12. Jahrhundert von Deutschen Kreuzrittern erobert und besetzt. Sie blieben als eine führende Schicht bis 1920 als die drei freien Staaten Estland, Lettland und Litauen entstanden. Mein Vater wurde im Jahr 1904, am Ende der 700 jährigen Kolonisation, in dem was Lettland werden sollte, geboren.

Diese Menschen bezeichneten sich als Balten. Sie wurden von den neuen Herrschern nicht herausgeworfen sondern konnten bleiben, allerdings ohne ihre früheren Privilegien und ohne das meiste ihres Vermögens. Doch verblieben die meisten in dem Lande das sie als ihres sahen.

1939 machte Deutschland ein „heimliches" Abkommen mit der Sowjetunion. Deutschland würde Teile von Polen, die es im ersten Weltkrieg verloren hatte, besetzen. Die Sowjets würden die drei Baltischen Staaten besetzen. Erst aber würde Deutschland die deutschsprechenden Balten auf deutsches Territorium umsiedeln.

Die Umsiedlung bedeutete daß die Balten die es wollten, ihren Besitz im Baltikum verlassen, nach Deutschland ziehen und dort ähnlichen Besitz bekommen konnten. Viele baltische Familien wurden von Oktober 1939 ab umgesiedelt.

In unserem Fall wurden wir auf einem Dampfer namens *Oceana* von Tallinn [Reval], in Estland nach Gdynia, in dem Teil von Polen der von Deutschland frisch besetzt worden war, verschifft. Wir bekamen ein Haus in Poznań [Posen] und eine Likörfabrik, was ungefähr dem entsprach das wir in Estland zurückgelassen hatten. Estland wurde 1940 von der Roten Armee besetzt, und kurz danach in die Sowjetunion inkorporiert.

Wir blieben in Poznań bis kurz vor dem Ende des Krieges und meine Schwester Christina und ich gingen dort in die Vorschule. Unser Vater war zunächst in Tallinn zurückgeblieben um Bürokratie, die mit unserer Umsiedlung zu tun hatte, zu erledigen. Er besuchte uns, sporadisch, in Poznań. Anfangs waren es unsere Mutter mit zwei Kindern, Christina und ich aber 1940 wurden die Zwillinge Uta und Dietz geboren und 1944 Bettina.

1941 fiel Deutschland Russland an. Balten die nach Deutschland umgesiedelt waren, wurden deutsche Staatsbürger und unser Vater wurde in die deutsche Armee eingezogen. Er kam an die russische Front und wir sahen ihn nur wenn er, selten, auf Urlaub kam. Am Ende des Krieges wurde er von den Russen gefangen genommen und in Arbeitslager gesperrt, wo er elf Jahre verbrachte.

Ich war achtzehn Jahre alt als er entlassen wurde, im Jahr 1955. Wir lebten schon in Schweden, wo wir als Flüchtlinge aufgenommen wurden. Er war ein Idol für mich, für den wir jeden Abend beteten und den ich hauptsächlich von Photographien zu Hause, die ihn jung und schön zeigten, kannte. Das war mein Vater.

Als ich ihn wieder sah, auf der Eisenbahnstation in Hameln, gleich nach seiner Entlassung, hatte er weißes Haar und war viel kleiner als ich. Es fiel mir schwer zu glauben daß dies mein Vater war. Ich erinnere mich nicht was wir einander sagten aber als ich ihn umarmte fühlte ich daß ich vorsichtig sein mußte um nicht seine Knochen zu brechen, so zerbrechlich und schwach wirkte er.

Unsere Mutter holte Papa in Friedland, ein schnell bereitgestelltes Empfangslager an der Grenze zwischen West und Ostdeutschland ab. Dort war er zu Fuß durch den Wald gehend angekommen, zusammen mit tausenden von anderen Gefangenen, die vom Gulag entlassen worden waren und mit Zügen aus den verschiedenen Arbeitslagern ganz Russlands gekommen waren. Bundeskanzler Adenauer war in Moskau gewesen und hatte die sofortige Entlassung aller Kriegsgefangenen als Voraussetzung für weitere Gespräche mit den Sowjet Leitern gesetzt. Das war im September 1955.

An dem Tage war ich gerade aus der Schule in Stockholm nach Hause gekommen als das Telefon klingelte. Es war ein Freund von uns, Gösta Gahlnbäck. Er wollte meine Mutter sprechen. Ich sagte ihm daß sie noch nicht von ihrer Arbeit zurück sei. „Ich habe den deutschen Rundfunk gehört. Sie lesen die Listen der Namen der Gefangenen die entlassen sind und sich in Friedland befinden. Ich hörte den Namen deines Vaters. Du mußt es deiner Mutter erzählen sobald sie nach Hause kommt."

Kurz danach kam meine Mutter nach Hause. Ich öffnete ihr die Haustür und sagte: „Gösta Gahlnbäck hat angerufen. Papa ist in Friedland. Er hat seinen Namen im Radio gehört." Sie sah mich an, erstarrt, für einen kurzen Augenblick. Dann drehte sie um und eilte die Treppen hinunter und auf die Straße wo ihr Volkswagen Käfer geparkt war. „Ich fahre ihn abholen. Sieh nach der Familie!" Sie stieg ins Auto und fuhr weg. Von Stockholm nach Friedland sind es zirka 1200 km und sie hatte den ganzen Tag gearbeitet.

Irgendwo in Dänemark ungefähr 800 km südlich von Stockholm, hielt sie an um an einer kleinen Tankstelle zu tanken. Nachdem der

Besitzer den Tank gefüllt hatte sagte er. „Sie sollten nicht weiter fahren. Sie sehen sehr müde aus. Ich kann ihnen hier eine Unterkunft verschaffen. Sie sollten sich ausruhen." „Nein danke" antwortete sie, „ich muß weiter fahren." „Was ist so wichtig?" fragte er. Sie antwortete „Ich bin unterwegs um meinen Mann in Friedland abzuholen." Ohne noch ein Wort zu verlieren holte der Mann seinen Mercedes aus der Garage und stellte Mutters VW hinein. Er machte seine Tankstelle zu und fuhr Mutter bis nach Friedland – in Deutschland.

Als sie angekommen waren, Mutter auf dem Hintersitz schlafend, war es dunkel und nichts schien sich im Lager zu bewegen. Eine Lampe leuchtete aus einer der hohen Fichten. Mutter stellte sich unter die Lampe und rief unseren Familienruf, den wir benutzen wenn wir draußen sind und Kontakt mit einander suchen: „Juuukoaaaii!" Es kam keine Antwort, aber ein Mann kam auf die Lampe zu. „Hillo?" fragte er. „Ja!" antwortete sie. „Claus ist im Lager und schläft wahrscheinlich. Er kann sie wohl auch nicht hören, denn er ist ziemlich taub. Ich werde sie zu ihm bringen." „Wie kommt es daß sie unseren Ruf kennen? Und wie wußten sie daß ich es war?" fragte Mutter. Er antwortete: „Ich bin Jahrelang mit Claus im selben Lager gewesen und ich weiß alles über sie und ihre ganze Familie."

Unterdessen war ich in einem Schlafwagen mit dem Expresszug von Stockholm nach Deutschland unterwegs. Gleich nachdem Mutter aus Stockholm losgefahren war, rief unser Freund wieder an um sich zu erkundigen wie es gegangen war. Ich erzählte es ihm und er sagte: „Du mußt sofort nachfahren. Ich rufe gleich wieder an mit Instruktionen." In einigen Minuten war er wieder am Telefon: „Fahre sofort zur Zentralstation. Ich werde auch dort sein mit einer Fahrkarte für den Nachtzug nach Deutschland. Mach aber schnell, der Zug geht in einer Stunde!" Ich rannte hinaus und nahm die U-Bahn zur Zentralstation, wo unser Freund schon mit der Fahrkarte in der Hand wartete. Am nächsten Tage war ich in Hameln wo Vater seine offizielle Residenz angegeben hatte, bei einer Cousine von ihm. Mutter war mit Vater am vorigen Tage dorthin gefahren. Jetzt holten sie mich von der Station ab, Mutter und Vater, arm in arm.

Vater kam nicht gleich nach Schweden, zu seiner Familie, sondern blieb beinahe ein Jahr in Deutschland und besuchte frühere Mitgefangene aus den Lagern. Um die Umstellung zu überleben suchte er vielleicht erst die Stütze seiner Kameraden, die wußten was es bedeutete den Gulag überlebt zu haben.

Als Vater dann nach Schweden kam, um mit uns zu leben, sah er schon ganz anders aus. Größer, gerader und stärker. Er war zurück zu seinem normalen Gewicht. Er trainierte und machte täglich Gymnastik. Wenn ich auf Urlaub von dem Kavallerieregiment im Norden Schwedens, wo ich meine Wehrpflicht machte, kam, liefen wir abends 4 Kilometer, Seite an Seite, durch den Wald. Wir sprachen mit einander und lernten einander kennen.

Ich hatte ein respektvolles, leicht distanziertes, Verhältnis zu ihm. Er hatte daß alles durchgemacht! Und war es vielleicht unsere Schuld? Meine, meines Bruders, meiner Schwestern? Ich fühlte oft einen Hauch von schlechtem Gewissen in seiner Gegenwart.

Als ich aufwuchs und mein Leben aufbaute und er sich zur jetzigen Gesellschaft anpaßte, fühlte ich mich mehr gleichwertig mit ihm und unsere Gespräche veränderten sich. Ich fragte ihn über seine Rolle im Krieg. Es gab Bücher und Filme über Greueltaten der Deutschen bevor und während des Krieges. Ich dachte daß ich Information aus erster Hand von meinem Vater, der das alles so nah und dramatisch erlebt hatte, bekommen konnte. Aber seine Antworten waren vage und bestanden oft aus langen Geschichten über historische Entwicklungen, die zu dem führen könnten worüber ich fragte. Als ich dann insistierte und fragte: „Wußtet ihr von dem deutschen Programm die Juden und andere zu vergasen?" antwortete er nicht „ja" oder „nein", was ich von ihm erwartet hatte, sondern er sprach von dem Unterschied zwischen der Russischen Front und dem Rest des Krieges und wie Wesensverschieden die verschiedenen Kriege voneinander waren und daß er, persönlich, nie so was mitgemacht oder gesehen hatte was ich andeutete. Ich wollte das glauben, ich wollte meinem Vater glauben, aber ich konnte es nicht. Wie war es möglich daß jemand der so von allem interessiert, so informiert und so kultiviert war wie er, etwas was um ihn herum passierte, ignorieren konnte?

Die Antwort bekam ich an einem seiner letzten Tage.

Wir hatten am Ende ein sehr gutes Verhältnis, vielleicht mehr eine Freundschaft als ein Vater–Sohn Verhältnis. Meine Eltern verbrachten längere Perioden hier in Portugal, wo ich seit 1969 lebe, und wir sahen einander oft. Sie wohnten aber hauptsächlich in Franken, zusammen mit meiner Schwester Uta und ihrer Familie.

Papa schrieb seine Memoiren und schickte sie mir. Als er einige Monate später zu Besuch kam, fragte er mich ob ich sie gelesen hatte. „Ja" antwortete ich. „Und, was fandst du?" Ich dachte daß ich jetzt ehrlich antworten konnte, denn er hatte mich um meine Meinung gefragt. Ich antwortete: „Sie sind sehr interessant und engagierend aber man fühlt daß du viel ausgelassen hast. Wenn es richtig interessant wird fängst du ein neues Kapitel an und erzählst von was anderem." „Alles was ich schreibe ist meines Wissens richtig", antwortete er, „ich kann was ausgelassen haben aber ich habe nichts übertrieben oder ausgedacht. So bin ich. Du würdest viel amüsantere und engagierendere Memoiren schreiben aber sie würden vielleicht nicht ebenso akkurat sein." „Wahrscheinlich" antwortete ich, „aber du hast große Teile Deines Lebens ausgelassen." Wir sprachen nie mehr wieder über die Memoiren.

Mehrere Jahre später besuchte ich Vater in Franken als er 94 Jahre alt war und immer schwächer wurde. Sein Arzt hatte uns gesagt daß Vater eigentlich nicht besonders krank war, aber daß alles verschlissen war. Während einem seiner letzten Abende – wir saßen am runden Tisch in seiner Wohnung – nahm er meine Hand, lehnte sich herüber zu mir und sagte mit schwacher aber klarer Stimme: „Wir wußten alles!" Diese Worte waren damals – und sind bis zu diesem Tag – zwischen den wichtigsten die ich je gehört habe. Mit diesen drei kurzen Worten blößte Vater mir seine Seele und wurde humaner und mehr fallibel, in meinen Augen.

Er lebte nur noch wenige Tage und als er gestorben war fanden wir einen Zettel mit seiner Handschrift auf dem Tisch an dem er gesessen hatte. Drauf stand: „Ich bitte alle um Verzeihung."

1

Die Welt, aus der ich stamme, war ganz anders als die heutige, und die Stadt, aus der ich komme, ist für heutige, jüngere Menschen schwer vorstellbar. Riga war eine moderne Großstadt, gleichzeitig vielleicht auch ein Anachronismus, ebenso wie die drei baltischen Provinzen mit ihrer ritterschaftlichen Verwaltung. Diese funktionierte bis 1919, während vergleichbare gesellschaftliche Strukturen in Deutschland oder Schweden schon ein Jahrhundert früher aufgehört hatten zu existieren. Riga war eine Hansestadt, hervorgegangen aus deutschen Eroberungen des 13. Jahrhunderts. Ihre Prägung war immer noch deutsch, obwohl sie als Hauptstadt der Provinz Livland und als Sitz eines russischen Gouverneurs zum Russischen Reich gehörte.

Während die Bürgerschaft im Mittelalter überwiegend deutsch war, hatten sich durch Zuwanderung von Letten, Russen, Polen und Juden im Zuge der Industrialisierung die Verhältnisse geändert. Vor dem ersten Weltkrieg hatte die Stadt etwa eine halbe Million Einwohner. Davon waren nur etwa 60.000 Deutsche, die allerdings den Stadtkern an der Düna mit der edlen Silhouette der Kirchtürme, mit seiner in Jahrhunderten gewachsenen Infrastruktur, wie auch die anschließenden Wohngegenden dominierten.

In Riga geboren (1904) und in einer deutschen Familie aufgewachsen, von ebensolchen Verwandten und Bekannten umgeben, hatte ich, ohne viel darüber nachzudenken, damals das Gefühl, in einer deutschen Stadt zu leben. Ähnlich empfanden wahrscheinlich die meisten. Bei Einkäufen wäre man nie auf den Gedanken gekommen, in einem Laden anders als Deutsch zu sprechen.

Auf dem Markt am Dünkai war es anders, dort sprach man Lettisch, zum Teil vielleicht auch Russisch. Es war ein buntes Bild. Ich bin oft mit meiner Mutter auf dem Markt gewesen und ich sehe noch, wie sie die Butter kostete. Man kaufte Butter nach Geschmack. Ein Stückchen der Käuferin mit dem Messer gereicht, man ließ es auf der Zunge zergehen, den Kopf etwas erhoben, wie Vögel tun, wenn sie Wasser trinken.

Obwohl wir lettische Hausangestellte hatten, haben meine Brüder und ich die Sprache nicht erlernt. Das ist aber eine Ausnahme.

Mein Vater stammte aus Estland und konnte wohl Estnisch, aber nicht Lettisch sprechen. Darum wurde mit den Hausangestellten Deutsch gesprochen. Nur Mutter gab ihre Anweisungen in lettischer

Sprache, dafür verstand sie aber kein Estnisch und fast kein Russisch. Beide Eltern legten aber großen Wert darauf, daß wir Kinder gut Russisch lernten, denn Rußland war unser Hinterland, und wer im Leben weiterkommen wollte, mußte die Sprache beherrschen. Außerdem war seit der Russifizierung, die in der zweiten Hälfte des 19. Jahrhunderts begann, die Amtssprache im Baltikum Russisch. Bis zu dieser Zeit war die Amtssprache Deutsch. Riga war eine kosmopolitische Stadt, die deshalb und auch wegen ihrer Eleganz und ihrer breiten Boulevards „Klein Petersburg" genannt wurde. Es gab ein Deutsches Stadttheater (an dem Richard Wagner Kapellmeister gewesen war) und ein russisches Theater, wahrscheinlich auch entsprechende lettische Einrichtungen. Ich war noch zu jung und habe nur gesehen, wie die Eltern sich festlich anzogen und mit einem Fuhrmann wegfuhren. Man nannte eine Droschke mit Kutscher und Pferd „Fuhrmann". Man konnte sich in einen Fuhrmann setzen. „Fuurio!" rief man um Droschke oder Fuhrmann zu bekommen. Im Winter war der Fuhrmann ein Schlitten und das Pferdegeschirr war dann mit Schellen besetzt, die lustig bimmelten.

Der erste Schlittentag im Jahr war immer ein wichtiges und mit Freude begrüßtes Ereignis. An sonstigen Verkehrsmitteln gab es in Riga Trambahnen. Auf den Straßen sah man häufig elegante Privatkutschen und schöne Pferde. Autos waren am Anfang des Jahrhunderts noch verhältnismäßig selten. Die wenigen, die man sah, hatten mehr Individualität und Charme als die heutigen Jedermannsflitzer. Heute sieht man die alten Karossen nur in Museen oder im Besitz von Oldtimerfans.

Für den öffentlichen Verkehr auf der Düna gab es viele kleine Dampfer, die noch ganz wie in Großmutters Bilderbuch schwarzen Rauch und weißen Dampf aus richtigen Schornsteinen pafften. Sie verbanden die beiden Ufer der Düna, die eigentliche Stadt die „überdünschen" Gebiete, Torensberg, Hagensberg und so weiter. Ursprünglich hatten Rigaer Patrizierfamilien außer ihren Stadthäusern auf dem rechten Dünaufer, sich auf dem linken Ufer Sommersitze geschaffen, die sogenannten Höfchen, die „auf dem Lande" lagen. Bienendorf, Weissendorf, Schwarzenhof, Ebelshof, das Höfchen der Klots und noch andere sind so angelegt, daß der Hausherr morgens mit seinen Pferden über die Dünabrücke zu seiner Firma in der Altstadt fahren konnte. Später fuhr man mit dem Dampfer. Die Höfchen stammten meist aus der Zeit des Spätbarock und des Klassizismus. Sie sind nach menschlichem Maß gewachsene Kleinode der Gestaltungskunst. Was sie ausstrahlen ist weniger Repräsentation als kultiviertes Wohlleben. Sicher gehören die Rigaer Höfchen zu den schönsten Beispielen beseelter Architektur. Heute sind sie vermutlich nicht mehr von Wiesen und Weiden umgeben, sondern von vorstädtischer Bebauung umschlossen.

Mutter ist in Wenden, in Livland, geboren. Die Ruine der Ordensburg Wenden hat eine ergreifende Geschichte: Die Belagerten haben sich, um nicht den Truppen Iwans des Schrecklichen in die Hände zu fallen, zusammen mit den Flüchtlingen, die in der Burg Schutz gesucht hatten, in die Luft gesprengt.

In Wenden befand sich auch die Residenz des Ordensmeisters Plettenberg, eines bedeutenden Politikers und Feldherrn, dem es 1502 gelungen war, durch einen Sieg über eine russische Streitmacht dem Lande 50 Jahre Frieden zu bescheren.

Meinen Großvater mütterlicherseits habe ich nicht gekannt. Die Großmutter teilte ihr Leben zwischen Sohn und Tochter. Eine zweite Heirat lehnte sie ab, weil sie ganz für ihre Enkel und Kinder da sein wollte. Sie war ein Faktor während meiner ganzen Kindheit, sehr geliebt.

Mein Vater war Maler und hatte an der kaiserlichen Kunstakademie in Petersburg, teilweise bei Timoleon Neff studiert, in Düsseldorf bei Gebhardt und Drucker. In Rom hat er seine Studien vervollständigt. In Riga leitete er zuerst die Kunstschule von Jung-Stilling. Hier lernte er meine Mutter kennen, die seine Schülerin war und ihr Zeichenlehrerinnendiplom machte. Die Schule war von sich aus nicht berechtigt, ein Diplom auszustellen, die Arbeiten mußten nach Petersburg geschickt werden. Ich habe noch lange die Diplomarbeit meiner Mutter, ein Stilleben in Kohle, verwahrt, das mit einem großen russischen Siegel versehen war. Mein Vater, der sich des Altersunterschiedes von 26 Jahren bewußt war, hatte es nicht gewagt, sich meiner Mutter zu erklären, obwohl ihm durchaus danach zumute war. Das Eis wurde erst gebrochen als eine gemeinsame Freundin, Kitty Engelhardt, meinem Vater einen Wink gab. Die Trauung war im Kapitelsaal des Domes. Als das Brautpaar aus der Kirche trat stand draußen ein Spalier von Hochzeitsgästen mit Fackeln und es herrschte eine feierliche Stille. In die Stille hinein setzte mein Vater seinen Chapeau Claque auf, der mit einem Knall, ähnlich einem Kanonenschuß, seinem Namen alle Ehre machte. Das trug sehr zur Lockerung der Stimmung bei.

Die erste Wohnung meiner Eltern war in der Nevastraße. Dort wurde mein älterer Bruder 1903 geboren. Ich kam in der nächsten Wohnung zur Welt, Puschkinboulevard 6. Dort wurde auch mein Bruder Jürgen geboren, als ich drei Jahre alt war. Ich erinnere mich genau an die Stimmung im Hause. Es erschien die korpulente rotgesichtige Hebamme, Frau Schlachat, mit einem schwarzen Köfferchen. Ich sah sie im Flur, den sie mit Lysoformdüften erfüllte. Sie wurde sofort durch den hinteren Korridor weitergeleitet. Ich befand mich im Saal, dessen Flügeltüren zum Flur hin geschlossen waren. Nach einiger Zeit erschien das Kindermädchen und sagte mir: „Schade, daß du nicht da warst, sonst hättest Du den Storch sehen können. Er hat ein Brüderchen gebracht und ist eben weggeflogen."

Einige Zeit vor der Geburt meines Bruders war die Russische Revolution von 1905/06, im Anschluß an den Russisch–Japanischen Krieg. Ich habe nicht viel davon gemerkt, weiß nur, daß mein Vater, wenn er ausging, immer einen Revolver einsteckte. Einen Eindruck von der Unsicherheit bekam ich, als die Schwester meiner Mutter, meine heiß geliebte Tante Dudi, in die Stadt gegangen war, um Zießchen zu kaufen. Zießchen sind kleine Würste („Was die Zießchen unter den Würsten, das sind die Lievens unter den Fürsten"). Meine Großmutter, mit der ich im Saal war, war sehr unruhig. Sie stürzte beim ersten Geräusch hinaus und schloß die Tür hinter sich, damit ich nichts merke. Aber doch sah ich Tante Dudi (mit oder ohne Zießchen) ganz bleich und verstört. Sie hatte eine Schießerei auf der Straße miterlebt, wo es auch Leichen gegeben hatte. Sonst kann ich mich nur erinnern, aber sicher nur aus Erzählungen, daß mein Vater eine Zusammenrottung vor unserem Vorgarten mit dem Gartenschlauch auseinandertrieb.

Wir drei Brüder verstanden uns immer gut, zankten uns aber auch manchmal, wie sich's gehört. Für mich war es ein Problem, solch einen Zank auszutragen. Für mich war es nämlich ganz natürlich, mich zu prügeln, während mein Bruder Bengt ausgesprochener Prügelgegner war. Mein Bruder und ich hatten eine große Schmetterlingssammlung. Früher gab es ja viel mehr Schmetterlinge als heute, es wimmelte förmlich. Wir hatten alles, was dazu nötig war: die einschlägigen Bücher, Glasvitrinen, in denen die Schmetterlinge aufgespießt wurden, Herbarien, Äther zum Betäuben etc. Wir sammelten auch die Raupen und fütterten sie mit den Blättern, die sie am liebsten haben und beobachteten, wie sie sich erst erstaunlich schnell groß und dick fraßen, dann ermüdeten und sich verpuppten. Wenn die Puppe aufbricht, kommt ein feuchtes Wesen hervor, einer Puppe immer noch ähnlich. Es hat eng am Leib seine zusammengefalteten Flügel, steht auf wackeligen Beinchen da und entfaltet die runzeligen Flügel ganz langsam mit Hilfe von Vibrationen, bis sie weit ausgespannt und trocken sind. Dann erhält der Schmetterling den Impuls, sich der Luft anzuvertrauen. Ich bin heute noch von diesem Vorgang fasziniert, wenn ich daran denke.

Den ersten Unterricht erhielten wir in privaten Kreisen, nie mehr als zwölf Kinder umfassend, Jungen und Mädchen. Der Unterricht wanderte zwischen drei oder vier Wohnungen von Eltern, die genügend Platz hatten. Ich kann mich daran erinnern, daß bei uns, bei Sascha Nolde und beim lettischen Maler Rosenthal Schule gehalten wurde. Es war übrigens ein seltener Fall, daß ein Lette so selbstverständlich in einem deutschen Kreis aufgenommen wurde. Das lag wahrscheinlich an der Einstellung meines Vaters.

Im Laufe der Rigaer Jahre wurde mein Vater an das dortige Polytechnikum berufen. Er wurde Professor und Staatsrat. Ich bewahre von ihm ein sehr geliebtes Bild: die bunten Stockrosen im sommerlichen Garten des Schlosses Kummerow in Pommern. Die dort wohnenden Maltzahns waren Freunde meines Vaters. Ich war dort fast wie zu Hause, aber das gehört erst in die Zeit zwischen den beiden Kriegen.

Meine ganze Kindheit hat sich in Riga abgespielt. In der allerschönsten Wohngegend der Stadt hatten wir eine Etage in einem Haus, das von Grün umgeben war. Bei Kriegsausbruch war ich neun Jahre alt. Ich erinnere mich, wie wir uns alle danach sehnten, die Deutschen mögen einmarschieren. Tatsächlich wurde um Riga etwas gekämpft. Aber bald waren die Deutschen an der Düna und die Hauptfrage bei uns, die wir im Norden waren, hieß: „Wann kommen sie denn endlich bis zu uns?"

Deutschland hatte im ersten Weltkrieg kein Kriegsziel. Es bestand kein uferloser Drang nach Osten. Kurland wurde 1914 im Zuge der Abwehr der russischen Invasion (Schlacht bei Tannenberg) bis zur Dünalinie besetzt. Riga wartete jahrelang vergeblich auf die deutschen Truppen.

Verschiedene Balten nutzten ihre Beziehungen in Berlin aus, um die deutsche Heeresleitung zu einer Besetzung des ganzen Baltikums zu bewegen. Seitens des Auswärtigen Amtes wurden jedoch Schwierigkeiten gemacht. Schließlich wurde von der Heeresleitung die Bedingung gestellt, daß auch Esten und Letten in überzeugender Anzahl den Wunsch nach „Befreiung durch deutsche Truppen" äußern müßten. Daraufhin haben mehrere Herren auf unserer Seite unter Einsatz ihres Lebens Unterschriften gesammelt. Die Listen wurden nach Berlin geschmuggelt; erst dann erfolgte der weitere Vormarsch.

Das sind allerdings Zusammenhänge, die ich erst sehr viel später erfahren habe.

Im September 1917 wurde Riga durch deutsche Truppen befreit. Obwohl ich erst zwölf Jahre alt war, kann ich sagen, es war einer der glücklichsten Tage meines Lebens.

Ich bin damals viel draußen herumgestreunt und beobachtete die Truppenbewegungen auf der anderen Seite der Düna. Meine Eltern nahmen alles mit großer, innerer Anteilnahme wahr. Das „Kaiserin-Augusta-Regiment" war das erste, das einzog. Meine Eltern bekamen einen Wink und gingen zum Bahnhof. Das Regiment kam mit der Bahn und wurde am Hauptbahnhof ausgeladen. Es hatte sich eine ganze Gruppe von Bekannten dort versammelt, unter ihnen auch Herr und Frau von Klot (Freunde meiner Eltern). Ich erinnere mich genau an sie. Frau von Klot war eine geborene Plettenberg und war Hofdame der Kronprinzessin gewesen. Als der Kommandeur an der Spitze des Regiments angeritten kam, sah er die Klots und ließ Herrn von Klot sofort ein Pferd geben. Er schwang sich – in Zivil – in den Sattel und ritt hoch zu Roß in Riga ein. „Wie ein schlotterndes Fragezeichen", sagte meine Mutter (er war so lang und dürr).

Die ganze Stadt befand sich in einem Freudentaumel, ich taumelte mit. Ob die Letten auch taumelten sei dahingestellt, aber ich glaube sicher, daß es viele gab, die sich auch mitfreuten.

Manchmal bekamen unsere Taumel einen Dämpfer. Es wurde beschlossen, eine Gedenkmünze prägen zu lassen. Stadtkommandant von Riga war ein Herr von Alten. Mein Vater hatte einen Entwurf gemacht – eine Münze mit den Türmen Rigas und auf der anderen Seite ein Schwert mit der aufgehenden Sonne. Rundherum eine Schrift: „Am 2. Sept. 1917 wurde Riga befreit."

Aber Herr von Alten lehnte den Text ab. „Befreit? Mit welchem Recht sprechen wir von Befreiung? Sie ist von Deutschen besetzt!" Schließlich kam ein Kompromiß zustande: „...ward Riga frei." Ich habe nie verstanden, was daran besser sein sollte. Aber er war sich natürlich klar, daß von 500.000 Einwohnern nur 60.000 Deutsche waren.

Da wir ja nun in der Okkupationszeit sind, werde ich da fortfahren. Für uns war Deutschland etwas Lichtes, das Land der Biederkeit, wo alles funktioniert. Rußland empfand man – jedenfalls in Riga – als das Finstere. Mein Vater, ganz unpolitisch, befürwortete immer, (schon vor dem Krieg), einen Ausgleich zwischen den nominell immer noch führenden Deutschen und der lettischen und estnischen Bevölkerung der Ostseeprovinzen. Er hatte auch einmal einen Verein gegründet, dessen Ziel die Verständigung zwischen den Nationalitäten sein sollte. Dieser Verein hatte ein einziges Mitglied und das war er selbst. Man hielt nichts von einer solchen Verständigungspolitik. Wenn man etwas davon gehalten hätte? Ob man etwas hätte retten können – ich weiß es nicht... Aber in Finnland ist es ja anders gelaufen.

Lenin machte den Frieden von Brest-Litovsk, klug genug zu wissen, daß er nicht weiter konnte. Seine desolate Armee stand der intakten deutschen gegenüber. Die deutsche Armee entschloß sich weiter zu marschieren, infolge der Hilferufe von Riga und Reval.

Bei Beginn des Krieges wurde sofort das Deutschsprechen auf der Straße verboten, ebenso deutsche Inschriften. Das Stadttheater in Riga hatte die Inschrift „Die Stadt den darstellenden Künsten". Das wurde zugedeckt. Selbst die Gullis, „Nevermann & Co", mußten verändert werden. Der Firmenname wurde herausgemeisselt und Asphalt hineingeschmiert. Die Namensschilder an den Wohnungen hatten zu verschwinden. Wir waren sehr befreundet mit den Familien Springer und Kraus. Theo Kraus war Porträtmaler. Er zeichnete für Familie Springer ein unverdächtiges Wohnungsschild in Form eines Schachspringers. Wir Kinder amüsierten uns, beim Spiel an den Eisenbahngleisen den Namen Krupp zu entdecken. Der blieb auch, man konnte ja die Schienen nicht wegreißen. Alle Kirchenglocken wurden runtergeholt und auf ein Schiff verladen. Die riesigen Domglocken standen lange Zeit auf dem Domplatz, wo ich immer wieder hinging, um mit Vergnügen das Spruchband der großen Glocke zu lesen: „Gott schütze uns vor der Pestilenz und den Reußen." Eines schönen Tages wurden die Glocken verladen. Im Mohnsund ging das Schiff unter.

Die persönliche Sicherheit war sofort nach Kriegsausbruch ständig gefährdet. Es wimmelte überall von Spitzeln, und die Behörden hörten gerne auf Denunzianten. Aufgrund von ganz unsinnigen Denunziationen konnte man nach Sibirien verschickt werden.

Am Anfang des Krieges, besonders als noch russische Truppen in Ostpreußen waren, gab es verhältnismäßig viele Gefangene. Für die war unzureichend gesorgt. Für die Gesunden fehlte es an Kleidung und für die Kranken an Verbandzeug. Es bildete sich sehr schnell eine Organisation, die Hilfsgüter beförderte. Diese wurden in allen deutschen Häusern gesammelt und alles rupfte Scharpie. Eines Tages wurden in allen baltischen Städten diese Organisationen aufgehoben und die Beteiligten nach Sibirien verschickt. Auch meine Eltern hielten ihre Koffer bereit.

Nach der Revolution nahm diese Verfolgung ungeordnetere Formen an. Aus diesem Grunde wurde natürlich, nicht nur von uns, sondern auch von einem sehr großen Teil der lettischen Bevölkerung, der Einmarsch der deutschen Truppen als Befreiung empfunden.

Der Wunsch, lieber zu Deutschland als zu Rußland zu gehören ist aber nicht erst damals entstanden, sondern bestand schon seit Generationen. Und zwar weil die von Peter dem Großen zugesicherten Freiheiten (Ritterschaftliche Selbstverwaltung, Deutsch als Landessprache, die evangelisch lutherische Konfession, die deutsche Städteordnung) von seinen Nachfolgern ständig beschnitten wurden. Es wurde eine ganz gezielte Russifizierungspolitik betrieben. Seit der Regierung Alexanders III wuchsen innerhalb der russischen Bevölkerung panslawistische und chauvinistische Einflüsse immer stärker. Das russische Imperium, ein Vielvölkerstaat, versuchte in zunehmendem Maße, die nichtrussischen Gebiete zu russifizieren und ihnen ihre eigenständige Kultur zu nehmen. Den baltischen Privilegien, die sich seit dem deutschen Mittelalter organisch im Westeuropäischen Sinne entwickelt hatten, wurde eine wesensfremde russische Bürokratie aufgestülpt, die russische Städte-Ordnung und Gerichtsbarkeit aufgezwungen. An Stelle der von Peter I garantierten deutschen Landessprache wurde Russisch eingesetzt.

Ich erinnere mich an einen Kinobesuch mit Mutter. Im Kino Orbis wurde in der Wochenschau eine Prozession in Petersburg gezeigt. Hinter den Popen mit dem Heiligenbild fuhr das Kaiserpaar in einem offenen Auto. Dahinter, zu Fuß im offenen Militärmantel schritt Onkel Werner Kügelgen. Ich rief erfreut und viel zu laut „Onkel Werner!" Mutter brachte mich erschrocken zum Schweigen. Wenn ein Spitzel uns Deutsch sprechen gehört hätte, wäre ein schlimmes Ende zu erwarten gewesen.

Da fällt mir ein, daß ich noch etwas über Kaiser Wilhelm erwähnen will. Ein Höhepunkt für die deutsche Bevölkerung Rigas war ohne Frage der Besuch Kaiser Wilhelms II. Das war im Jahre 1917. Man strömte zum Exerzierplatz auf der Esplanade, die etwa in der Mitte des Stadtgebietes liegt. Selbstverständlich waren Platz und Zugänge durch spalierstehende Soldaten abgesperrt. Ich stand, und wahrscheinlich auch meine Mutter und mein Bruder Bengt, auf einem Weg zwischen den Grünanlagen, weil wir annahmen, daß der Kaiser von dort aus die Esplanade betreten würde. Das tat er auch, so daß ich ihn und den Kronprinzen auf zwei Meter Entfernung gesehen habe. Die Freude war so außerordentlich und unvergeßlich, weil man in Wilhelm II. so etwas wie den Garanten für eine bessere Zukunft zu sehen glaubte. Das war wohl Ende 1917. Es war das Jahr der Russischen Revolution, die uns nicht betraf. Wir waren ja gegen Rußland abgesichert durch die deutschen Truppen.

In jener Zeit verkehrten mehrere deutsche Offiziere bei meinen Eltern. Meist kamen sie abends, wenn wir Kinder schon schliefen, aber wir hörten viel über sie aus den Gesprächen der Eltern. Einen von ihnen kannten wir auch persönlich: Oberst Brockhausen, verheiratet mit einer Tochter von Hindenburg. Während wir in Riga, und in dem von deutschen Truppen besetzten Gebiet nördlich davon, Ruhe und Ordnung genossen, waren Nordlivland und Estland noch in russischer Hand.

Eines Nachts wurde der gesamte männliche deutsche Adel verhaftet und mit der Bahn nach Sibirien verschleppt, alle unsere Verwandten, darunter auch Onkel Lux von der Revaler Spritfabrik, der jüngste Bruder meines Vaters. Die Kunde von dem Ereignis warf einen Schatten auf die allgemeine Freude. Bei den Verhandlungen für den Separatfrieden zwischen Deutschland und der inzwischen etablierten Leninregierung wurde von deutscher Seite, soviel ich weiß auf Wunsch Wilhelms II., eine Rückführung der Verschleppten ultimativ gefordert. Die Verschleppten erwarteten im Gefängnis von Krasnojarsk ihre Erschießung. Für sie völlig unerwartet wurden die Zellentüren aufgerissen. Ein Mann schritt den Korridor entlang und rief in jede Zelle hinein: „Auf Befehl seiner Majestät des Deutschen Kaisers, Sie sind frei!" Man stelle sich vor – im hintersten Sibirien! Eines Tages lief der Zug auf dem Güterbahnhof in Riga ein, um am folgenden Tag nach Reval, das inzwischen von den deutschen Truppen befreit worden war, weitergeleitet zu werden. Wir bekamen einen Wink, und ich raste in größter Aufregung einige Häuser weiter in das Atelier meines Vaters, der an seiner Staffelei saß und an einem Ölgemälde arbeitete. Sicher hat er noch nie seinen Pinsel so rasch weggeworfen, wie bei dieser von mir überbrachten Nachricht. Ohne säumen eilten wir alle auf den Güterbahnhof, wohin auch viele andere Verwandte und Angehörige der Befreiten unterwegs waren. An einem langen Zug entlang standen sie alle, in Jagdpelze gekleidet und mit Fellmützen auf den Köpfen. Das war das dritte große Glückserlebnis, das aus dem allgemeinen Freudentaumel der Okkupationszeit herausragt.

Dann kam der 9. November 1918, der Tag der deutschen Revolution, und alle Herrlichkeit hatte bald ein Ende.

Die deutsche Armee hatte in Frankreich kapituliert. Die Entente, die den Frieden von Brest-Litovsk selbstverständlich nicht zur Kenntnis nahm, verlangte den Abzug der deutschen Truppen aus dem Baltikum und anderen besetzten Ostgebieten. Das Baltikum war nun der nachdrängenden russischen Armee schutzlos ausgeliefert. Kurz vor dem Einmarsch der Roten Truppen wurde aus den wehrfähigen Männern die freiwillige Baltische Landeswehr aus dem Boden gestampft, deren erste, unausgebildete Einheiten zusammen mit den letzten deutschen Truppen Riga in Richtung Kurland verließen.

2

Unmittelbar danach zogen die Roten ein und etablierten zusammen mit Rigaer Gesinnungsgenossen eine Verwaltung der Inkompetenz und des Schreckens. Hunger, Denunziationen und Verhaftungen waren an der Tagesordnung. Manche von uns, Freunde und Bekannte, wichen in den Wald aus und haben meines Wissens meist damit Erfolg gehabt. Meine Eltern hielten sich nicht für besonders exponiert und blieben zuhause. Eines Abends, als wir drei Brüder schon schliefen, erschienen Rotarmisten und nahmen meine Eltern mit. Meine Mutter kam ins Jungensschlafzimmer und verabschiedete sich von uns. Ein langer, offenbar lettischer Rotarmist, der harmlos aussah, stand in der Tür und paßte auf. Zurück blieben, außer uns drei Brüdern, die Großmutter Kieter und ihre anderen drei Enkelkinder, die Kinder von Onkel Heini Kieter, dem Bruder meiner Mutter.

Am nächsten oder übernächsten Tag wurde mein Vater wieder entlassen, weil er als Lehrkraft am Polytechnikum als ein nützlicher Mensch galt. Meine Mutter wurde in das Rigaer Zentralgefängnis gebracht, das ganz am Ende der Stadt, in der Moskauer Vorstadt liegt. Dort war sie mit einigen dreißig anderen Damen etwa fünf Monate in einer großen Zelle eingesperrt. Einmal in der Woche durften die Angehörigen den Gefangenen Nahrungsmittel bringen. Es war sehr schwierig, solche zu beschaffen, aber wir waren ständig bemüht, auf dem schwarzen Markt oder sonstwie Milch und anderes zu ergattern, um die Mutter bei Kräften zu erhalten. Wir pilgerten dann regelmäßig zum Zentralgefängnis. Wir hatten etwa eine Stunde zu gehen. Im Tor zum Innenhof des Gefängnisses war ein Tresen aufgebaut, auf den das Mitgebrachte gestellt werden mußte. An der Seite des Tresens war ein teuflisch aussehender „Stelzfuß", der sich als Kommandant aufspielte. Einige Wachsoldaten und die Abordnung aus der Zelle nahmen die Lebensmittel in Empfang. Diese Abordnung bestand immer aus der Zellenältesten, Baronin Alice Wöhrmann, und einer anderen Dame. So geschah es, daß auch einmal meine Mutter am Tresen stand. Sie trug um die Schultern den rot-weißen turkestanischen Seidenschal, den sie auch auf dem von meinem Vater gemalten Portrait umhat. Diesen Schal hatte ihr mein Vater aus Moskau mitgebracht, wohin er 1915/16 mit dem ganzen Polytechnikum evakuiert war.

Die Haft der Mutter dauerte etwa fünf Monate. In der Zeit erhielten wir regelmäßig mit Bleistift geschriebene herausgeschmuggelte Briefe von ihr, die größtenteils noch erhalten sind. Außerdem hat meine Mutter in der Zelle ein Skizzenbuch mit Zeichnungen gefüllt. Das Buch ist ebenfalls erhalten.

Das Leben in der sogenannten Bolschewistischen Zeit war gekennzeichnet durch persönliche Unsicherheit, Hunger und die Hoffnung auf Befreiung. Das gesellige Leben existierte nicht mehr, doch war unsere Verbindung zur Familie des Porträtmalers Theo Kraus nicht abgerissen. Die drei Söhne, Hans, Otto und Lorenz, haben wir von frühester Jugend an bis 1919 täglich gesehen. Hans ist gestorben, Otto lebt heute in Nürnberg und Lorenz in Schwabach. Theo Kraus war durch seine Mutter, eine Kügelgen, ein Neffe meines Vaters. Seine Frau Annemarie, genannt Tante Kiechen, geborene Schilling, war eine Nichte meines Vaters.

Es gab noch Reste der deutschen Truppen und die inzwischen formierte baltische Landeswehr in einem Teil von Kurland. Von dort sollte die Rettung kommen. Die Landeswehr erstürmte Riga. Sie wurde unterstützt von der aus Freiwilligen der deutschen Armee gebildeten „Eisernen Division" unter Major Fletcher. Beim Ritt über die Funkbrücke fiel der Kommandeur des Stoßtrupps der Landeswehr, Hans Manteuffel. Er war ein Bruder von Georg Manteuffel, dem späteren Bundestagsabgeordneten.

Ich trieb mich natürlich in der Nähe der Dünabrücken herum und erlebte die große Stunde. Die Vorhut der Befreier hatte sich zuerst zur Zitadelle, die unweit des Hafens liegt, hindurchgekämpft und die dort inhaftierten Männer befreit, die zum größten Teil der Ritterschaft angehörten. Als ich vorbeikam, sah ich sie alle in einer großen Gruppe in Erwartung ihrer Angehörigen. Ich riß im Übermut ein bolschewistisches Straßenschild „Rosa Luxemburg Straße" ab und nahm es als Trophäe mit nach Hause. Freunde meiner Eltern kamen, um ihre Freude mit meinem Vater zu teilen.

Am nächsten Morgen, das war der 23. Mai 1919, machte sich der Vater mit uns drei Brüdern ganz früh auf, um die Mutter in Triumph heimzuführen. Als wir beim Zentralgefängnis angekommen waren, standen wir statt vor einem Tresen vor einem geschlossenen Tor. Es ließ sich niemand sehen. Es sammelte sich allmählich eine Gruppe von Menschen an. Für mein Gefühl mußten wir stundenlang warten. Dann öffnete sich im Tor eine Tür, in deren Rahmen ein mir Unbekannter auf einen Stuhl stieg, ein Papier ergriff und sagte: „Ich werde jetzt die Namen der Erschossenen verlesen." Uns dann kamen meist Namen, die uns schon geläufig waren, weil wir durch die Briefe meiner Mutter über eine Anzahl ihrer Zellengenossinen unterrichtet waren. Beim Namen „Alice Baronin Wörmann" hörte ich meinen Vater murmeln, „Auch die!" Wir dachten alle das Gleiche. Und dann geschah das Gefürchtete. Der Vater schrie auf. Ich konnte keinen Ton hervorbringen. In der Erinnerung wurde es um mich schwarz. Wir mußten den Rückzug antreten und gingen stumm heimwärts, wie ein geschlagenes Heer. Nur einmal sagte der Vater, der nie einer Fliege wehgetan hatte: „Das war der Stelzfuß. Mit meinen eigenen Händen könnte ich ihn erwürgen."

Zu Hause mußte der Vater unserer Großmutter, seiner Schwiegermutter, die Nachricht bringen. Sie muß etwas geahnt haben, denn als die Tür geöffnet wurde, kam sie im Laufschritt mit einem Ausdruck der Angst. Sie verlor ihr siebentes und liebstes Kind. Nun mußte ein Sarg besorgt werden, was wegen der großen Nachfrage sehr schwierig war. Ich glaube, daß es meinem Vater gelang einen Tischler zu überreden, ganz schnell aus Tannenholz einen Sarg zu zimmern. Wir bestellten einen Mann mit einem Handwagen und gingen wieder zum Zentralgefängnis, begleitet von der Großmutter und der Cousine Paula, die bei uns wohnte. Vor dem Zentralgefängnis, rechts vorm ersten Eingang, befindet sich eine Baumgruppe. Der Vater und wir Brüder setzten uns unter diese Bäume auf etwas Gras, denn der Vater wollte nicht hineingehen. Großmutter, Paula und der Karrenmann haben dann die Leiche in den Sarg gelegt. Dann brachten wir den Sarg zum Friedhof. Am nächsten Tag schmückten Bengt und ich den Sarg mit blühendem Prunus. Es war ein wunderschöner duftender und blütenreicher Frühling. Die Beerdigung wurde von Pastor Grüner vollzogen. Alle Pastoren waren an diesem Tage mit dem gleichen Dienst befaßt, und ein jeder von ihnen hatte einen vollen Stundenplan. Der Jakobi-Friedhof gehörte der Ritterschaft. Als ich am Grab der Mutter stand, sah ich im Umkreis mehrere andere Beerdigungen. Die Leidtragenden, die wahrscheinlich meist einander kannten, verteilten sich so auf mehrere Grabstellen und waren doch eine Trauergemeinde.

Der Vater sagte einmal zu Bengt und mir: „Ihr werdet das einmal verwinden, ich aber nie. Mein Leben ist eigentlich aus." Rückschauend habe ich das Gefühl, daß wir drei Brüder das auch nie verwunden haben. Bengt war jetzt 15 Jahre alt, ich 14 und unsere von Phantasie, Schönheit und Harmonie geprägte ungewöhnlich glückliche Kindheit war beendet. Joggi, der Jüngste, war 11 Jahre alt. Seine Nabelschnur war eigentlich nie ganz abgetrennt worden. Seine Kindheit war gebrochen. 15 Jahre später hat er mir von einem Traum erzählt, den er gerade gehabt hatte. Alles war finster, er stürzte ins Bodenlose. Ein fürchterlicher Ton „piiii..." gellte in seinen Ohren und es wurde ihm schlagartig bewußt, daß alles so kam, wie es kommen mußte. Die Erzählung dieses Traumes ist mir unvergeßlich und ich habe sie immer mit seinem rätselhaften Verschwinden in Kanada in Verbindung gebracht.

3

Der Vater war entschlossen Riga zu verlassen, weil er für die Zukunft des Deutschtums im Baltikum wenig Aussichten sah. Dazu kam, daß er kein Wort Lettisch sprach und daher nicht damit rechnen konnte, daß die lettische Universität, die aus dem Polytechnikum hervorgehen sollte, ihn übernehmen würde. Eine Weile spielte er mit dem Gedanken einer Auswanderung nach Brasilien. Er wird aber wohl erkannt haben, daß er dafür zu alt war. Er war schon 63 Jahre. Eines Tages stellte er Bengt und mir die Frage, ob wir lieber in die Landeswehr eintreten oder in Deutschland in die Schule gehen wollten. Ich glaube nicht, daß die Landeswehr Vierzehnjährige aufnahm. Aber davon abgesehen, entschieden wir uns beide für die Schule. So war also die Auswanderung für uns alle beschlossen. Zuerst aber verließ uns die Großmutter mit den drei Kieter Kindern. Sie fuhren zu Verwandten in die Gegend von Reichenberg in Böhmen.

Die Eisenbahnbrücke war noch nicht wieder hergestellt. Der Zugverkehr nach Berlin begann erst in Mitau, wohin man sich zu Schiff auf der Düna und der Kurländischen Aa begeben mußte. Der Dampfer lag an der Kaimauer bei der Altstadt. Das Deck wimmelte von Ausreisewilligen. Wir waren zeitig gekommen und ich ging hinüber zum nicht weit entfernten Dom, um von meiner Vaterstadt Abschied zu nehmen. In die von mir sehr geliebte Kirche kam ich nicht hinein, wohl aber in den Kreuzgang. Nach diesem Besuch hatte ich das Gefühl, daß ich nun reif für die Auswanderung sei.

Wenn ich mich heute frage, ob irgendeine Stelle in Riga etwas Ähnliches wie Heimat bedeuten konnte, so sind es der Dom und die unvergleichliche Orgel – die Orgel, die ich gern noch einmal hören möchte. Ich habe mich, obwohl ich meine ersten 14 Jahre in Riga gelebt habe, nie voll mit dieser Stadt identifizieren können, weil ich im Grunde Estland und Reval als meine Heimat betrachtete. Das war wahrscheinlich der Einfluß meines Vaters, der in Estland seine Wurzeln hatte. Der Vater faszinierte uns immer wieder mit amüsanten Geschichten, bei denen es sich zum Teil um seine Jugend in Estland handelte, zum Teil auch um seine Erlebnisse in Petersburg, im übrigen Rußland, in Düsseldorf und anderswo. Seine Erzählungen haben unsere kindliche Phantasie ungeheuer angeregt, und wir, besonders Bengt und ich (Joggi war noch zu klein), erfanden unsere eigenen Märchenländer und erzählten uns und den Freunden Kraus die unglaublichsten Abenteuergeschichten. Die Personen, die immer wieder vorkamen, hießen Kottelettenblut, seine Frau Aliniera, ihr gemeinsamer Sohn Pottomatz und der Gegenspieler, der ränkesüchtige Bushinski.

Der Vater war eigentlich ein Waldmensch. Er bewegte sich im Wald am überzeugendsten. Er kannte alle Vögel (ich kenne sie heute noch nicht) und alle Baumarten. Er verstand als Nicht-Landwirt erstaunlich viel von der Landwirtschaft. Er gehörte ein oder zwei Jagdgesellschaften an, die im Umkreis von Riga Treibjagden veranstalteten. Von seinen Jagdgeschichten waren mir seine Berichte von der Auerhahnbalz die liebsten. Er war nicht eigentlich was man ein gesellschaftliches Talent nennt. Er genoss aber infolge seiner absoluten Integrität und Zuverlässigkeit ein sehr hohes Ansehen. Er war Vorsitzender des Baltischen Künstlerbundes, einer Organisation, die sich nicht nur auf Riga beschränkte, sondern alle drei Ostseeprovinzen – Estland, Livland und Kurland – umfaßte. Um solche und ähnliche Aufgaben bequem erledigen zu können, ließ er sich einen großen Schreibtisch mit vielen Fächern und Schubladen bauen, auf und in dem immer peinliche Ordnung herrschte.

Wichtige Ereignisse waren stets die Ausstellungen im Rigaer Stadtmuseum, einem Bau der Jahrhundertwende in typischem Museumsstil, etwa mit Craheim oder dem Berliner Reichstag vergleichbar. Im Vestibül dieses Museums hatte der Vater die meisten Supraporten, Freskogemälde mit Darstellungen Rigas und baltischer Landschaften gemalt. Andere Höhepunkte waren die jährlichen Künstlerfeste, an denen die gesamte deutsche Gesellschaft Rigas teilnahm und die immer unter einem bestimmten Thema standen. Als Onkel Theo und Tante Kiechen Kraus in Ägypten gewesen waren, wurde ein ägyptisches Fest gefeiert mit Pharaonen, Tempeln, Eseln und Dromedaren und allem, was dazu gehört. An diesen Ereignissen waren die Eltern immer sehr stark beteiligt. Am zweiten Abend durften auch Kinder mitmachen und so wurden wir zum Beispiel als Fellachenknaben gekleidet und geschminkt, ebenso die Kraus Jungen. Das war für uns immer ein großer Spaß.

Im Korridor unserer Wohnung war ein Badezimmer ohne Fenster. Der Tür gegenüber stand eine Kommode mit einem Spiegel darüber. Bengt und ich waren groß genug, um in diesen Spiegel hineinschauen zu können und wir übten uns im Fratzenschneiden. Die Fratzen wurden nach entsprechender Übung immer fürchterlicher, bis wir selbst davor Angst bekamen, so daß die schlimmsten Fratzen auch ohne mein

Zutun mich aus dem Spiegel anglotzten. Ich war deshalb gezwungen, das Badezimmer in fast kriechender Stellung zu betreten. Furchtbar unheimlich! Dann richtete ich mich auf und schaute nach links. Dort war ein Eckregal mit einem geteilten Vorhang. Im Vorhangschlitz sah ich alte Reithosen meines Vaters (die er nie mehr benutzte) hängen. Genau darunter standen seine Wasserstiefel mit hohen Schäften. Wer konnte wissen, ob nicht in Hosen und Stiefeln ein Räuber steckte? Diese neue Gefahr veranlaßte mich schließlich, einen Holzsäbel zu holen und mit lautem Kriegsgeschrei den Räuber zu durchbohren. Das war meine einzige Begegnung mit der dämonischen Welt. Alle anderen Regionen unseres Hauses waren gänzlich gefahrlos.

Ich habe schon gesagt, daß der Vater Professor und Staatsrat war. Der Titel Staatsrat hatte natürlich gar keine Bedeutung mehr, sondern war eine gewisse Stufe im Rigaer Beamtentum. Dazu gehörte selbstverständlich auch eine Uniform, eine Art Gehrock mit Aufschlägen und ein Degen. Es gab gewisse Gelegenheiten, bei denen der Vater es nicht vermeiden konnte, die Uniform anzuziehen, so zum Beispiel bei Ordensverleihungen. Als er aber 1915/16 mit dem evakuierten Polytechnikum allein in Moskau lebte, hat er diese Gelegenheit benutzt, das verabscheute Kleidungsstück aufzutragen. Das fiel dort gar nicht auf, weil in Rußland nicht nur das Militär, sondern auch alle beamteten Stände bis hinunter zum Postboten den bunten Rock trugen, sogar die Schüler. Wir trugen immer Lodencapes und Tirolerhüte. Aber russischerseits wurde gewünscht, daß alle Schüler Uniformen trugen, was meines Wissens an den Öffentlichen Schulen auch der Fall war.

Meine Mutter war eine dunkelhaarige Schönheit von sanftem Charakter. Sie wurde nicht nur von uns Kindern, sondern allgemein geliebt und bewundert. In Ausdruck, Haltung und Bewegung glich sie einer Märchenkönigin. Ich habe ein einziges Mal erlebt, wie sie meinem Vater temperamentvoll widersprach. Wir saßen alle um den Speisetisch, an dem die Mutter das Präsidium führte. Der Vater sagte, so wie die Lage sich entwickele, würden wir eines Tages alle verhungern. Darauf reagierte die Mutter ganz spontan, errötete, ihre Nasenflügel vibrierten und sie rief lauter als üblich: „Ich will aber nicht verhungern!" Es sah so aus, als könnte sie mit der Faust auf den Tisch schlagen.

Unsere religiöse Erziehung war rein traditionell. Die Mutter las uns, schon als wir noch ziemlich klein waren, die biblischen Geschichten mit den Illustrationen von Schnorr von Caroldsfeld vor. Als Kleinkinder wurden wir, außer zu Weihnachten, zu den Gottesdiensten im Dom nicht mitgenommen. Die Weihnachtsfeiern sind mir allerdings in eindrücklicher Erinnerung. Die Zeit vor dem Krieg erscheint mir wie eitel Sonnenschein.

Das Schönste waren immer die Sommerferien, die wir meistenteils am Rigaer Strande, am Estländischen Strande, bei Caspar Wiek oder in Mandevil bei Onkel Lux verbrachten. Mandevil und Villa Rosen waren zwei Wald- und Strandgrundstücke von je 15 Hektar Größe. Es waren dort mehrere Häuser, die sich im Sommer mit Verwandten und Freunden füllten und es fehlte nie an Kindern zum Spielen. Den Umzug aus der Stadt auf das 40 km entfernte Land vollzog Onkel Lux mit seiner Familie jedes Jahr noch mit eigenen Pferden, die dann in Mandevil stationiert waren und für Spazierfahrten und Picknicks zur Verfügung standen.

Wir machten einmal von Mandevil aus in großer Gesellschaft einen Ausflug nach Fall. Ungefähr 11 Km. Fall gehörte den Fürsten Wolkonsky. Tante Mares, die Frau von Onkel Lux, war bekannt für ihre Besserwisserei und Taktlosigkeit. Der arme Onkel Lux hat sehr unter ihr gelitten. Ich trippelte neben Tante Mares durch den Sand. Plötzlich sagte sie zu mir: „Claus, tritt mal kräftig mit deinem Fuß in den Sand." Ich, völlig ahnungslos stampfte auf den feuchten Sand. Tante Mares brüllte triumphierend über die ganze Bucht „Plattfüße hat er!" hat er .... hat er.... hat er.... hallte es in mir nach. Ich hatte den Ausdruck Plattfüße vielleicht schon mal gehört, aber nicht mit mir in Verbindung gebracht. Seitdem bin ich nie das Gefühl losgeworden eigentlich eine Mißgeburt zu sein. Noch als völlig erwachsener Mensch ist es vorgekommen, daß ich, wenn ich am Strande entlang ging, mich immer wieder umgeschaut habe, ob mein Fußtritt nicht vielleicht doch ein bißchen Profil im Sande hinterließ. Ich glaube, auch noch nach dem Kriege, mich immer wieder dabei ertappt zu haben. So tief war mir das unter die Haut gegangen.

Das allerbeliebteste Ferienziel war jedoch das Gut Kardina, wo Onkel Ernst und Tante Marie Rosen Haus hielten. Es war ein mittleres Gut von 1800 Hektar und lag in Jerwen („In Jerven möchte ich lewen und sterwen"). Ich kann mich heute noch daran erinnern, wie in Kardina Wald, Wiesen, Felder und Ställe, Park und Blumen dufteten. Das rieche ich noch heute.

1910 oder 1912 besuchten wir in unseren Weihnachtsferien das Gut Klein-Roop in Livland. Es gehörte damals Alexander Meyendorf. Wohl einen Kilometer vom mittelalterlichen Schloß Klein-Roop liegt das Schloß Groß-Roop, das bis zur Umsiedlung Hans Rosen gehört hat. Groß-Roop war seit dem 13. Jahrhundert im Besitz der Roten Rosen. Es handelte sich hier um zwei sehr bemerkenswerte Gutsherren. Alexander Meyendorf war Landrat und Mitglied der Reichsduma. Hans Rosen war Landrat und Mitglied des Reichsrates des russischen Oberhauses. Alexander Meyendorf war berühmt geworden durch eine Rede, die er als einziger Verteidiger der finnländischen Freiheit gehalten hatte, als die Duma im Begriff war, die volle Angleichung und Russifizierung Finnlands zu beschließen. Es war ihm gelungen, die ganze Duma umzustimmen und er wurde infolgedessen in Finnland sehr verehrt.

Hans Rosen, im Reichsrat eine Stufe höher als die Duma, hatte offenbar den kürzeren Draht zum Kaiser. Er mußte seinen Weihnachtsurlaub früher abbrechen, um nach Petersburg zu fahren. Meyendorf hatte noch einige Tage Zeit. Sie trafen einander auf halbem Weg zwischen Groß- und Klein-Roop. Ich war zufällig Zeuge dieser Abschiedszene. Sie schüttelten einander die Hand und Hans Rosen bot Meyendorf in herzlichem aber doch, wie mir schien, auch gönnerhaftem Ton seinen Beistand in Petersburg an, falls er ihn brauche. Diese kleine Szene machte bei mir um so mehr Eindruck, als Hans Rosen im Grunde gar nicht gönnerhaft war. Er war ein wohlwollender und stets hilfsbereiter Mensch, wofür ich ein Beispiel anführen kann: Wir saßen um den langen Speisetisch in Groß-Roop an der Kaffeetafel, an der auch alle fünf Töchter des Hauses versammelt waren. Auf meinem Kaffee schwammen Fetzchen von Milchhaut, die mir sehr eklig erschienen. Ich weigerte mich, den Kaffee zu trinken. Meine Mutter sagte mir, daß ich als Gast verpflichtet sei, die „Pelle" ohne Murren herunterzuschlucken. Der Hausherr hatte das beobachtet, stand auf, kam den weiten Weg bis zu mir und fischte mit einem Teelöffel sämtliche Milchfetzen heraus. Das hat einen sehr großen Eindruck auf mich gemacht.

Die älteste Tochter Anni heiratete Paul Adolf Hahn, der ein Gut in Litauen besaß. Nach dem zweiten Weltkrieg wanderte diese Familie nach Vancouver aus. Baronin Hahn ist die Großmutter von Adelheid Rotenhahn, geborene Fritsch. Hahn und Fircks sind die beiden typisch kurländischen Namen. Meine Eltern waren mit Wolf und Ines Fircks befreundet. Wir besuchten sie einmal in Pedwahlen im Zentrum von Kurland. Von dort sind mir vor allem die Ritterrüstungen erinnerlich und meine Verwunderung darüber, sie so klein waren. Der Hausherr hätte in keine von ihnen gepaßt. Auch erinnere ich mich noch, wie wir in einer geschlossenen Kutsche von der Eisenbahn abgeholt wurden und daß wir im Wageninnern einen Leinenbeutel mit Mitauer Speckbirnen entdeckten, die köstlich schmeckten.

Auch an Hahn'sche Güter kann ich mich erinnern. Im Sommer 1918 besuchten wir das paradiesische Amboten im südlichen Kurland. Das ehemalige Bischofsschloß liegt auf einem steilen, bewaldeten Hügel, der von einem hufeisenförmigen Stausee umfaßt wird. Mit den Söhnen Hans und André, machten wir Jungen eine Wanderung auf das Gut Diensdorf, Baron Bagge gehörig, ebenfalls ein typisch kurländischer Name. Die Frau des Hauses, eine Engelhardt aus Weinjarden in Estland, war eine Tante von Hillo, was ich damals allerdings nicht wußte. Die Hausherrin in Amboten, Marie Hahn, geb. Koskull, war eine Freundin meiner Mutter. Ich war mit dem jüngeren Sohn André befreundet. Dieser Sommer 1918 war der letzte unbeschwerte. Kurland erfreute sich unter deutscher Besetzung seit vier Jahren der Ruhe und Ordnung und die finsteren Wolken am Horizont waren noch nicht aufgezogen, jedenfalls noch nicht für uns Kinder wahrnehmbar. In Gedanken sehe ich noch im scheinbar ewigen Sonnenschein unsere Mutter und Marie Hahn Arm in Arm in dieser schönen Landschaft.

4

Nun aber zurück zu unserer Auswanderung im Sommer 1919. Ich habe soeben vom Dom und von dem davorstehenden Roland Abschied genommen. Wir befinden uns also auf dem Dünadampfer, der kurz vor der Mündung in die Kurländische Aa einschwenkt und an der Landseite der langen Kette der uns wohlbekannten Strandorte – Bullen, Billerlingshof, Mayorendorf, Dubbeln, Karsbad, Assern – entlang uns nach Mitau bringt, von wo die Reise in überfüllten Flüchtlingszügen weiter nach Berlin geht. Wir drei Jungen waren noch nie in Deutschland gewesen. Mir ist noch der Anblick der ostpreußischen Stadt Wehlau in der Abendsonne deutlich in Erinnerung. In dieser günstigen Beleuchtung wirkte das durch das Zugfenster erblickte Panorama der ersten deutschen Stadt, die ich zu sehen bekam, einfach feenhaft. Der Vater blickte ebenfalls aus dem Fenster und sagte erklärend. „So sieht also ein deutsches Dorf aus!" Man hatte ja eine stark überhöhte Meinung von Deutschland. In Berlin sahen die Menschen auf der Straße bleich und unterernährt aus. Um bei Tante Meta Wiesinger, der ältesten Schwester meines Vaters, im evangelischen Erholungsheim Wilhelmsdorf den Sommer verbringen zu können, mußten wir vom Potsdamer Bahnhof nach Brandenburg/Havel fahren. Der Zug war überfüllt und wir wurden in den Korridor eines Waggons 1. Klasse gedrängt. Dort erlebten wir das Gegenstück zu den bleichen Berlinern. In den Abteilungen räkelten sich wohlgemästete und rosige Kriegsgewinner. Ich sah, wie eine dicke Dame eine Tafel Schokolade, damals ein Mangelartikel, mit Brillianten funkelnden Fingern hervorholte und davon abbiß, als wäre es ein Butterbrot. Dieser Kontrapunkt zu dem, was wir vorher in Berlin gesehen hatten, reizte unseren Sinn für Karikaturen.

Tante Meta, meines Vaters Schwester, war mit dem Pfarrer Siegfried Wiesinger verheiratet. Er war Schwabe und hatte eine Zeitlang die Pfarre in Heiligersdorf in Unterfranken. Ich nehme an, daß er dort um die Jahrhundertwende emeritiert wurde. Anschließend lebten die beiden etwa bis 1902 in Rentweinsdorf, da Tante Meta mit Julie Rotenhan, geb. Welser, befreundet war. Tante Meta hat in späteren Jahren oft von Rentweinsdorf erzählt und auch von einem Kinderheim, das sie in Heiligersdorf oder Staffelstein gegründet hatte.

Das Erholungsheim in Wilhelmsdorf gehörte einem Pfarrer Jellinghaus, ein größeres Gebäude mit umlaufenden Veranden in einer recht schönen Gegend unweit des Plauer Sees. Es erschienen dort auch Onkel Ernst und Tante Marie aus Kardina, sowie Onkel Erni und Tante Edith Zoege aus Wechmuth, dem Nachbargut von Kardina, mit vielen Kindern, darunter auch Ralph „der Rabe" genannt. Er lebt heute in Frankfurt.

Es mußte jetzt eine Schule für uns gefunden werden. Vater hätte uns gern in die Odenwaldschule geschickt, er hatte aber nicht das Geld dazu. So kamen wir auf die Oberrealschule zum Dom in Lübeck, die in ihrem Programm am meisten der Commerz-Schule des Börsenvereins in Riga entsprach, die wir besucht hatten. In Herrenwyk bei Lübeck lebten Onkel Bruno und Tante Molly Kügelgen mit den Kindern Trudi und Wolfgang. Onkel Bruno hatte in Freiburg studiert, war Wärmeingenieur und Hochofenchef am Hochofenwerk Lübeck. Das Werk war auf Initiative der Stadt Lübeck gegründet worden, weil man Frachten für den neuerbauten Elbe-Trave-Kanal brauchte. Der Chemiker Dr. Moritz Neumark erhielt vom Senat der Stadt den Auftrag, das Werk zu bauen und wurde Generaldirektor der Hochofenwerke Lübeck AG.

Der Vater brachte uns vor Schulanfang zu Kügelgens und fuhr selbst zurück nach Riga, um den Hausstand aufzulösen. Seine Rückkehr verzögerte sich, weil ein Kondottiere, der Fürst Bermondt-Avaloff, der eine Kriegsmacht aus wahrscheinlich größtenteils antikommunistischen Russen gesammelt hatte, Riga belagerte und bombardierte.

Unterdessen begann unsere Schule. Man meinte, daß Bengt und ich Schwierigkeiten haben würden, weil der Schulunterricht in Riga infolge der verworrenen Verhältnisse auch recht verworren und manchmal ganz ausgefallen war. Wir kamen infolgedessen in die selbe Klasse und nicht in die nächst-folgende, wodurch wir wahrscheinlich ein halbes Jahr verloren. Bengt kam also in die Untertertia, ich in die Quarta. Nachdem ich einige Wochen die Schulbank in der Quarta gedrückt hatte und mich ziemlich hatte anstrengen müssen, um im Unterricht mitzukommen, kam einer aus der Schulleitung zu mir und eröffnete mir, daß man im Lehrerkollegium über mich gesprochen habe. Man habe den Eindruck gewonnen, daß ich in der Quarta nicht am rechten Ort sei. Ich sollte also am folgenden Tage in die U3 gehen und mich neben Bengt setzen. Wenn dann ein mir unbekannter Lehrer die Klasse betreten würde, sollte ich aufstehen, meinen Namen nennen und sagen, ich sei versetzt. Das tat ich also und von diesem Tage an ging alles wie von selbst.

Die Schule war gut. Bengt und ich hatten zu Kameraden und Lehrern ein gutes Verhältnis, manchmal ging es auch ganz lustig zu. Bengt und ich saßen in der vordersten Reihe rechts. Eines Morgens zog irgendjemand unsere Bank vorwärts, woraufhin die ganze Klasse sich in Bewegung setzte. Dann ertönte eine Glocke und die Vorsichtigen versuchten, ihre Bänke in die Ausgangsstellung zurückzubringen. Bengt und ich hatten uns passiv verhalten, da wir niemand vor uns hatten, den wir hätten schieben können. Als Prof. Brockhaus hereintrat, saßen wir direkt vor dem Katheder. Ein Gebot mit Donnerstimme hallte. Dann fragte er, wer die Bänke geschoben habe. Es meldete sich keiner. So begann er, jeden Einzelnen zu fragen. Der erste war Bengt, der mit gutem Gewissen nein sagen konnte. Ich sagte: „Nein, es hat mir aber sehr viel Spaß gemacht." „So", sagte Brockhaus, „Spaß gemacht. Drei Stunden Nachsitzen." Wahrscheinlich war ich nicht ganz allein beim Nachsitzen. Wir sollten bei dieser Gelegenheit eine Ballade von Goethe auswendig lernen: „Wir singen und sagen vom Grafen so gern..." Brockhaus sagte, wir würden ihm später einmal dankbar dafür sein, daß wir dieses schöne Gedicht haben lernen müssen. Ich hatte damals gar keinen Verstand für diese Ballade und habe sie auch nicht auswendig gelernt. Ihr großer Charme ist mir erst aufgegangen, als sie von dem großen Künstler Joop in der Bettenburg getanzt wurde. Er tanzte die Ballade, die ich ja nie gemocht habe – es war überwältigend.

Mein Vater war also in Riga eingeschlossen und Onkel Lux in Reval finanzierte über die damals noch bestehende Familienstiftung unser Leben in Lübeck. Als Vater schließlich aus Riga zurückkehrte, hatte sich dort endgültig geklärt, daß er an die neue lettische Universität nicht übernommen wurde, keine Pension erhielt (er war 64 Jahre alt) und seine Lebensversicherung nichts wert war. Ein Plan, die Leitung der Kunstschule in Brandenburg a. d. Havel zu übernehmen, scheiterte wahrscheinlich im Hinblick auf sein Alter. Er zog nach Berlin-Lichtenfelde, wo er zwei möblierte Zimmer in der Knesebeckstraße mietete und schlecht und recht von seinen Bildern lebte. Jedes Mal wenn ich heute in der Sparkasse Geld abhebe, und die Sicherheit habe, daß jeden Monat eine deutsche und eine schwedische Pension eingezahlt werden, denke ich an meinen Vater in Berlin. Er hatte diese Sicherheit nicht, sondern lebte von der Hand in den Mund vom Verkauf seiner Bilder, die ihm nicht aus den Händen gerissen wurden. Die Universität Riga zahlte ihm keine Pension und seine Lebensversicherung war auf Null entwertet. Immerhin hatte Vater als er starb kein überzogenes Konto, sondern ein kleines Guthaben bei der Deutschen Bank.

Vater nahm Joggi zu sich, der von dort aus die Berthold-Otto-Schule besuchte. Neumarks und Kügelgens machten den Vorschlag, Bengt und mich ganz als Pflegesöhne zu übernehmen. Frau Neumark begründete das Angebot damit, daß ihr Sohn Hans gerade anfangen sollte, Chemie zu studieren und aus dem Hause ging. Mit dieser Bemerkung wollte sie vermutlich ihre wohltätige Hilfsbereitschaft ein wenig kaschieren. Bengt und ich waren in die Familie Kügelgen völlig hineingewachsen. Onkel Bruno und Tante Molly und auch die Kinder waren uns sehr nah. Das Haus Neumark dagegen war sehr anders und sehr fremd. Es war keine Wahl getroffen worden, Bengt und ich sollten selber entscheiden. Wir zogen Knoten, wer den Knoten bekam, sollte zu Neumarks ziehen. Ich hielt mich für den Anpassungsfähigeren von uns beiden und war in großer Sorge um Bengt, für den Fall, er den Knoten ziehen würde. Aber ich zog den Knoten, wie fast immer bei diesem Spiel. Kügelchens beglückwünschten mich überschwänglich, mir aber war gar nicht danach zumute. Ich zog also in die „Villa" in das Zimmer Nr. 103 und wurde von Frau Ida Neumark mit mütterlicher Herzlichkeit und von der noch im Hause lebenden etwa gleichaltrigen Tochter Lore als Bruder aufgenommen.

Dr. Neumark war in der ganzen Industriewelt hoch geachtet und bekannt durch seine Fähigkeiten und durch sein Poltern. Er hatte nie Zeit, aber fand immer welche, um irgendjemand zur Sau zu machen durch lauten Stimmaufwand. Er lebte in dem von ihm selbst angelegten Herrenwyk (Hochofenwerk, Hafen, Arbeiterkolonie, Beamtenkolonie und – etwas abgesetzt – die „Villa") wie ein König. Nebenbei saß er in der Lübecker Bürgerschaft, dem Parlament der damaligen Freien und Hansestadt. Er war sehr häufig auf Geschäftsreisen, am häufigsten wahrscheinlich in Berlin und im Ruhrgebiet. Die Aufsicht über die Jagd rund um Herrenwyk hatte er Onkel Bruno übergeben. Der Ort liegt an der Trave unterhalb Lübecks in einer Entfernung von etwa 11 km. Im Hause Neumark ging es recht lebhaft zu. Aufsichtsräte wurden bewirtet, häufig gab es größere Abendgesellschaften. Ich war gern in diesem Hause und hatte auch die Pflegemutter, Frau Neumark, sehr gern. Wir gingen öfters zusammen spazieren, weil sie ihre Korpulenz bekämpfen wollte. Manchmal aber hatte sie nur Zeit, in schnellem Schritt um den Esstisch zu marschieren.

In der Schule hatten Bengt und ich keine Schwierigkeiten. Wir saßen immer noch gemeinsam auf einer Bank. In Lübeck hatte sich eine der besten Freundinnen meiner Mutter, Olly Bierich, als Klavierpädagogin niedergelassen. Bei ihr habe ich sehr viel mehr über Literatur gelernt, als in der Schule. Außerdem gab sie mir Klavierstunden. Zu dem gleichen

Kreise wie die Bierichs hatten in Riga auch Sent Mahesa und ihre Schwester Ea Carlberg sowie Kitty Engelhardt, spätere Stryck, gehört. Tante Olly war eine der nächsten Menschen, die aus der Rigaer Vergangenheit in das neue Leben eingegangen war.

Bengt und ich besuchten nun die Untersekunda, in der wir mit Felix Kuehl befreundet waren. Seine Schwester heiratete einige Jahre später Herbert Kuehne, den Inhaber der Essigfirma in Altona – ich hatte das Gefühl, bis zum Schulabschluß noch einige Jahre Zeit zu haben und freute mich schon auf den Lateinunterricht, der in der Obersekunda beginnen sollte (anstelle von Latein konnte man auch Russisch wählen). Da versammelte eines Tages Onkel Bruno Kügelgen Bengt und mich zu einer Besprechung über die Zukunft. Er führte aus, daß wir beide eine ausgesprochen künstlerische Begabung hätten und auch im Handwerksunterricht in der Schule immer unter den Besten seien. Infolgedessen halte er es für das Beste, wenn wir kein Abitur machten, sondern die Schule mit der bevorstehenden Obersekundareife verließen und zunächst eine Tischlerlehre machten. Das Ziel, das der sehr geliebte Onkel an die Wand malte, wirkte etwas vage, aber er war uns an Redegewandtheit weit überlegen und wir fügten uns. Bengt hat diesen Ausbildungsweg konsequent zu Ende geführt und es war wahrscheinlich für ihn auch das Richtige. Vater in Berlin, der ja an uns finanziell nicht beteiligt war, erhob keinen Einspruch, obwohl er sich über den vorzeitigen Abbruch unserer Schulausbildung wahrscheinlich nicht gefreut hat. Er besorgte uns bei den damals sehr bekannten Möbelwerkstätten Bernhard Stadler in Paderborn Lehrstellen. Dort haben wir 1½ Jahre getischlert. In Paderborn verkehrten wir viel im Hause des Amtsgerichtsrats Dr. Dach. Mit dem Sohn Arved war ich sehr befreundet. Seine Mutter war eine bedeutende Frau. Sie ließ sich von mir „Dach Mutter" nennen.

In dem Hause herrschte eine sehr geistige und auch geistliche Atmosphäre. In dem fast rein katholischen Paderborn gehörten die Dachs zu den wenigen Evangelischen. Der Amtsgerichtsrat verbrachte seine Zeit gern mit dem Malen von Ölbildern, die etwa dem Impressionismus zugeordnet werden konnten und durchaus nicht dilettantisch waren. Außerdem spielte er sehr gut Klavier, mit Vorliebe Bach. Ich habe in diesem Hause eine Art Heimat gefunden. Nach acht Stunden Tischlerei gingen Bengt und ich abends oft noch in die, hauptsächlich für Stadler-Beschäftigte, private Holzbildhauerwerkstatt, wo wir uns auch auf diesem Gebiet einige Geschicklichkeit aneigneten.

Nach 1½ Jahren gingen wir weiter in das damals auf der Höhe seiner Berühmtheit stehende Bauhaus in Weimar. Dort mußte man zunächst einen Vorkurs absolvieren, der einige Wochen gedauert haben mag und nach dessen Beendigung mit Hilfe einer Ausstellung ein Gremium von Lehrern und Meistern darüber entschied, wer aufgenommen werden sollte und wer nicht. Zu den Lehrern gehörten interessante Leute wie Paul Klee, Wassily Kandinsky, Itten, Oskar Schlemmer, Lionel Feininger usw. Eine interessante Erscheinung war Fräulein Grunow aus Berlin. Sie war eine kleine alte Dame mit viel Spitzen und Fischbein. Sie erteilte trotz ihres altmodischen Aussehens einen Unterricht, der im Lehrplan „Harmonisierungslehre" hieß. Walter Gropius hatte Itten an das Bauhaus gerufen. Dieser hatte die Bedingung gestellt, daß auch Fräulein Grunow berufen werden müsse, um die verknöcherten Seelen der Vorkursler aufzulockern und für seinen sehr subtilen Unterricht aufnahmefähig zu machen. Itten war das große Genie im Analysieren von alten Meistern, ein hochsensibler Farbentheoretiker, Anhänger der persischen oder indischen Masdasnan – Ernährungslehre und Yoga – Experte.

Fräulein Grunow versammelte ihre Schüler in einem Saal, in dem ein Flügel stand. Sie spielte Töne und Akkorde, man ging zwanglos zu ihrer Musikbegleitung im Gänsemarsch oder einzeln umher oder stand mit geschlossenen Augen da und erhielt ihre Weisungen, die teils an die ganze Gruppe, teils an jeden Einzelnen gerichtet waren. Man sollte an bestimmte Farben denken und dann unterm Einfluß ihres Spiels und der vorgegebenen Farbe ohne nachzudenken intuitive Bewegungen machen. Oder man sollte von sich aus die Farbe eines Akkordes erkennen. Die erwünschte Spontaneität ließ, wie man sich denken kann, sehr zu wünschen übrig. Aber Fräulein Grunow erzählte von anderen Kursen mit weniger gehemmten Schülern. So sei es ihr in einem Fall möglich gewesen, ein ganzes Orchester zusammenzustellen. Die Gruppe stand da mit geschlossenen Augen, jedes Mitglied hatte sich eine bestimme Farbe zu denken: Geige rot, Trompete gelb, Klavier weiß usw. Darauf setzte Fräulein Grunows Klavierspiel ein und die enthemmten Schüler standen in den erwünschten Posen da, geigend, trompetend usw. Von diesem großen Erfolg liebte sie zu erzählen, um uns Mut zu machen. Da man bei solchen Gelegenheiten mit geschlossenen Augen dazustehen hatte, konnte ich leider nicht sehen, was Bengt und die anderen taten, von Fräulein Grunows Orchester waren wir jedenfalls meilenweit entfernt.

Bengt trat konsequent in die Tischlerwerkstatt ein, in der er auch sein Gesellenstück gemacht hat, einen Schreibsekretär, den das Weimar

Nationalmuseum ankaufte. Ich fand es an der Zeit, mich von der Zwillingsfunktion mit Bengt zu lösen und ging in die Bildhauerei, in der man mit Holz, Ton und Stein arbeiten konnte. Jede Werkstatt hatte einen handwerklichen und einen künstlerischen Leiter. In meinem Fall war Oskar Schlemmer der Künstler und Meister Hartwig aus München der Handwerker. Manche Studierende am Bauhaus verstanden es gut, sich den Ideen von Gropius anzupassen und allem Romantischen abzuschwören. Man sollte sich an die Grundformen, Dreieck, Kreis und Quadrat, so weit wie möglich halten. Ich kenne einen Einzigen, der sein Leben lang nur Rechtecke dargestellt hat. Ich war mit ihm gut befreundet, er hieß Joseph Albers, ist weltberühmt geworden und vor einigen Jahren in Amerika gestorben. Zu meiner Zeit war er bereits Lehrer am Bauhaus. Ein weiterer sehr bemerkenswerter Lehrer war Lionel Feininger. Er hatte sich schon früh einen ganz eigenen und unverwechselbaren Stil erarbeitet, indem er Landschaften, Städtebilder und Stadtszenen zu kristallinischen Gebilden verfremdete. Gerade wegen seines Stils paßte er verhältnismäßig gut in das Konzept von Gropius, der alle Kunst in Beziehung zum Bau zu sehen wünschte. Es bestand eine gewisse Diskrepanz zwischen dem erklärten Programm des Bauhauses, das *l'art pour l'art* verwarf und den Lehrern, von denen jeder ein eigenes Atelier hatte und fleißig Bilder malte, die nicht immer programmgemäß waren. Allen gemeinsam war allerdings ihre Modernität. Am leichtesten war es, die Arbeiten von Oskar Schlemmer mit dem Baugedanken zu identifizieren. In den letzten Jahren brachte die Deutsche Bundespost eine Schlemmer – Briefmarke heraus, „Die Bauhaustreppe" betitelt. Man sieht auf diesem Bilde die stilisierten Rückseiten junger Bauhäusler die van de Velde Treppe emporstreben. In dem selben Treppenhaus war ich auf einem Gerüst mit den vorbereitenden Arbeiten für die Anbringung eines Reliefs von Schlemmer beauftragt.

Höhepunkte des Bauhauslebens waren die sogenannten Bauhausfeste mit eigener Musikkapelle, manchmal auch Kostümfeste. Und, als einmaliges Erlebnis, das zehnjährige Jubiläum des Bauhauses, das in der Schule selbst, im Weimarer Nationaltheater und im Jenaer Theater gefeiert wurde. Die ganze moderne Kunstwelt strömte bei dieser Gelegenheit zusammen. Ich beteiligte mich an der Theatergruppe, die in Jena das Mechanische Kabarett aufzuführen hatte: Eine Art Ballett mit Pappkulissen, das wir selbst ersannen und erbastelten und zu dem der jetzige Musikschriftsteller Stuckenschmidt die Musik schrieb. Zu diesem Jubiläum entwarf Gropius ein kubistisches Einfamilienhaus, in dem alle Ideen und Errungenschaften des Bauhauses, nicht nur die Möbel, sondern auch alle Teppiche, Keramiken, Fußleisten, und auch das Geschirr und das Besteck als Industriedesign verwirklicht waren. Das Haus wurde in der Nähe von Goethes Gartenhaus errichtet. Es fand eine feierliche Grundsteinlegung statt, zu der wir uns in Prozession begaben. Mir fiel die ehrenvolle Aufgabe zu, den in der Bildhauerwerkstatt behauenen Grundstein auf meiner Schulter hinzutragen. Der Grundstein hatte eine Vertiefung, in die eine in der Metallwerkstatt hergestellte verlötete Kupferkapsel eingelegt wurde, die die von Gropius diktierten historischen Daten enthielt. Das Haus sollte auch bauhauseigene Fensterklinken erhalten. Der Lehrer Moholy-Nagy, der in seinem Atelier große Ölgemälde aus Kreissegmenten, Dreiecken und Strichen malte, erhielt von Gropius den Auftrag, die Klinken zu entwickeln. Er kam zu Meister Hartwig in die Bildhauerwerkstatt und dieser schickte ihn zu mir, weil er der Meinung war, daß ich mit meiner Holzvergangenheit am besten ein Gußmodell aus Hainbuchenholz machen könnte. Ich fragte Moholy – Nagy ob er eine Zeichnung habe. Er hatte keine und auf meine Frage, was er sich denn vorgestellt hätte, machte er mit der rechten Hand klinkende Bewegungen, die er mit entsprechenden Grunzlauten begleitete. Ich ließ mich von Morgensterns „Sitzgeist" inspirieren, indem ich ihn auf einen entsprechenden „Klinkengeist" transponierte und machte ein Gußmodell, das aus einem zylindrischen Grifftteil und einem etwas abgewinkelten Kantstück bestand. Der Auftraggeber war sehr zufrieden und sagte, genau so habe er sich das gedacht. Die Klinke wurde in einer Weimarer Gießerei gegossen und das Haus wurde damit ausgestattet. Wahrscheinlich hat Moholy-Nagy dafür von Gropius ein besonderes Lob erhalten, denn eines Tages begegnete er Bengt auf dem Wandelgang des Bauhauses, eilte mit ausgestreckter Hand auf ihn zu und rief: „Herr von Rosen, ich danke Ihnen!" Im letzten Moment schreckte er zurück mit den Worten: „Ach, entschuldigen, war Ander."

Nicht nur ich hielt Moholy-Nagy für einen Scharlatan, aber er scheint sein Leben lang konsequent geblieben zu sein und hat sich später in der Emigration in Amerika mit Segmenten, Strichen und Dreiecken in der Avantgarde halten können.

Am Bauhaus hatte ich zwei sehr gute Freunde, Hans Düne (vor einigen Jahren als Kunsterzieher und Maler in Hameln gestorben) und Friedrich Wilhelm Bogler, der ebenfalls Maler wurde und im zweiten Weltkrieg in Frankreich verschollen ist. Bogler und ich saßen manchmal in Cafés oder Teestuben und entwarfen einen Turm mit einem schwarzen

Gewölbe, was seine Wunschphantasie war. Diesen Turm hat er später tatsächlich zusammen mit einem Wohnhaus auf einem Gipfel des Küllgebirges gebaut, von wo er 17 Dörfer überschauen konnte. Heute ist das Haus so etwas wie ein Wanderheim, es heißt noch „das Boglerhaus", aber nichts erinnert mehr an seinen Erbauer oder seine Frau.

Gropius hatte es übernommen, ein Einfamilienhaus in Berlin zu bauen und beauftragte die Bildhauerwerkstatt mit der Anfertigung eines Gipsmodelles. Zu dem Neubau gehörte auch eine Pergola, für die sich Gips nicht eignete. Der Werkstattleiter beauftragte mich mit der Herstellung der Pergola und ich bekam für die fertige Arbeit, die eigentlich in der Tischlerwerkstatt hätte gemacht werden müssen, einen unerwartet hohen Lohn ausgezahlt. Überraschend reich geworden, machte ich mich mit meinem Freund Düne einen Pfingstausflug nach Franken. Ich verdingte mich als Fremdenführer auf der Burg Laurenstein. Anschließend wollten wir in Bamberg im Wilden Mann übernachten. Aber weder der Wilde Mann noch ein anderes Hotel waren bereit, uns zu beherbergen. Wir brauchten nur den Mund aufzumachen, um sofort abgewiesen zu werden. Besonders Düne mit seiner hannoveraner Aussprache schien auf die Bamberger wie ein rotes Tuch auf einen Stier zu wirken

Es waren kurz vor dieser Zeit von Berlin aus Truppen gegen kommunistische und wohl auch separatistische Bestrebungen nördlich der Mainlinie eingesetzt worden. Wir mußten infolgedessen auf einer Bank im Wartesaal des Bahnhofs übernachten, wo wir die Unterwelt Bambergs kennenlernten. Damit war unsere Frankenfahrt beendet. Für uns beide war der Bamberger Reiter der Hauptanziehungspunkt und wir wurden nicht enttäuscht.

Während Bengt konsequent in der Tischlerwerkstatt des Bauhauses bis zur Gesellenprüfung weiterarbeitete, dann nach Coburg ging und Architekt wurde, kam ich zu der Überzeugung, daß ich auf dem falschen Wege sei, da ich immer noch kein klares Berufsziel vor mir sehen konnte. Ich gestand daher Neumarks meinen Irrtum ein und wir beschlossen gemeinsam, daß ich den kaufmännischen Weg einschlagen sollte.

Bevor ich nun auf diesem neuen Wege weitergehe, möchte ich nach Berlin zum Vater umschalten. Mein jüngster Bruder Joggi ging von dort aus zur Schule. Wir sahen uns immer zu den Ferien, die Bengt und ich teilweise beim Vater zu verbringen pflegten. Joggi absolvierte dann die Kolonialschule in Witzenhausen und die dazu gehörigen Traktor- und Autoschlosserkurse bei der Deula-Kraft in Berlin. Anschließend war er bei drei verschiedenen Betrieben landwirtschaftlicher Eleve, bis er dann 1929 oder 1930 nach Estland ging.

Vater war befreundet mit Mortimer Maltzahn und seiner Frau Helenchen, geb. Vietinghoff, in Kummerow in Vorpommern. Wir kannten Helenchen schon von Kardina her, wo sie einige Jahre gelebt hatte, um mit meiner Cousine Elisabeth zusammen in die Schule zu gehen. Mortimer hatte 1918 mit seiner Schwadron in Kardina gestanden und hatte sich in dieser glücklichen und hoffnungsfrohen Zeit mit Helenchen verlobt. Als Bengt und ich noch in Lübeck zur Schule gingen und Vater gerade in Kummerow war, wurden auch wir dorthin eingeladen. Es war ein ziemlich großes und sehr schön am See gelegenes Gut. Das Beigut Axelshof war die eigentliche Kornkammer. Im Lauf der Zeit befreundete ich mich mit den beiden Malzahns, wurde auch in der Nachbarschaft bekannt und fühlte mich in diesem Grenzgebiet zwischen Pommern und Mecklenburg ganz wie Zuhause. Man konnte dort reiten, rudern, segeln. Schloß und Park waren in ungewöhnlichem Masse gepflegt, woran Helenchen einen sehr hohen Anteil hatte. Ein Auto gab es damals noch nicht, es wurde mit Pferden gefahren. Da der Besitz völlig arrondiert war, konnte Mortimer alle Äcker zu Pferde erreichen. Als er aber einige Jahre später den Verwalter von Axelshof wegen Unehrlichkeit entlassen mußte und seine Aufgaben selbst übernahm, sah er sich doch gezwungen, ein Auto anzuschaffen.

Auch von Weimar aus bin ich einmal in Kummerow gewesen. Da man über Berlin fuhr, konnten solche Fahrten mit einem Besuch beim Vater verbunden werden.

Eine andere Attraktion war Tante Lizzie Zoege. Sie hatte eine Wohnung in Wilmersdorf. In jungen Jahren war sie eine der ersten weiblichen Medizinstudenten in Berlin gewesen, hatte aber offenbar nicht ausstudiert. Wahrscheinlich war der Krieg dazwischengekommen. 1914 befand sie sich gerade auf dem väterlichen Gut Wechmuth, einem Nachbargut von Kardina. Und da sie einen deutschen Reisepaß besaß, wurde sie nach Sibirien verbannt. Als sie nach dem Krieg nach Berlin zurückkehrte, verklagte sie das Deutsche Reich, weil ihr Schoßhündchen Nino in Sibirien Rheumatismus bekommen hatte. Ich weiß nicht, ob sie eine Entschädigung erhalten hat, nehme es aber an, weil Tante Lizzie alles durchsetzen konnte, was sie wollte. Sie war meist leidend und verbrachte den Vormittag im Bett. Ich besuchte sie eines Morgens und sie bat mich, für sie zu kämpfen. Sie war Kleinrentnerin und hatte immer Wünsche, die nicht automatisch erfüllt wurden. Ich machte für sie also eine Runde bei verschiedenen Ämtern, die man bekanntlich nur vormittags machen kann und es gelang mir tatsächlich, alle Beamten dazu zu bewegen, Tante Lizzies Wünsche zu erfüllen. Es ging verhältnismäßig leicht, entweder weil sie Tante Lizzie liebten oder weil sie Angst vor ihr hatten. Bevor ich das Haus verließ, hatte ich den Deckel von einer Hammelkeule abgehoben und gesehen, daß das Fleisch voller Maden war und ziemlich verfault roch. Sie hatte es vor 14 Tagen in einem Paket vom Lande bekommen und verwahrt, um mir ein gutes Mittagessen vorzusetzen. Als ich nun von meiner Mission zurückkehrte, erhielt ich als erstes ein großes Lob für den erfolgreich durchgestandenen Kampf. Dann eröffnete sie mir, daß sie während meiner Abwesenheit sehr fleißig gewesen sei: sie hätte alle Maden aus dem Fleisch herausgesammelt und in einem Blumentopf vergraben. Aus dem Fleisch hätte sie eine wunderbare Bouillon gekocht, die würden wir jetzt essen. Die Tante füllte die Tassen, ich besinne mich genau, wie die Bouillon schmeckte, sie hatte einen starken Hautgout. Ich schaltete meine Nase aus und trank. Tante Lizzie sagte genießerisch: „Eine echte Friedensbouillon". Tante Lizzie war streng national gesonnen und bekämpfte den Marxismus in jeder Form. Sie hatte einen Schrebergarten mit Häuschen ganz in der Nähe der Wilhelmsaue, in der sie wohnte. Ihr Nachbar war ein kommunistischer Werkstattmeister, der auf seinem Gartenhäuschen immer eine rote Fahne wehen ließ. Um die reaktionäre Baronin zu ärgern, pflegte er, ihr tote Ratten über den Zaun zu werfen. Sie ging jedoch zur Offensive über und bekehrte ihn, so daß er nach ihrem Beispiel eine schwarz-weiß-rote Fahne hißte. Die beiden blieben Freunde und Gesinnungsgenossen.

Auf der Straße hatte Tante Lizzie die Bekanntschaft eines jungen Polizisten gemacht. Er hatte ihr gefallen und sie meinte, daß sie vielleicht auch ihn, der rötlich gesinnt war, für die nationale Sache gewinnen könnte. Sie hatte einen nationalen Deklamator namens Otz Tollen auf einer großen Versammlung gehört. Er hatte ihr sehr imponiert und sie wollte ihn zu sich bitten und mit seiner Hilfe in die rötliche Polizei eine Bresche schlagen. Mir fielen nun zwei Aufgaben zu. Erstens sollte ich den Deklamator einladen, der keine Telefonnummer hatte und dessen Adresse unbekannt war, zweitens sollte ich in die Polizeikaserne gehen und in einer bestimmten Stube die dort wohnenden sechs oder acht Polizisten für den Plan der Tante mobilisieren. Vom Deklamator war nur bekannt, daß er in einem benachbarten Stadtteil wohnte. Ich machte mich also auf die Pirsch und versuchte seine Witterung aufzunehmen. Tatsächlich gelang es mir, ihn in einem 3. Hinterhof zu finden. Er trat mir in einer

Art Morgenrock mit aufgenähten Husarenschnüren recht griesgrämig entgegen, hörte sich aber mein Sprüchlein an und versprach, nachmittags um fünf Uhr zu kommen. Dann fuhr ich in die Polizeikaserne und drang bis in die richtige Stube durch, die gerade Besuchstag hatte. Ich trug die Einladung meiner Tante, der Baronesse Manteuffel, vor. Die Polizisten genierten sich vor ihren anwesenden Bräuten und wagten nicht, mir eine feste Zusage zu geben. Es war ihnen offenbar peinlich, vor ihren Bräuten zuzugeben, daß sie Interesse für eine alte Tante hätten. Es blieb also offen, ob sie erscheinen würden oder nicht und ich überlegte schon, was wir mit dem Deklamator ohne Zuhörer machen sollten. Am Nachmittag hatten Tante Lizzie und ich einen gemeinsamen Gang zu erledigen, von dem wir eine Minute nach fünf Uhr zurückkehrten. Es bog gerade ein Taxi um die Ecke in der verkehrten Richtung, darin saß ein enttäuschter Otz Toller, der offenbar nach vergeblichem Klingeln an Tante Lizzies Tür nach Hause fuhr. Oben vor dem Wohnungseingang standen acht Polizisten und ebenso viele Bräute. Es waren die Bräute gewesen, die nach meinem Fortgang aus der Kaserne ihre Freunde der Feigheit bezichtigten und so standen sie dann alle vor der Tür. Die Tante erklärte ihnen, daß sie wegen eines bedauerlichen Zufalls das Programm des Nachmittags, so wie es gedacht war, nicht anbieten könne, aber sie würde Tee auftragen und ihnen zunächst etwas vorspielen. Die Bräute wurden aufgefordert, alle um den Sofatisch Platz zu nehmen. Tante Lizzie setzte sich an das Klavier und erklärte, daß der Finnische Reitermarsch von Sibelius für sie in der gesamten Musikliteratur der Inbegriff einer männlichen, wehrhaften und anständigen Gesinnung sei. Sie würde diesen Marsch jetzt gerne vortragen, sie sei aber als Frau in ihrem Leben noch nie marschiert und habe deshalb das natürliche Gefühl für den Marschtakt nicht in sich. Sie schlüge infolgedessen den Polizisten vor, im Zimmer in die Runde zu marschieren, wie sie es gewohnt seien, sie würde sich dann am Klavier auf den echten Marschtakt einstellen. Die Polizisten formierten sich gut gelaunt zum Gänsemarsch und marschierten in die Runde, während die Tante den Reitermarsch donnerte und die Bräute bewundernd zuschauten. Die Gäste waren nun auf der gewünschten Wellenlänge. Es entspann sich zum Tee eine lebhafte Konversation, die von der Tante geschickt in die von ihr gewünschten Bahnen gelenkt wurde. Der Plan, in die Polizei eine Bresche zu schlagen, war auch ohne Deklamator gelungen.

Eines Tages teilte Tante Lizzie mir mit, daß sie auf einem Altmaterialplatz eine Tür gekauft und in ihrem Schrebergarten deponiert habe. Die

Schrebergärten an der Wihelmsaue sollten der Stadtplanung zum Opfer fallen. Die Tante wollte stattdessen ein eigenes Grundstück erwerben und um diese Tür herum ein Haus bauen. Einige Jahre später hat sie diesen Plan in Michendorf verwirklicht. Unterm Hause befand sich sogar ein feuerfestes Gewölbe für die Aufnahme des Zoegeschens Familienarchivs und sie hatte wieder einen Garten mit Obst, Beeren und Gemüse. Da ihre Zoegeschen leiblichen Neffen sich nicht ausreichend für das Objekt interessierten, wollte sie mich als Erbe einsetzen, allerdings um den Preis der Adoption. Hierzu konnte ich mich nicht entschließen. Heute ist Michendorf in der Ostzone und ich bereue nicht, den Besitz nicht angetreten zu haben.

Einmal war ich von Weimar aus unterwegs nach Kummerow. In Berlin auf dem Stettiner Bahnhof war ein großes Gedränge. In der Menschenmenge faszinierte mich eine Gruppe, bestehend aus einer schwarzgekleideten, sehr gerade und gemessen auftretenden älteren Dame, zwei jungen Mädchen und einem Jüngling, offensichtlich einem Bruder. Besonders anziehend erschien mir das eine der jungen Mädchen. Ich versuchte trotz des Lärms zu verstehen, worüber sie sich mit großer Lebhaftigkeit unterhielten, wer sie sein könnten und in was für einen Stall sie gehörten. Als die Mädchen dann ein Abteil stürmten, gelang es mir, einen Platz unmittelbar neben ihnen zu erobern. Zu meiner großen Enttäuschung kam der Bruder und holte sie wieder raus, denn es gäbe am Ende des Zuges einen Wagen 4. Klasse für Reisende ohne Traglasten, der ganz leer sei. Im Galopp ging es zu diesem Wagen, ich hielt mit der Gruppe Schritt und setzte mich Rücken an Rücken mit der schwarzen Dame. Die Gelegenheit, mich bemerkbar zu machen, kam sehr bald. Sie wollten nach Malchin in Mecklenburg und von dort in das herzogliche Schloß Remplin, in dem baltische Flüchtlinge untergebracht waren. Ich erfuhr aus der Unterhaltung, daß die Eltern der schwarzen Dame, die Großeltern ihrer Kinder, besucht werden sollten, und sie wüßten nicht, wie man von Malchin nach Remplin kommt. Da auch ich in Malchin aussteigen mußte, um nach Kummerow abgeholt zu werden, war dies die Gelegenheit, meine Hilfe anzubieten. Ich trat ins Karree und nannte meinen Namen, worauf die schwarze Dame mich zu meiner Verblüffung fragte, ob ich ein Neffe von Lux Rosen sei. Es stellte sich heraus, daß die Mädchen Mündel von Onkel Lux waren. Ich lud die junge Generation für den folgenden Tag zum Segeln ein. Da wehte aber ein sehr heftiger Sturm, so daß an Segeln nicht zu denken war. Ich wurde stattdessen mit Pferden nach Remplin gebracht. Vater war gerade in Kummerow und hatte soeben vom schwedischen Militärattaché, Graf Rosen in Washington, ein Paket mit einem Smoking bekommen, für den er keine Verwendung hatte. Ich hatte wohl irgendeinen Pullover an und Vater fragte mich zweifelnd, ob ich denn so nach Remplin fahren wollte. Ohne viel nachzudenken zog ich den Smoking über und behielt meinen dunkelroten Schlips an. Als Vater mich vor der Abfahrt sah, sagte er nur „Oho", hinderte mich aber nicht. In Remplin wurde ich sehr freundlich aufgenommen. Die Großeltern, die dort von meinen neuen Freunden besucht wurden, waren der alte Oberst Tiesenhausen und seine gelähmte Frau, die seit 15 Jahren im Rollstuhl saß und auch nicht mehr sprechen konnte. Sie hatte aber sehr gütige und sprechende Augen, so daß ich rückschauend glaube, mich gut mit ihr unterhalten zu haben. Es waren die Großeltern meiner späteren Frau Hillo Tiesenhausen. Die schwarze Dame war Tante Marie Luise Lilienfeld, eine Schwester von Hillos Vater. Sie hatte mich als Schwiegersohn ausersehen, wie sie später gesagt hat.

Es ist aber anders gekommen. Die Tochter Mary, Hillos leibliche Cousine, heiratete in Berlin Walthari Pabst von Ohain, nach dessen Tod einen sächsischen Minkwitz. Sie hatte in beiden Ehen Kinder und lebt heute in Imbshausen bei Northeim.

Die unwirkliche Inflationszeit ging zu Ende, während ich noch in Weimar war. Da der Dollarkurs sich jeden Tag vervielfachte, mußte man, wenn man Geld bekam, den neuesten Kurs ermitteln und dann sofort in den Geschäften einkaufen, die ihn noch nicht hatten. Ich verlor einen silbernen Manschettenknopf, den anderen verkaufte ich einem Juwelier und kaufte sofort Lebensmittel ein, mit denen ich eine Woche auskommen konnte. Zuletzt erstand ich von einem Kameraden eine gebrauchte Tabakspfeife für eine Billion Mark. Am folgenden Tag hatte sich die Billion in eine Rentenmark verwandelt. Der Spuk war zu Ende, das Leben wurde wieder normal und manche Seifenblasen platzten.

5

Ich begab mich nach Lübeck, um umzusatteln. Das war im Herbst 1924. Da trat Professor Brockhaus als Versucher auf den Plan, derselbe, der mir seinerzeit die Strafarbeit aufgebrummt hatte. Er schlug mir vor, das Abitur nachzuholen. Bis Weihnachten sei die Zeit vielleicht etwas knapp, aber er könne garantieren, daß ich es bis Ostern schaffte. Frau Neumark, meine Pflegemutter, hielt von dieser Idee sehr viel, aber ihr Mann nahm zum ersten Mal Einfluß in meine Geschicke und entschied, daß eine kaufmännische Lehre sofort angetreten werden müsse. Ich trat bei der Befrachtungs- und Schiffahrtsfirma F.H. Bertling in Lübeck ein. Ich wohnte zuerst in Herrenwyk bei Neumarks und fuhr die 10 Kilometer nach Lübeck entweder mit dem Rad oder mit der Straßenbahn. Später zog ich nach Lübeck. Meine erste Stelle als sogenannter „Junger Mann" hatte ich in Stettin bei der Reederei Kunstmann. Dort schloß ich Freundschaft mit Jochen Stimming. Der Bruder seines Vaters war General-Direktor der Norddeutschen Lloyd und schwebte über Jochen, so wie Dr. Neumark über mir. Das gesellschaftliche Leben in Stettin ist mir in angenehmer Erinnerung. Sowohl die „Stettiner Gesellschaft", als auch die Adelsgenossenschaft veranstalteten jedes Jahr große Bälle. Einmal beteiligte ich mich als Menuettänzer an einem Wohltätigkeitsfest im Stettiner Stadttheater. Ich erinnere mich noch, daß der Feldmarschall Mackensen in einer der vordersten Reihen saß und applaudierte. Sein Tschako (Pelzmütze mit Totenkopf) stand neben ihm im Mittelgang. Das war eine ganz hohe Geschichte, wie ein Baumkuchen.

Ich war bei der Reederei Kunstmann in Stettin und wohnte in einem möblierten Zimmer, wo ich auch ein Telefon hatte. Die Hauswirtin meines Vaters rief mich aus Lichtenfelde an und sagte: „Ihr Vater ist heute Nacht gestorben. Ich hörte einen lauten Schrei, ging hin, da war es schon zu spät." Es wurde ein Arzt gerufen, der die Todesursache *geplatzte Aorta* angab. Später habe ich in medizinischen Büchern und Enzyklopädien die Ursachen für dieses Phänomen gesucht. Unter anderen fand ich „eine lange, nicht nachlassende Trauer".

Ich rief Bengt in Coburg an, wo er die gleiche Architekturausbildung machte wie Jörn bei Herrn Kurt auf dem kleinen Gute Neu Mexiko in Hinterpommern, wo er Eleve war. Ich benachrichtigte auch Onkel Bruno Kügelgen in Lübeck. Zusammen haben wir die Beerdigung organisiert. Wir fanden wieder einen einfachen Tannenholzsarg und mieteten wieder einen Mann mit einer 2-Räderkarree. Die Karre mit dem Sarg fuhr auf der Straße, Bengt und ich gingen auf dem Trottoir. Wir stellten den Sarg auf den Friedhof von Dalem ab, am nächsten Tag war die Beerdigung.

Nach zwei Jahren verabschiedete ich mich von Stettin mit Bowle und Tanz. Damals konnte ein Junggeselle nicht ohne weiteres Mädchen einladen, es wäre kein Mensch gekommen. Die Adelsgenossenschaft verfügte über eine ältere Dame, die allgemein als Protokollchefin galt. Ihr machte ich einen Besuch und legte ihr meinen Plan dar. Sie sagte sehr positiv, daß alle kommen würden, wenn ich gewisse Regeln beachtete. Erstens müßte ich den Eltern der einzuladenden Mädchen Visiten machen, zweitens müsse ein vertrauenswürdiges Ehepaar die Schirmherrschaft übernehmen. Diese Aufgabe übernahmen Mortimer und Helenchen Maltzahn und das kleine Fest unter ihrem Vorsitz gestaltete sich zu einem großen Erfolg.

Meine nächste Station war die Montan-Transportgesellschaft am Ballindamm in Hamburg. Die Firma gehört heute noch der Frankfurter Metallgesellschaft und befaßt sich in der Hauptsache mit Befrachtung. Ich war der Befrachtungsabteilung zugeteilt. Mein Chef war mir von Lübeck her sehr gut bekannt. Ich fand es in meiner Situation sehr schwer, Lorbeeren zu ernten, denn der Abteilungsleiter hatte alle angebotenen Frachten und allen angebotenen Schiffsraum täglich auf dem Tisch und telefonierte jeden Morgen alle einschlägigen Firmen an der ganzen Wasserkante an und machte alle Abschlüsse, die im gegebenen Fall möglich waren. Es kam also im Wesentlichen für mich darauf an, ihm zuzuarbeiten. Mir fehlte die Aggressivität, ihm mit Gewalt Bissen zu entreißen. Zu meinen Obliegenheiten gehörte unter anderem auch, täglich auf der Börse zu erscheinen.

Auf der Börse hat jede Branche ihren eigenen Stand. Der Wert des Börsenbesuches bestand hauptsächlich darin, daß man alle Branchengenossen kennenlernte und täglich sah, in meinem Falle alle Schiffsmakler. Die meisten Geschäftsabschlüsse pflegten jedoch schon vor dem Börsenbesuch telefonisch vorweggenommen zu sein. Ein einziges Mal in meiner ganzen Laufbahn diente mir jedoch ein anderer Makler eine Ladung an, die so unbedeutend war, daß sie offenbar bei den telefonischen Vorbereitungen des betreffenden Morgens keine Berücksichtigung gefunden hatte. Zufälligerweise hatte ich ein frachthungriges Segelschiff an der Hand und der Abschluß wurde mit Handschlag besiegelt. Am Nachmittag begegnete mir der Direktor unserer Firma und fragte mich das erste und letzte Mal: „Nun, Herr von Rosen, was haben Sie heute befrachtet?" Ich antwortete: „Einen Motorsegler." Er sagte: „Haben Sie Schwein gehabt!" und ging weiter. Übrigens soll man nicht glauben, daß man als Befrachter allzuviel mit Schiffen zu tun hat. Man bringt Schiffsraum und Ladung zusammen, bekommt aber im Normalfall weder das eine, noch das andere zu Gesicht. Für das Beladen und Löschen von Schiffen sind Stauereifirmen da. Auch wenn Befrachtung und Stauerei, vielleicht auch Spedition in einer Firma vereinigt sind, so haben doch diese Abteilungen abgegrenzte Aufgabengebiete. Natürlich hatte ich auch manchmal im Hamburger Hafen zu tun, das waren aber Ausnahmefälle.

Ich wohnte in Hamburg anfangs bei Susi und Viktor Werner. Susi war die älteste Tochter von Neumarks. Sie wohnte in der Heilwigstraße. Nach einiger Zeit nahm ich mir ein Zimmer in der Johnsallee. Mein Lübecker Schulfreund Felix Kühl studierte in Hamburg Jura und Volkswirtschaft. Mein Stettiner Freund Jochen Stimming arbeitete in der Schiffahrtsfirma Robert M. Sloman jun. Wir sahen uns häufig. Felix Kühls Schwester Liesel hatte kurz vor meiner Ankunft Herbert Kühne, den Inhaber der Essigfirma geheiratet.

In Hamburg gab es recht viele Bälle. Verwandte hatte ich dort nicht, aber eine Beinah-Verwandte, Marita Häpke, geb. Wallis, Pflegetochter von Onkel Lux. Dieser hatte sie als Sängerin ausbilden lassen und sie ist einmal durch Tante Metas Vermittlung in Renntweinsdorf aufgetreten. Sie war mit dem aus Bremen stammenden Gymnasiallehrer Professor Häpke verheiratet. Er war um seine Frau im übertriebenen Masse besorgt und ich habe ihn einmal an den Rand der Verzweiflung gebracht, indem ich Marita einlud, auf der Alster Kanu zu fahren. Bei der „Montan" war mein Debut dadurch erschwert, daß sich die Sekretärinnen aus einem mir nicht bekannten Grunde gegen mich verschworen waren. Mein guter Bekannter, der Leiter der Befrachtungsabteilung, machte mich auf diese peinliche Lage aufmerksam, indem er sagte, wenn es mir nicht gelänge, mit diesen wichtigen Damen Frieden zu schließen, würden sie kein Mittel scheuen, um mich zu erledigen. Während das Getuschel der Damen in meiner Abwesenheit zu geschehen pflegte, wurde mir die Lage sofort klar, als ich einer von ihnen Briefe diktierte. Sie nahm ihren Bleistift zur Hand, als wäre er eine Gabel mit einer aufgespießten Schlange. Ich wandte in diesem Falle eine mir durch Frau Dach in Paderborn, einer sehr frommen Frau, die den Lehren von Mary Baker-Eddy anhing, bekanntgewordene Methode an. Ich machte mir klar, daß es im Reiche Gottes keine Intrige gibt, betete für die Sekretärinnen und stellte sie mir als Mitmenschen ohne Bosheit vor. Sehr bald verwandelte sich ihre Feindschaft in eine ausgesprochene Freundschaft und von da an war auf diesem Gebiet eitel Sonnenschein.

Jochen Stimming machte in dieser Zeit durch Vermittlung seines Onkels, des Geheimrats Stimming vom Norddeutschen Lloyd, eine Weltreise mit einem Lloyddampfer. Nach seiner Rückkehr hatte er natürlich sehr viel zu erzählen. Ich will hier aber nur berichten, daß er in Hongkong eine Kampferkiste kaufte, weil sich das so gehört. Die Kampferkisten sind Reisekisten aus Kampferholz, in die kein Ungeziefer eindringen kann. Auf diese Kiste will ich noch zurückkommen. Durch Vermittlung des Hochofenwerks in Lübeck hatte ich eine Anstellung als *Foreign Correspondent* bei der Firma Reichwald in Newcastle-upon-Tyne bekommen.

Die Firma befaßte sich hauptsächlich mit Kohle und Schifffahrt. Bevor ich diese Stellung antreten konnte, ging ich nach acht Monaten Hamburg auf acht Monate zur Unterweser-Reederei nach Bremen. Diese Firma betrieb keine Unterweserfahrt, sondern hatte ihre Interessen jenseits des Atlantiks. Bremen hat mir gut gefallen. Im Gegensatz zu der oft gehörten Meinung, die Bremer seien steif, fand ich die Menschen dort umgänglich wie überall. Allerdings war die Zeit etwas kurz, um in dieser Stadt, zu der ich vorher keine Beziehungen gehabt hatte, warm zu werden. Einladungen zu Familien, bei denen ich Karten abgegeben oder an die ich Empfehlungsschreiben übersandt hatte, erreichten mich erst nach meiner Abreise in England. Trotzdem verkehrte ich in einigen Häusern, vor allen Dingen bei Stimmings und Contrescarpe. Ich kann mich noch erinnern, dort den Weihnachtsbaum geschmückt zu haben, wahrscheinlich, weil gerade kein Sohn im Hause war. Der Hausherr, der viel auf Ozeandampfern unterwegs sein mußte und auch an Land, sei es in Bremen oder New York an Festessen, häufiger als ihm lieb war, teilzunehmen hatte, bestellte zur Erholung seines Magens zu Hause sein geliebtes schlesisches Nationalgericht, Quark mit Pellkartoffeln und Leinöl. Das Gericht wurde vom Diener in Livree mit dem Ausdruck gedämpften Abscheus auf silbernem Tablett an der Tafel herumgereicht.

In Hamburg hat mir Jochen Stimming einmal von einem alten Herrn erzählt, den er bei einem Stapellauf und einer anschließenden Probefahrt eines Lloyddampfers bei Bremerhaven kennengelernt hatte. Der Neubekannte hieß Dr. Wittigschlager und Jochen fand, daß ich ihn einmal kennen lernen müßte. Eines Tages teilte mir Herr Meinecke von der Unterweser-Reederei mit, daß ein Dr. Wittigschlager bei ihm gewesen sei und sich nach mir erkundigt hätte, und zwar hätte er wissen wollen, ob ich ein Mensch sei, den man vielleicht einmal einladen könnte. Kurz darauf teilte mir meine Vermieterin, Frau Leefhelm, Witwe eines Lloydarztes, mit, daß Dr. Wittigschlager, den sie vom Sehen kannte, sie an der Haustür einem Verhör unterzogen hätte. Er hätte mit der Frage begonnen: „Ist es wahr, daß bei Ihnen ein Herr von Rosen lebt?" Nach erhaltener Auskunft sei er fortgegangen, ohne sein Inkognito zu lüften. Des Rätsels Lösung kam sehr bald. Mein Bruder Bengt, der in München lebte und als Architekt arbeitete, teilte mir mit, daß er sich in Oberbayern mit Tatjana, der älteren Tochter von Dr. Wittigschlager, verlobt habe. Der zukünftige Schwiegervater hatte angedeutet, daß er mich einzuladen wünsche. Er hatte Bengt noch nicht zu Gesicht bekommen und hatte so das begreifliche Interesse, durch mich mit der Familie seines Schwiegersohnes bekannt zu werden. Außerdem hatte er noch eine jüngere Tochter Isolde. Die Einladung erfolgte nun sehr bald und ich lernte Dr. Wittigschlager kennen, einen sehr amüsanten, weltläufigen alten Herren, der mit einem riesigen weißen Haarbusch so ähnlich aussah wie Schopenhauer. Ich schrieb an Jochen Stimming nach Hamburg, mein Bruder habe sich mit der Tochter seines Freundes Dr. Wittigschlager verlobt. Diese Nachricht sprach sich schnell bis Bremen herum. Geheimrat Stimming hatte einen Sekretär, einen jungen Juristen, der ein Auge auf Isolde Wittigschlager geworfen hatte. Die beiden galten als so gut wie verlobt. Stimming, der Sekretär und Wittigschlager hatten in Bonn studiert und waren Corpsbrueder. Der Sekretär, dessen Namen ich vergessen habe, kannte weder Tatjana noch meinen Bruder und konnte das erwähnte Gerücht nur so verstehen, daß Isolde und ich miteinander verlobt seien. Während eines Empfanges irgendwo war er infolgedessen eisig zu mir. Es kam aber zu keiner Pistolenforderung. Aus seiner Verlobung mit Isolde wurde nichts, sie heiratete nach München. Die Mutter von Tatjana und Isolde lebte nicht in Bremen, sondern in New York. Sie hatte mit Mädchennamen Ballin geheißen, hatte aber mit Albert Ballin nichts zu tun. Ihr Vater war, so glaubte sie selbst, ein russischer Großfürst. Von der Mutter wußte sie nichts. Sie wurde als kleines Kind mit einer Bonne, Frau oder Fräulein Ballin, nach Frankreich an die Riviera geschickt. Das Kind hatte ebenfalls den Namen Ballin erhalten und wuchs in Frankreich auf. Aus mir unbekannten Gründen war sie von Bremen nach New York gezogen und führte dort endlose Prozesse, um ihre Anerkennung als Tochter des Großfürsten zu erreichen. Nun wollte sie ihren Schwiegersohn kennen lernen.

Bengt und Tatjana wurden nach Bremen zitiert. Frau Wittigschlager überquerte den Ozean in einem großen Lloyddampfer, die zu groß für den Bremer Hafen sind und infolgedessen in Bremerhaven anlegen. Dr. Wittigschlager eilte nach Bremerhaven, um seine Frau abzuholen. Diese hatte an Bord ein Telegramm ihres Anwalts erhalten, ein wichtiger Gerichtstermin stehe bevor und sie nötigte ihren Mann als Zeuge mitzukommen. Es blieb ihm keine Zeit, seine Zahnbürste aus Bremen zu holen. Die beiden reisten sofort nach New York, während Bengt und Tatjana in der Schwachhauser Heerstraße 175 saßen und vergeblich auf die Eltern warteten. Frau Wittigschlager hat ihren Schwiegersohn nie gesehen. Zu ihren Lebzeiten ist es ihr nicht gelungen, Fürstin zu werden und eine damit verbundene Erbschaft anzutreten.

Ich verließ jetzt Deutschland, den Schauplatz meiner Lehrjahre und eines Teiles meiner Wanderjahre. Auf dem kulturellen Gebiet haben mich in dieser Zeit am meisten beeindruckt: Furtwängler und die Berliner Philharmoniker, Edwin Fischer als Pianist und besonders Bachinterpret, der spätere Thomaskantor Günter Ramin und Ludwig Wüllner als Rezitator.

Furtwängler und die Berliner Philharmoniker kamen auch nach Newcastle. Der deutsche Konsul, der Schiffsmakler Hopps, trat ins Künstlerzimmer, schüttelte Furtwängler die Hand und sagte: „Mr. Professor, I can't understand how one man can make such admirable music and write such an excellent book as „Jew Süß!" (Der Verfasser des Buches hieß Lion Feuchtwanger.)

6

Es wurde nun Zeit, wieder den Wanderstab zu ergreifen. Ich las etwas Galsworthy und Edgar Wallace, um im Englischen flüssiger zu werden. Ich suchte mir ein Frachtschiff, das nach Hull unterwegs war. Ich sah mir die Kathedrale von York an, lief einmal auf der Stadtmauer in die Runde und nahm den nächsten Zug nach Newcastle. Das Reisepublikum erwies sich als humorvoll und gesprächig. Meine in der *Forsyte Saga* erworbenen Kenntnisse reichten für den Anfang. In Newcastle wurde ich in dem besten Boarding-house der Stadt, in Jesmond, bereits erwartet. Es wurde von einer Frau von Wilcken, geb. Rosenschild-Paulin, die aus Estland stammte, betrieben. Ihr Schwiegersohn Apollo Clapier de Collongues vom Gut Ontika in Estland war während des Ersten Weltkrieges Kaiserlich-Russischer Konsul in Newcastle gewesen. Seine äußerst tüchtige Schwiegermutter hatte das Heft in die Hand genommen, mit dem letzten Gelde ein Haus gekauft und es zu einem Boarding-house umfunktioniert. Diese Menschen waren in der Hauptsache Petersburger, sehr international, kannten ganz Europa und sprachen Französisch ebenso gut wie Deutsch und Russisch. Das Englische machte Frau von Wilcken gewisse Schwierigkeiten. Sie kannte nur ein Verbum „teket", das „nehmen" bedeuten sollte und in allen Stufen der Konjugation unverändert blieb. Ein Beispiel für ihre geniale Art, sich verständlich zu machen: Draußen sah man einen Lieferwagen. Der Lieferant läutete an der Tür. Das Dienstmädchen Olive eilte zur Tür und Frau von Wilcken rief ihr vom Wohnzimmer aus zu: „Ollif, Ollif, if it is ecks, dann teket him zum Deibel!" Olive grinste verständnisvoll und schickte den Eiermann fort.

An der Mittagstafel wurde eine Art Makkaroni serviert. Frau von Wilcken, am Ende des Tisches thronend, schien das Gefühl zu haben, daß man sich nicht genügend auf die Speise freute und sie pries sie aufmunternd an: „Teket dis, dis is real English foot, dis is Makkaroni and upstairs cheese."

Bei der Firma Reichwald, die ihr Domizil in der City, nicht weit von der großen Tyne-Brücke hatte, bestand meine Aufgabe in der Erledigung der gesamten Auslandspost, ganz gleich in welcher Sprache. Zu meinem Glücke kam kein chinesischer Brief. Das Kontor bestand aus vielen Räumen, in jedem Raum war ein Kamin mit offenem Kohlenfeuer. Jeden Vormittag um eine bestimmte Zeit wurde heißer Tee mit einem Biskuit serviert.

Als um die Wende 1928/29 die Wirtschaftskrise ausbrach und der ganze Tynefluss mit aufgelegten Schiffen vollgepfropft war, wurde aus Ersparnisgründen das Biskuit gestrichen. Diese vorausschauende Entscheidung der Direktion wurde auf meinen Vorschlag hin gefeiert. Es wurden Torten bestellt und in der Teepause im ganzen Kontor unter der Bezeichnung „reduction cake" verteilt. Die Engländer haben bekanntlich viel Humor und auch der Direktor Tom Veitch aß seinen Sparkuchen mit Schmunzeln.

Ich wurde bei dieser Firma von meinem Vorgänger, einem Hamburger, in meine Arbeit eingeführt, für die ich, ebenso wie er, einen Wochenlohn von umgerechnet siebzig Mark erhielt. Schrewe, mein Vorgänger, sagte man könne gut etwas davon sparen, was mir aber nie gelungen ist. Mr. Veitch war ein guter Manager. Man sagte von ihm „he is all there".

Einmal lud er mich ein, mit ihm eine Tagesfahrt an die Westküste zu machen. Die Firma besaß dort ein Unternehmen, das den Namen „Tyne Tees Byproducts Co. Ltd." hatte. An der Westküste war früher irgendetwas verhüttet worden und es befanden sich dort noch große Halden von Abbränden. Diese sollten nun in einem neu errichteten Hochofen verhüttet werden, weil mit modernen Methoden noch verschiedene Metalle aus den Rückständen gewonnen werden konnten. Der Hochofen war von der Firma Krupp-Gruson in Magdeburg gerade erstellt worden und ein Ingenieur von dort, der den Bau beaufsichtigt hatte, war noch da, um die Anlage in Gang zu setzen. Als Leiter der neuen Firma hatte man einen sehr stilvollen britischen Kavallerieoffizier gewonnen, der mit seinem schwarzen Schnurrbärtchen so aussah, wie General Allenby im Lawrence-Film. Er ging mit einem eleganten, militärischen Spazierstöckchen über das Gelände und sprach über die reichlich vorhandenen sachlichen Fragen nur wenig, dafür aber sehr gerne über Pferde. Während mein Chef sich im Kontor mit diesem „Allenby" unterhielt, sprach ich mit dem Ingenieur von Krupp-Guson. Er war sehr erstaunt darüber, wie man eine solche neue Industrieanlage zu starten gedachte. Der Hochofen war in einem Stahlgerüst 2 m über dem Boden aufgehängt. Die Anlage sollte bei kontinuierlichem Betrieb außer den erwünschten Metallen täglich 3 Waggons Schlacke produzieren. Der Ingenieur wollte nun von „Allenby" wissen, wo die Schlacke hingeschafft werden sollte. Er bekam den Bescheid, er solle die Abfälle unter dem Hochofen auskippen, eine Order, die weder auf Sachverstand, noch auf eine praktische Veranlagung schließen ließ. Auf der Rückfahrt bemerkte ich zu Veitch, daß „Allenby" vielleicht gewisse Schwierigkeiten haben könnte, sich an seine neue Aufgabe zu gewöhnen. Veitch antwortete: „Oh yes, of course, but you know, he is very good at polo." Diese kleine Geschichte habe ich erwähnt, weil sie für gewisse Entwicklungen im englischen Wirtschaftsleben symptomatisch ist.

Ich wurde auch auf der Börse von Newcastle eingeführt und zwar war ich der erste Deutsche, der nach dem Ersten Weltkrieg dieses ehrwürdige Haus betreten durfte.

In der ersten Zeit meines Aufenthaltes in Newcastle lernte ich den besten Krickerspieler und seine Eltern kennen. Auf diese Weise hatte ich Gelegenheit, mir einige Spiele anzusehen. Später schlief aber diese Beziehung wieder ein. Der Sohn des Inhabers der Firma Sloman in Hamburg, Henry Edie, sollte seine kaufmännische Ausbildung in England ergänzen und einige Zeit bei der Firma in Newcastle arbeiten. Er war an mich adressiert, d.h. daß ich ihm die ersten Wege zu ebnen hatte. Ich lockte ihn in unser Boarding-house, so wie ich auch einen anderen Hamburger, Werner Traber, den späteren Generaldirektor der Hapag für Frau von Wilcken eingefangen habe.

Zu den ersten Schritten, die ein junger Mann aus Hamburg in England zu tun hatte, gehörte natürlich die Betrachtung eines Krickerspieles. Wir saßen in der vorderen Reihe neben einem Mann mit einer Ballonmütze. Wenn man Kricket betrachtet ohne es zu kennen, sieht man nur ein Wirrwarr und begreift nichts. Edie bat mich, ihm die Regeln zu erklären. Ich hatte sie zwar gewußt, aber vergessen. So wandte ich mich an meinen Nachbarn mit der Ballonmütze und bat ihn um Auskunft. Er sah mich drohend an, krempelte die Ärmel hoch und entgegnete: „You aren't pulling my leg, are you?" Ich beeilte mich, ihm zu erklären, daß wir beide Fremdlinge seien und bei uns zu Hause Kricket nicht gespielt würde. Er schien uns deshalb sehr zu bedauern. Der Boxkampf konnte vermieden werden und der Nachbar wurde ganz friedlich. Die Newcastler waren besonders stolz auf eine Einrichtung, aus der sich vielleicht später die Diskotheken entwickelt haben. In einem großen Saal mit Tischen für 4-6 Personen an den Wänden entlang wurde nachmittags Tanzmusik gemacht. Es gab Tee und Grahamschnitten mit Butter und Kresse. Eine Dame der Gesellschaft stand in der Nähe des Eingangs als Hostess. Wenn man sie begrüßte, war man eingeführt und willkommen und brauchte keine weiteren Vorstellungen. Jeder junge Mann konnte nach Erledigung der ersten Zeremonie jede beliebige Dame, und sei es auch eine wildfremde, zum Tanz auffordern. Ich habe dieses Etablissement sowohl mit männlichen Kameraden als auch in Damengesellschaft oft und gern besucht.

Zwei weitere Einrichtungen erfüllten die Newcastler mit Stolz: Das Armstrong College, eine Hochschule, die von Lord Armstrong, dem Sprengstoffkönig, gegründet worden war. Und dann war da noch das Newcastler Playhouse, ein moderner Theaterbau, in dem keine Berufschauspieler, sondern nur Amateure auftraten. Die Söhne und Töchter von den „upper ten" traten dort auf. *Hamlet* hatten sie noch nicht im Repertoire, es waren leichtere Stücke. Das Spiel war aber nicht dilettantisch, sondern von sehr guter Klasse. Als ich mich gut eingelebt hatte und in der Stadt bekannter geworden war, wurde ich aufgefordert, im Playhouse mitzumachen. Dazu kam es aber nicht, denn meine Zeit war um.

Das für mich ungewohnteste und sogar etwas unheimliche gesellschaftliche Ereignis war ein Bridgedrive. Der Präses eines Wohltätigkeitkomitees, Oberst Rogers, hatte mir eine Einladung geschickt. Ich schickte ihm in einem Briefumschlag „one guinea", so sagte man aus Anstandsgründen, zahlte aber nur ein Pfund. Als ich den Saal betrat, stand ich dreihundert Damen mit Hüten im Alter von Schwiegermüttern gegenüber. Rogers war mit mir der einzige männliche Anwesende und mußte eine Rede halten. Der Saal war gefüllt mit vielen Reihen von je vier Tischen für je vier Personen. Mir flößte die Situation einen ziemlichen Schrecken ein, aber ich stürzte mich in das Gewühl und es wurde mir ein Platz an einem Tischchen an der Fensterwand angewiesen. Der Gewinner eines Spieles rückte jeweils einen Tisch weiter. Das Schicksal ließ mich jedesmal gewinnen, so daß ich nach vier Spielen meine Tischreihe absolviert hatte. Am Ausgang wurde mir noch ein Los zugeschoben und ich gewann eine riesige Puppe mit himmelblauen Augen und einem Spitzenhäubchen. Dann bedankte ich mich bei Oberst Rogers und verließ fluchtartig das Lokal.

Nach diesem Erlebnis könnte man meinen, ich sei ein guter Bridgespieler gewesen. Das war keineswegs der Fall. Aber überall auf dem Kontinent spielte man schon lange Kontraktbridge, nach Möglichkeit Culbertson. Diese modernen Methoden waren jedoch nach Newcastle noch nicht vorgedrungen. Man spielte dort Auktionsbridge, eine veraltete Form, bei der man beim Reizen kein Risiko eingeht, so daß es gar kein Kunststück ist zu gewinnen, wenn man gute Karten hat.

Die Familie Rogers lernte ich dadurch kennen, daß ich der Frau des Obersten deutschen Artikulationsunterricht gab. Sie hatte nämlich bei einem Lehrer aus Heidelberg Deutsch gelernt und bei ihm sehr schwer singbare Laute eingeübt. Sie sang oft deutsche Lieder im Rundfunk und bekam jedes Mahl schlimme Kehlkopfschmerzen. Wir nahmen zuerst alle ihre Lieder zu Hause durch („Schlafe, mein Prinzchen, schlaf ein") und dann wurde ich ins Rundfunkstudio gebeten, wo ich in einen schallsicheren Schrank gesperrt wurde und mit Kopfhörern versehen genau zu kontrollieren hatte, was Mrs. Rogers ins Mikrophon sang. Es klappte gut und ich brauchte die Sängerin nur noch auf einige wenige harte Zischlaute aufmerksam machen. Seitdem hatte ihr Gesang vielleicht einen leicht baltischen Einschlag, aber ihr Kehlkopf wurde nie wieder überanstrengt.

Ich pflegte fast täglich ein kleines Café zu besuchen und mich dort mit Freunden und Kameraden zu treffen. Der Leiter der Berlitzschule, Jack Guitard, trat immer wieder an unseren Tisch heran und fragte mich, ob ich nicht bei ihm Deutschlehrer werden wollte. Ich hatte immer Ausflüchte gefunden. Aber eines Tages änderte sich die Situation. Die Wirtschaftskrise wurde immer katastrophaler. Der Gewerkschaftsboss der Kohlenbergleute wurde dazu aufgefordert, vor den Mitgliedern der Börse einen Vortrag über die Lage zu halten. Er begann ihn sehr zutreffend mit den Worten: „Gentlemen, industry and trade are in a state of chaos." (Er sprach es „tschoss")

Verständlicherweise versuchte man nun, Ausländer abzuschieben, weil sie den Arbeitsmarkt belasteten. Das Innenministerium weigerte sich, mein auf ein Jahr limitiertes Permit zu verlängern. Bald darauf erhielt ich einen Ausweisungsbefehl. Mr. Veitch machte mir den Vorschlag, die britische Staatsangehörigkeit anzunehmen, wozu ich mich aber nicht entschließen konnte. Mit Hilfe der Londoner Deutschen Botschaft gelang es, den Ausreisebefehl unwirksam zu machen. Eine Arbeitserlaubnis war jedoch nicht mehr zu haben. Ich machte mit Veitch ein *gentleman's agreement*. Ich verzichtete auf die Hälfte meines Gehaltes, die andere Hälfte bezahlte er aus seiner Reisekasse, so daß ich nicht mehr in den Büchern auffindbar war. Ich war an keine Arbeitszeit mehr gebunden, sondern brauchte nur jeden Morgen die ausländische Post zu erledigen.

Nun ging ich in das kleine Café und sagte Jack Guitard, daß ich bereit sei, sein Angebot anzunehmen. Ich konnte noch am gleichen Tag eine Klasse übernehmen. Es ist ein Grundsatz der Berlitzschule, daß Lehrer nur ihre Muttersprache unterrichten dürfen. Nach einiger Zeit jedoch kam Guitard und fragte mich, ob ich Französisch unterrichten könnte. Ich sagte ihm, daß er ja wisse, daß Französisch nicht meine Muttersprache sei und ich noch nie in Frankreich gewesen sei. „Ich frage

Sie nicht, ob Sie in Frankreich gewesen sind, ich frage Sie, ob Sie eine französische Klasse übernehmen können." Am gleichen Nachmittag konnte ich anfangen. Glücklicherweise handelte es sich um Anfänger. Ich nahm das Lehrbuch mit nach Hause, wo immer auch einige Franzosen zur Verfügung standen, so daß ich mich auf die nächste Stunde vorbereiten konnte. Die größte Frechheit war aber, daß ich eines Tages auch eine Schülerin für Schwedisch bekam. Sie war Lehrerin, hatte schon gewisse Grundkenntnisse, wollte eine Reise nach Schweden unternehmen und wollte in der Berlitzschule Konversationsunterricht nehmen. Das Buch hatte nur ich, so daß ich auslassen konnte, was ich nicht verstand. Ich schrieb und zeichnete alles Mögliche auf die schwarze Tafel und stellte Fragen aus dem Buch, der Schülerin nicht einen Moment Ruhe gönnend. Ich hatte den Eindruck, daß ihr Geld nicht verschwendet war. Ich war aber doch sehr erleichtert, als diese Schülerin nach einigen Wochen nach Schweden abreiste.

Durch die Berlitzschule und auch durch Privatunterricht und durch technische Übersetzungen, die ich gelegentlich machen mußte, lernte ich verschiedene interessante Menschen kennen, so z.B. den Direktor eines Theaters in Newcastle. Die meisten Theater in England gehörten damals größeren Konzernen. Der Direktor hatte von seiner Zentrale in London einen Wink bekommen, daß man ihm die Leitung eines Theaters in Paris übertragen wollte. Es wurde ihm empfohlen, sich vorsorglich schon etwas mit der französischen Sprache zu befassen. Ich sagte ihm, daß ich selbst nicht viel davon wüßte und nie in Frankreich gewesen sei. Das störte ihn aber gar nicht, denn er meinte, wenn ich ihm das Wenige beibringen könnte, was ich wüßte, dann würde das für seine Zwecke in Paris bestimmt ausreichen. Im Übrigen sei es für ihn eine besondere Freude, in mir den ersten Deutschen seit der Westfront kennenzulernen. Dieser Unterricht machte richtig Spaß. Sein Theater wechselte jede Woche das Programm und er lud mich ein, „mit Dame" jedes neue Programm anzuschauen, was ich auch getan habe. Als ich Newcastle verließ, gestaltete er den Abschied zum Fest. Wir saßen in seiner Loge, er im Frack, und tranken Whisky.

Eines Tages erhielt ich von der mir unbekannten Lektorin der deutschen Sprache am Armstrong College, Miss Cunningham, einen Brief. Sie bat mich, im College ein Referat über meine Eindrücke von England zu halten. Es würden dazu außer ihren Schülern auch alle deutschinteressierten Personen in Newcastle durch eine Anzeige eingeladen werden. Ich hatte noch nie einen Vortrag gehalten. Frau von

Wilcken, der französische Konsul, der zu ihrem Freundeskreis gehörte und alle meine Kameraden aus dem Boarding-house nahmen Anteil an meinem Unterfangen und gaben mir gute Ratschläge. Es waren etwa einhundert Personen erschienen. Es war mir klar, daß ich meine angeborene Schüchternheit vergessen mußte. Ich steckte mir meinen Stichwortzettel in die Tasche, holte tief Luft und bestieg das Podium wie man den Sprungturm am Schwimmbecken besteigt. Das Publikum war äußerst wohlwollend und brach immer wieder in Lachssalven aus. Meine Witze brachten mir in Newcastle einen gewissen Ruhm ein. Ich wurde sogar auf offener Straße von wildfremden Menschen darauf angesprochen. Dabei hatte ich gar keine Witze gemacht, sondern offenbar unbewußt den englischen Sinn für Humor getroffen. Die Hörer glaubten, ich hätte alles raffiniert berechnet – Newcastle ist mir heute noch in sehr guter Erinnerung. Ich kann mich noch an den ganz unkontinentalen Geruch erinnern. Alle Zimmer rochen nach Virginiatabak. Wenn jemand in einem englischen Hause eine kontinentale (sogenannte türkische) Zigarette rauchte, spürte man im ganzen Hause einen fremden Geruch. Ich habe in der Zeit London, große Teile Schottlands und den berühmten *Lake District* kennengelernt.

Doris war eine der schönsten Frauen Newcastles; ich glaube sie stammte von Macaulay ab. Keine sehr hohe Bildung, aber viel Originalität, eine Nonkonformistin. So war sie ausgesprochene Impfgegnerin und hat mich als erste auf den Gedanken gebracht, daß man das Impfen als sachliche Vorschrift nicht einfach hinnehmen muß, sondern auch anderer Meinung sein kann. Im Kino blieb sie sitzen, während alle anderen am Schluß der Vorstellung zu den Klängen von „God Save The King" aufstanden. „The King's all right, but what has that to do with the cinema?" Sie war meine erste große Liebe. Daß unsere Verbindung ohne Folgen blieb, ist eine Gnade. Ich stand am Scheidewege. Ich riß mich von ihr los und fuhr nach Reval. Vergessen habe ich sie nie.

7

Onkel Lux lud mich ein, den Sommer 1930 bei ihm am Strande in Mandevil zu verbringen. Ich ging auf die Börse und fragte, ob jemand ein Schiff nach Reval empfehlen konnte. Einer fragte mich: „Would Archangel do for you?" Das Angebot erschien mir doch etwas zweifelhaft. Ich buchte eine Überfahrt von Hull nach Helsingfors mit der Finska Ångfartygs Aktiebolaget. Das Schiff hieß Ilmatar. Es war eine sehr schöne Überfahrt. An Bord befanden sich eine englische Abiturientenklasse, der Dean of St. Patricks (er war der höchste anglikanische Geistliche Irlands) und einige privatreisende Engländer. Ich freundete mich mit zwei jungen Männern an, von denen der eine Reverend war. An Bord befand sich auch ein kommunistisch gesinnter englischer Lehrer. Er trug keinen Kragen, sondern nur einen Kragenknopf. Wir stachen am Samstagabend in See, am folgenden Sonntag feierte der Dean of St. Patricks den Gottesdienst. Gegen Abend saß man in einem großen Kreis an Deck und sang englische Lieder. Einer aus der Jugendgruppe wandte sich an mich und sagte, ich hätte nun schon so viele Lieder, wenn auch nur mit *la, la, la* mitgesungen, jetzt wollten sie einmal ein deutsches Lied singen und ich sollte wählen, was ich hören wollte. Da ich nicht das Inhaltsverzeichnis des Zupfgeigenhansels hersagen wollte und also keine Wahl traf, sangen sie alle schmetternd „Die Wacht am Rhein", wobei sie alle Verse in englischer Übersetzung auswendig wußten, während ich zu meiner Beschämung nur den ersten Vers kannte. Als „Die Wacht am Rhein" eben verklungen war, befanden wir uns im Skagerrak. Einer der Anwesenden forderte alle auf, in würdiger Form der siegreichen Battle of Jutland zu gedenken und das Andenken der gefallenen britischen Matrosen zu ehren. Da meldete sich der Kommunist zu Wort und wies darauf hin, daß man einen Deutschen an Bord habe und bei den Deutschen die Schlacht am Skagerrak ebenfalls als Sieg betrachtet werde. Er schlage deshalb vor, nicht nur der britischen Seeleute, sondern aller in der Schlacht gefallenen Helden zu gedenken. Und so geschah es.

Bei einer Zwischenlandung in Kopenhagen hatte man Zeit für eine Stadtbesichtigung. An Land legten ein Engländer italienischer Abstammung und der Kommunist beschlag auf mich, so daß alle anderen sich anders gruppierten und wir drei alleine in die Stadt gingen. Wir kehrten auch in einem sehr eleganten Café ein, wo der Kommunist stolz seinen Kragenknopf zur Schau trug. Er war nämlich unterwegs nach Leningrad, ähnlich wie Moslems nach Mekka reisen.

Der Spaziergang durch Kopenhagen in dieser Gesellschaft war ganz amüsant. Ich fühlte mich aber doch etwas deplatziert und war froh, mich an Bord wieder meinen anderen Freunden zuwenden zu können, insbesondere dem jungen Juristen und dem Reverend.

Bei der Überfahrt hat mich der Übergang von der Nordsee in die Ostsee besonders beeindruckt. Die Sommerwolken über der Nordsee haben etwas herb Dramatisches. Die ganz anders gearteten Ostseewolken erinnerten mich dagegen an meine Kindheit und an das Gedicht von Hermann Ludwig Allmers:

> Ich ruhe still im hohen, grünen Gras
> und sende lange meinen Blick nach oben,
> von Grillen rings umschwirrt ohn Unterlass,
> von Himmelsbläue wundersam umwoben.
>
> Und schöne weiße Wolken ziehn dahin
> durchs tiefe Blau wie schöne stille Träume:
> Mir ist, als ob ich längst gestorben bin
> und ziehe selig mit durch ewge Räume.

Mitten auf der Ostsee hatten wir eine märchenhafte Begegnung: Es war das finnische Segelschulschiff *Kronprinzessin Cäcilie*, eine Viermastbark, die, vom Horizont her immer größer werdend, schließlich in ihrer ganzen Pracht nah an uns vorüber rauschte.

Als ich mich etwa in der Mitte der Ostsee befand, spürte ich keinerlei Geruch der umgebenden Landmassen. Dann meldete sich sozusagen aus dem Geruchsvakuum ein schnell stärker werdender wunderschöner Duft nach Honig und Wiesenblumen. Es war der Geruch Estlands.

Meine beiden Freunde vom Schiff, der Jurist und der Reverend zogen mit mir gemeinsam in das Hotel Societäts Huset in Helsingfors, einem Bau des bekannten finnländischen Architekten Saarinen. Wir schauten uns gemeinsam die Stadt an und gingen an Bord eines kleinen Schärendampfers, um eine Rundfahrt durch die granitene Inselwelt zu machen. Unsere Aufmerksamkeit wurde von einem jungen Mädchen angezogen, das unter einem großen Strohhut saß und ein Buch las. Es gelang uns, sie zu einem Gespräch zu bewegen. Sie entwickelte sofort einen Plan für uns. Sie würde auf der Insel Dalarö aussteigen, wir sollten die Rundfahrt bis zum äußersten Rande der Inselwelt vollenden und auf dem Rückwege an der gleichen Anlegebrücke, nämlich auf der Insel Dalarö, aussteigen und sie besuchen, es gäbe dort eine sehr gute Badegelegenheit. Ein puritanischer, englischer Holzhändler hatte das Gespräch belauscht und mißbilligte es ganz offensichtlich. Als wir uns später anschickten, das Boot zu verlassen, fragte der Holzhändler mit streng erhobenem Zeigefinger: „Have you bathing costumes?" Der Reverend klopfte geistesgegenwärtig auf seine Hosentasche und sagte: „Yes, of course".

The girl kam uns entgegen und geleitete uns zu einer Villa auf den Klippen unter Kiefern und Fichten. Die Eltern, Herr und Frau af Björkesten, empfingen uns unter der Veranda. Wir nannten unsere Namen. Als Ich „Rosen" sagte, erwiderte der Hausherr: „Dann sind Sie aber kein Engländer, sondern wahrscheinlich ein Neffe von Lux Rosen." Wir wurden zuerst zum Baden geschickt, wobei man von den Klippen direkt ins Meer springen konnte. Dann ging es zur Kaffeetafel. The girl spielte hinfort in unseren Gesprächen eine große Rolle. Wir trafen sie auch noch in der Stadt und der Vater zeigte uns das ganze Ritterhaus. The girl war in Estland gewesen und kannte meine Cousinen und Vettern, Tanten und Onkel.

Nach einigen Tagen trennte ich mich von meinen Freunden und fuhr mit einem Schiff nach Reval. Meine beiden Freunde schrieben mir nach ihrer Heimkehr aus England: „Your friend the communist, was on board again, coming from Leningrad, rather subdued, but still wearing no collar."

Ich konnte nun das Ende des Sommers in meinem Kindheitsparadies am Strande von Mandevil und Villa Rosen genießen. Onkel Lux war immer ein, meinem Vater sehr ähnlicher, besonders geliebter Mensch gewesen.

Eine Welt war in den baltischen Provinzen für die land-

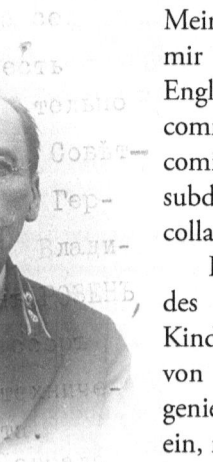

Lux von Rosen, 1926.

besitzenden Familien zusammengebrochen. Es waren zwei selbständige Staaten entstanden. Die Rittergüter waren enteignet und aufgeteilt, viele Deutsche waren verarmt. Es gab aber noch eine Anzahl von Restgütern, weil alle Teilnehmer am Freiheitskrieg einen Anspruch auf 50 Hektar Land hatten. Onkel Lux aber, der seine Stellung schon vor meiner Geburt angetreten hatte, saß immer noch unwandelbar in seinem großen Direktionszimmer auf demselben Stuhl am selben Schreibtisch, dem großen grünen Sitzungstisch mit vielen Stühlen vor sich und führte ein Unternehmen, das zwar ein riesiges Hinterland verloren hatte, das aber für den verbliebenen Landbesitz und für die vielen ehemaligen Familien von großer Bedeutung war. Man war immer noch dem ritterschaftlichen Denken verhaftet und gebrauchte weiterhin den Ausdruck „das Land", weil man gefühlsmäßig die Verantwortung für das Ganze nicht fallen lassen konnte, obwohl man politisch hauptsächlich in der Defensive war und sich vom neuen Staat ungerecht behandelt fühlte. Onkel Lux herrschte mit freundlicher Strenge und großem Charme. Er wirkte schlichtend und ordnend in weite Bereiche hinein. Er hatte eine Unzahl von Ehrenämtern und Aufsichtsratsposten. Wenn ich sage, daß er im ganzen Lande geliebt und verehrt wurde, dann meine ich in erster Linie die ritterschaftlichen Familien. Diese Feststellung bezieht sich aber genau so gut auf die städtischen Familien Revals und auch auf weite Kreise der estnischen Bevölkerung. Er war nicht nur für mich, sondern für sehr viele eine Person, der man eine symbolische Bedeutung beimaß. Er war die Gallionsfigur der Spritfabrik, die Hochburg des feudalen Deutschtums im Lande.

Die sogenannte Revaler Spritfabrik hieß offiziell Revaler Verein der Brennereibesitzer Rosen & Co und könnte in ihrem Aufbau und in ihrer Zielsetzung mit der Pommerschen Landesgenossenschaft verglichen werden. Das Ziel war die Betreuung der landwirtschaftlichen Brennereien im Besonderen und die Hebung der Landwirtschaft im Allgemeinen. Das Unternehmen wurde 1875 von der Ritterschaft gegründet. Nach nicht sehr glücklichen Anfängen wurde es in eine Kommanditgesellschaft mit Onkel Arved, als Geschäftsinhaber umgewandelt. Nach dem Tode von Onkel Arved 1903 wurde Onkel Lux sein Nachfolger

Das Unternehmen, daß sich primär mit der Reinigung von Spiritus befaßte, war unter Onkel Arveds Leitung weit über die Grenzen der Provinz Estland hinausgewachsen, umfaßte auch die landwirtschaftlichen Brennereien Livlands und Kurlands, teilweise auch Litauens, betrieb eine größere Zahl von Spiritus-Reinigungsanstalten in Rußland und war führend am Spiritushandel in Rußland beteiligt. Die Firma hatte Kontore in Petersburg und Moskau. Die Brennereibesitzer in Estland, die alle der Ritterschaft angehörten, hatten Grundkapitalanteile. Nach dem Ersten Weltkrieg war das Unternehmen auf das kleine Estland, ein Land mit 1,2 Millionen Einwohnern beschränkt.

Die Agra-Reform von 1920, also die Enteignung und Aufteilung der Rittergüter, sollte die Macht des Deutschtums im Lande brechen. Eine gut funktionierende Organisation des Brennereiwesens wie Rosen & Co, die ausschließlich in den Händen von Angehörigen der aufgelösten Ritterschaft war, paßte nicht ins Konzept. Es wurde infolgedessen eine estnische Gegenorganisation gegründet, die sich Kartoffelzüchterverband nannte und die Aufgabe hatte, möglichst viele von unseren Mitgliedsbrennereien abspenstig zu machen. 1930 waren von den vorhandenen 120 Brennereien die Hälfte bei der staatlichen Organisation. Allmählich baute dann der Staat auch eine eigene Spiritusreinigungsanstalt, um der Revaler Spiritusfabrik das Wasser abzugraben.

Der letzte Schlag galt dem Bankkontor Rosen & Co, der einzigen Privatbank des Landes. Es wurde ein Gesetz verabschiedet, daß Banken nur Aktiengesellschaften sein dürften und daß für eine Neugründung eine staatliche Genehmigung erforderlich sei. Rosen & Co konnte sich nicht in eine Aktiengesellschaft umwandeln, da eine Genehmigung selbstverständlich nicht erteilt worden wäre. Um aus diesem Dilemma herauszukommen, kaufte Onkel Lux in Berlin das Aktienpaket einer praktisch eingeschlafenen Revaler Bank. Das Bankkontor Rosen & Co hieß von da ab Revaler Aktienbank und alles blieb beim Alten.

Die 60 Mitgliedsbrennereien, die nicht alle zu den Restgütern der früheren Besitzer gehörten, sondern teilweise auch von estnischen Genossenschaften betrieben wurden, lieferten ihren Rohsprit nach Reval zum Reinigen. Zusätzlich zu der zusammengeschrumpften Spiritusreinigungstätigkeit wurde Anfang der zwanziger Jahre die sogenannte Likörfabrik gegründet, in der eine große Zahl von Schnäpsen und Likören und der im Lauf der Zeit sehr bekannte Rosensche Wodka hergestellt wurden. Onkel Lux war Geschäftsinhaber und Gesamtleiter. Sein Neffe Ernest, Sohn von Onkel Arved, war Generalbevollmächtigter.

Eines Tages kam Onkel Lux zum Sonntag nach Mandevil und machte mir den Vorschlag, in die Spritfabrik einzutreten. Da ich noch keine Bankerfahrung besaß, beschlossen wir, daß ich zunächst als Volontär im Bankhaus G. Scheel & Co in Reval arbeiten sollte, dessen

Aufsichtsratsvorsitzender er gewesen war. Er hatte aber inzwischen diesen Posten an seinen Neffen Ernest übertragen. Für die Übernahme der auf mich zukommenden Aufgaben in der Firma und darüber hinaus, war es von ausschlaggebender Bedeutung, daß ich mindestens von dem Interessentenkreis der Firma, d.h. von der ehemaligen Ritterschaft voll akzeptiert wurde. Onkel Lux und Ernest beurteilten die Lage in dieser Beziehung positiv. Mein Handikap war, daß ich zwei Jahre zu jung war und deshalb weder zu den Veteranen des Baltenregiments, noch zu denen der baltischen Landeswehr gehörte. Das Baltenregiment hatte an der Befreiung Estlands von den Bolschewiken teilgenommen. Die Landeswehr hatte dasselbe in Lettland geleistet. Ferner hatte ich nicht in Dorpat studiert und konnte infolgedessen nicht zur Corporation Estonia gehören, zu der „man" gehörte. Und zuletzt war ich kein Jäger. Ich hielt mich für zu alt, um den letzten Punkt nachzuholen und ein Sonntagsjäger wollte ich nicht werden. Übrigens war Ernest auch keiner. Meine Pluspunkte waren, daß ich zur Familie gehörte und von weit her kam.

Ich fing also meine Arbeit bei der Scheelschen Bank, selbstverständlich ohne Bezahlung, an. Es dauerte aber nicht lange, da bekam ich einen Ausweisungsbefehl mit der Begründung, daß ich als Ausländer keine Arbeitserlaubnis beantragt hätte. Onkel Lux erklärte dem Innenminister, daß ich ja ohne Gehalt gearbeitet hätte. Er blieb aber unerbittlich. Bei dieser Entscheidung handelte es sich vermutlich um einen Schlag gegen Rosen & Co.

Nun wurde mit dem Vetter Carli Schilling, dem deutschen Abgeordneten im Parlament, ein Plan ausgeheckt. Onkel Lux machte den Vorschlag, mich zu adoptieren, wodurch ich die estnische Staatsangehörigkeit erhalten würde. Gleichzeitig wollte gerade einer der Söhne von Lisi Schilling nach Deutschland auswandern, um Offizier zu werden. Carli zog bei der Regierung die Sache ins Scherzhafte, indem er vorschlug, einen Schilling gegen einen Rosen einzutauschen. Die Baronbilanz blieb dadurch unverändert. Da die Esten viel Sinn für Humor haben, war man bereit, die Adoption zu tolerieren. Das Adoptionsverfahren wurde durch den Rechtsanwalt Heinrich Sievers, einem Freund von Onkel Lux eingeleitet. Mit der Empfangsbestätigung des Amtsgerichts war der Ausweisungsbefehl außer Kraft gesetzt.

Eines Tages wurden dann Onkel Lux, Heinrich Sievers und ich ins Amtsgericht zitiert. Der Amtsrichter sprach nur estnisch, ich verstand kein Wort. Nach einer kurzen Zeremonie war ich der Adoptivsohn von

Onkel Lux und automatisch estnischer Staatsangehöriger geworden. Für mich bedeutete dieser Schritt eine Maßnahme der Zweckmäßigkeit, für Onkel Lux aber mehr als das. Er machte mich darauf aufmerksam, daß es ausgerechnet der Todestag seines vor dem Ersten Weltkrieg verstorbenen Sohnes Arved war.

In meiner von Kindheit an geliebten Wahlheimat Estland zu leben und in die ebenso geliebte Spritfabrik hineinzuwachsen, bedeutete für mich eine große Beglückung. Onkel Lux's Haus war erfüllt von alten Erinnerungen an die Großeltern, die ich zwar nie gekannt habe, die mir aber aus Erzählungen des Vaters vertraut waren. Onkel Lux lebte in der Brunnenstraße. Pferde hatte er nicht mehr. Sein Kutscher war Droschkenkutscher geworden und im Stall stand ein Droschkengaul.

Die Frau von Onkel Lux, Tante Mares geb. Zoege von Manteuffel, war schon vor zwei Jahren gestorben. Das Hausregiment führte seine Tochter Ellinor. Eva lebte in England und kam, wenn sie konnte, in den Sommerferien nach Mandevil. Elinor pflegte schon im Frühsommer den Haushalt mit Personal nach Mandevil zu verlegen. Infolgedessen ließ sich Onkel Lux von Ida Buxhöveden aus Oesel betreuen. Außerdem war auch noch Tante Meta im Hause, die aus Wilhelmsdorf bei Brandenburg ganz nach Estland gezogen war. Die nächste Verwandtschaft, soweit sie in Reval wohnte, waren Vetter Ernest mit seinen Schwestern Martha (Mätzchen) und Dolly in dem von Onkel Arved hinterlassenen schönen Hause in der Manegenstraße. Onkel Lux sagte: „Bei Ernest ist immer alles eines Stich feiner als bei mir." Carli Schilling war verheiratet mit Ernests Schwester Lucie und lebte „auf dem Dom". Seine Kinder waren Nina (heute in England), Nora (heute in Frankfurt), Totti (in Hameln verunglückt) und Wilhelm, der nach einem Konzert in New York plötzlich verstarb. Diese Familie stand mir besonders nah. Ferner waren da die Kügelgens in Seewald. Ernst, der im Auftrag der Ritterschaft die Irrenanstalt Seewald gegründet hatte, seine Frau Anna (Dolly, geb. Tscheremissinoff) und seine Kinder Nita, heute in Pöttmes, Martha heute in Vancouver und Werner, in Brüssel gestorben. Zu den nächsten Verwandten gehörte auch die Familie de Vries. Onkel Werner Zoeges Tochter Else war verheiratet mit Axel de Vries. Er war Chefredakteur der Revalschen Zeitung.

Axel hatte als Student 1918 viel Mut bewiesen. Er war unter Einsatz seines Lebens aus dem von Bolschewiken besetzten Estland übers Eis auf die Insel Ösel geritten und hatte dem dortigen deutschen Kommandeur von der Goltz über die verzweifelte Lage berichtet (der Eisenbahnzug mit den Verschleppten befand sich damals in Sibirien). Axels Bericht bewog die deutsche Heeresleitung das estländische Festland bis einschließlich Narwa zu besetzen. Axel erhielt von Wilhelm II eine hohe Auszeichnung. Die Kinder von Else und Axel waren Lotta und Hans (heute in Hamburg). Der Sohn Hermann ist im Zweiten Weltkrieg gefallen. Mit diesen Familien herrschte ein besonders inniger und zwangloser verwandtschaftlicher Verkehr.

Da ich nun im Begriff war, in Reval Wurzel zu schlagen, fragte ich Onkel Lux, bei wem ich Besuch machen müßte. Er nannte mir folgende Namen, an die ich mich fast lückenlos erinnere: Toll-Kuckers, Leopold Korff, Pussel Stahl von Holstein auf dem Dom, Erich Schilling, Nicko Stackelberg, Berthold Nottbeck und Axel Maydell in der Unterstadt.

Da ich durch die Adoption die estnische Staatsbürgerschaft erworben hatte, mußte ich zu meinem Bedauern meinen deutschen Reisepaß dem Konsul Witte übergeben und wurde sofort zur estnischen Armee einberufen. Ich kam zu der Luftabwehrbatterie Reval, was ich durch Besuche bei den Majoren Weiß und Schwarz durchsetzen konnte. Die Dienstzeit dauerte 11 Monate und diesem Umstand verdanke ich es, daß ich gut estnisch gelernt habe. Die Sprache war mir sehr fremd und ich verstand anfangs nur ein allgemeines Geräusch, ohne ein einziges Wort heraushören zu können. Die Fähigkeit kam ganz allmählich von selbst und dann fing ich an zu sprechen.

Mit den estnischen Kameraden hatte ich keine besonderen Schwierigkeiten. Als wir gerade in die Kaserne eingezogen waren, nahm eine Gruppe von studierten Esten mich aufs Korn und wollte offenbar mit mir anbandeln. Sie schickten einen Bäckerlehrling vor, der den sonderbaren Namen Lochwart führte. Ich konnte auf Estnisch gerade „Guten Tag" sagen und bis fünf zählen. Der Bäckerlehrling wurde von der feindlichen Gruppe beobachtet und sagte in herausforderndem Ton „tere parun" (Guten Tag, Baron). Ich machte eine leichte Verbeugung und antwortete „tere vürst" (Guten Tag, Fürst). Die feindliche Gruppe brach in eine Lachsalve aus und hat mich seitdem ungeschoren gelassen. Der Bäckerlehrling war seitdem mein erklärter Freund. Bei der Entlassung schenkte er mir sein Foto mit der Unterschrift „Fürst Lochwart". Ich könnte noch viele Geschichten erzählen, die aber leider nur für Leser komisch sind, die die estnische Sprache verstehen.

Aber einige werde ich doch erzählen. Da die Flakbatterie eine Spezialeinheit war, hatten wir täglich fünf Stunden theoretischen Unterricht in einem Klassenraum. Anfangs verstand ich nur „Rhabarber". Wenn ein Instrukteur eintrat, der uns noch nicht kannte, trat der

Unteroffizier vor und meldete: „Wir haben unter uns den Rekruten Rosen, der soeben aus England eingetroffen ist. Er beherrscht noch nicht die Staatssprache." Ich wurde dann entsprechend geschont und lernte die Staatssprache allmählich immer besser verstehen. Die Unterrichtsfächer waren z.B. Staatsbürgerkunde, Nachrichtenwesen, Waffenkunde usw.

Einer von uns hieß Rahameggi (der Geldberg). Er war ein netter Kerl, aber das Denken fiel ihm schwer. In der Staatsbürgerkunde mußte man auf die Frage „Wie ist die offizielle Bezeichnung unseres Landes?" antworten: „Eesti demokratiline Vabariik" (Estnischer demokratischer Freistaat). Diese Definition fiel Rahameggi außerordentlich schwer und der Instrukteur gab sich ganz besondere Mühe, sie ihm einzutrichtern. Im Nachrichtenwesen wurde ein Feldtelefonapparat auf das Katheder gestellt. Auf die Frage „Was ist das für ein Apparat?" mußte man aufspringen und zackig deklamieren: „Tartu Telefonivabriku Saarepuust Kestaparaat nummer kolmsada kakskümmend kaks". (Der Dorpater Telefonfabrik eschenhölzerner Kastenapparat Nr. 322). Dem armen Rahameggi fiel auch diese Definition unendlich schwer und er mußte immer wieder von vorne anfangen. Beim Examen, mit dem die theoretische Ausbildung abgeschlossen wurde, stand man Schlange vor den einzelnen Examinatoren. In dem Zimmer für das Nachrichtenwesen saß ein Oberleutnant und neben ihm auf einem Tischchen stand das Feldtelefon. Rahameggi kam gerade vor mir an die Reihe und wurde gefragt „Was ist das für ein Apparat?" Er öffnete einige Male den Mund, aber es kam nichts heraus. Der Examinator wollte ihm helfen und fragte ihn: „Nun, wo ist der Apparat gebaut?" da deklamierte Rahameggi zackig: „Tartu demokratiline vabrik" – Dorpater demokratische Fabrik.

Wenn man Stadturlaub hatte, mußte man einen Ausgehzettel haben, den man beim Verlassen des Kasernengeländes vorzeigte und bei der Rückkehr beim Offizier vom Dienst ablieferte. Da ich in Reval zu Hause war, hatte ich öfter das Bedürfnis in die Stadt zu gehen als ich Urlaub bekommen konnte. Ich entwich dann über den Plankenzaun. Andere mußten solche Eigenmächtigkeiten im Karzer büßen. Zu Hause bekam ich manchmal einen Kuchen oder etwas Ähnliches von Elinor oder Fräulein Ida Buxhöveden zum Mitnehmen. Solche Mitbringsel, die von mir erwartet wurden, hießen in der estnischen Soldatensprache „Affi" (Affe). Einmal hatte ich bei der Rückkehr zur Kaserne keinen Affen mit, sondern nur ein Stück weißes Packpapier. Ich las am Plankenzaun einen Ziegelstein auf und trat mit diesem Paket unterm Arm in die Unterkunft, in der alle meine 24 Zimmergenossen schon versammelt waren. Als sie

Claus von Rosen als Estnischer Soldat, 1932.

mich erblickten wurde laut „Affi, Affi" gerufen. Ich tat so, als ob ich meinen Schatz nicht hergeben wollte und es entstand eine wilde Jagd immer in die Runde und über die Betten. Schließlich stellte ich mich erschöpft, setzte mich auf mein Bett, das Paket auf den Knien und die Meute stand erwartungsvoll da. Ich sagte: „Also gut. Rahameggi, gib dein Messer her." Er hatte nämlich ein langes Klappmesser mit feststehendem Griff. Er setzte sich auf das gegenüberliegende Bett, ich gab ihm das Paket und er riß es auf. Ein einziger Wutschrei ertönte aus vielen Kehlen. Ich wurde aber nicht gelyncht, sondern das Lachen siegte. Ich bekam aber viele „Teufel" zu hören, was auf Estnisch Kurat heißt und bei den Soldaten fast in jedem Satz vorkam. Man kann damit Ärger, Wut aber auch Lob und Anerkennung ausdrücken.

Als ich soweit war, daß ich mich estnisch unterhalten und auch das Rhabarber verstehen konnte, hörte ich folgende Rede eines Stubenkameraden: „Das Estnisch, das die Deutschen hier im Lande sprechen, klingt oft etwas sonderbar. Aber dieser Rosen – Kurat! Klar wie Wasser."

Eines Tages wurde ich zum Küchendienst eingeteilt. Die Kameraden erwarteten, daß ich dieses Amt „verkaufen" würde, was ich in solchen Fällen öfters tat. Ich wählte aber den Küchendienst und das wurde in der ganzen Batterie beachtet. Wir hatten ein Dutzend Suppenterrinen aus Steingut. Da alles immer sehr schnell gehen mußte und ich im Geschäft noch nicht erfahren war, brach ich ungeschickterweise von jeder Terrine nach und nach einen Henkel ab. Mit den Henkeln füllte ich meine Hosentaschen, die Terrinen stellte ich mit den Bruchstellen zur Wand auf das lange Brett. Die Batterie sollte an diesem Tage in die Sauna marschieren und war vor der Kaserne angetreten. Ich stellte mich in meinem gestreiften Küchenkittel, die Hände in den Taschen, vor die Tür und schaute zu. Beim Kommando „Still gestanden" legte ich ebenfalls die Hände an die Hosennaht, in jeder Hand ein Bündel Terrinenhenkel zur Schau stellend. Die ganze Batterie brach in ein brüllendes Gelächter aus. Der diensthabende Offizier lachte mit und kommandierte: „Rechts, am Marsch". Sonderbarerweise wurde von mir kein Ersatz für die kaputten Terrinen verlangt.

Ich habe mich unter den estnischen Soldaten wohlgefühlt, habe die 11 Monate Dienstzeit auch nicht als ärgerlichen Zeitverlust empfunden, weil mir so die Gelegenheit geboten war, das humorvolle Volk der Esten und die für mich und meine Arbeit wichtige Sprache kennenzulernen. Das Einzige, was mir im Dienst unangenehm war, war das Postenstehen. Gerne erinnere ich mich an Skilanglauf, Wettbewerbe und Wettlauf in Soldatenstiefeln über 5km. Innerhalb der Flakmannschaft war ich immer der zweite oder dritte von 16, bei den Wettkämpfen der gesamten Garnison mit etwa 300 Konkurrenten hatte ich aber keine Chance.

Bald nach meiner Entlassung wurde auch mein Bruder Joggi, der seit seiner Übersiedlung nach Estland Jörn genannt wurde, Soldat in derselben Flakbatterie. Er hatte, ebenso wie ich, mit Stadturlaub keine Schwierigkeiten. Er brauchte aber weder über den Zaun zu steigen, noch unter dem Stacheldraht durchzukriechen, denn er besaß ein Motorrad und wußte, es an die richtigen Leute auszuleihen. Er beherrschte bereits die estnische Sprache, denn er hatte nach Beendigung seiner landwirtschaftlichen Ausbildung in Deutschland auf mehreren

Restgütern in Estland gearbeitet. Onkel Lux war sein Taufpate. So lange er lebte und so lange es Rubel gab – später in anderen Währungen – zahlte er an Joggis Geburtstag 100 Rubel auf ein Sparkonto. Auf diese Art hatte sich im Lauf der Jahre, trotz der Rubelentwertung eine Summe angesammelt, die Onkel Lux wahrscheinlich nach oben aufgerundet hat. Joggi, jetzt Jörn, konnte damit die Anzahlung für einen Hof von 40 oder 50 ha leisten, den er bis zur Umsiedlung bewirtschaftet hat.

8

Nachdem ich nun meiner Wehrpflicht genügt hatte, stand meinem Eintritt in die Spritfabrik nichts mehr im Wege. Ich arbeitete ein halbes Jahr als Rektifikant in der Spiritusreinigung, die nur im Winter lief. Der Rohspiritus wurde teils in Schlittenkolonnen, teils von unserem Depot in Wesenberg in Zisternenwaggons angeliefert.

Die Reinigung ging folgendermaßen vor sich: In einem wärmeisolierten Kessel von einigen zigtausend Litern Rauminhalt wurde der Rohsprit mittels einer Dampfschlange zum Kochen gebracht. Die Dämpfe stiegen in eine Kolonne, die in einem Turm aufragte. In der Kolonne wurden die Dämpfe mit Hilfe von Kühlwasser kondensiert und liefen durch ein kompliziertes Röhrensystem als Vorlauf, Feinsprit, Mittellauf, wieder Feinsprit, Mittellauf, wieder Feinsprit und Nachlauf in dafür vorgesehene lange Reihen von Stahlbehältern. Aus der Mitte vom Mittellauf, also vom allerreinsten Spiritus, zweigten wir gewisse Mengen in hierfür reservierte Behälter ab. Diesen Spiritus verwendeten wir nur für die Zwecke unserer eigenen Likör- und Wodkafabrik. Besonders beim Wodka hat die Verwendung dieses exklusiven Grundmaterials, das sonst nirgends zur Verfügung stand, eine ausschlaggebende Bedeutung. Der gesamte Roh- und Feinspiritus gehörte der staatlichen Monopolverwaltung. Die Kontrolle wurde durch Akzise-Beamte durchgeführt. Einmal im Jahr wurde der Arbeitslohn für die Spiritusreinigung bei der staatlichen Verwaltung ausgehandelt. Die landwirtschaftlichen Brennereien erhielten nach Bedarf Vorschüsse von unserer Bank (Rosen & Co). Nach Eingang der Beträge von der Monopolverwaltung rechnete die Bank mit den Brennereien ab. Die Bevorschußung, nicht nur der Brennereien, sondern überhaupt aller Restgüter, spielte für die verbliebene deutsche Landwirtschaft eine große Rolle. Obwohl Onkel Lux als Geschäftsinhaber selbständig über Kredite entscheiden konnte, zog er es vor, die Verantwortung dafür einem Diskont-Komitee zu übertragen, dem Axel Maydell (Präsident des Gemeinnützlichen Verbandes) und Carli Schilling angehörten. Außerdem hatte die Spritfabrik einen von Onkel Lux freiwillig geschaffenen Aufsichtsrat, der Conseil genannt wurde. Vorsitzender des Aufsichtsrats war der letzte estländische Landrat Lilienfeldt-Saage, eine Zeitlang auch der Oberst Weiß, ehemaliger Kommandeur des Baltenregiments.

Die Struktur der Firma war recht kompliziert. Die Fabrikanlage in Reval und das Spirituslager in Wesenberg gehörten der Anteilgesellschaft der Spiritusrektifikationsanstalten, die früher ihr Hauptkontor in Petersburg gehabt hatte. Diese Firma betrieb die bereits erwähnte Likör- und Wodkafabrik. Sämtliche Anteile dieser Gesellschaft gehörten der Firma Rosen & Co. Sie war eine Kommanditgesellschaft, deren Anteile ursprünglich Gutsbesitzern gehört hatten, welche Brennereien betrieben. Heute gehörte noch ein Teil der Anteile den Besitzern der verbliebenen Brennereien, anderen Restgutsbesitzern ohne Brennereien und Erben ehemaliger Brennereibesitzer, die über den ganzen Globus verstreut waren. Wenn jemand seinen Anteil am Grundkapital verkaufen wollte, mußte er ihn zuerst dem Geschäftsinhaber anbieten. Onkel Lux hatte der Bank Order gegeben, alle angebotenen Anteile zu übernehmen. Ein geringerer Teil kam so in seine Hand oder in den Besitz der Familie, der größere Teil wurde von der Rektifikationsgesellschaft übernommen, die, wie schon erwähnt, zu 100% Rosen & Co gehörte. Auf diese Weise verfügte Onkel Lux über immer etwas mehr als 50% des Grundkapitals. Die Bank war das einzige private Bankkontor Estlands und wurde vom Geschäftsinhaber der Firma Rosen & Co betrieben. Nachdem 1936 der Staat versucht hatte, die Bank durch ein speziell erlassenes Gesetz zur Liquidation zu zwingen, wurde, wie schon erwähnt, die Revaler Aktienbank erworben. Von da an funktionierte die Banktätigkeit von Rosen & Co in kaum veränderter Form unter dem Namen Revaler Aktienbank.

Nach den Umwälzungen des Krieges und der Revolution waren manche Unternehmen, die einmal geblüht hatten, eingeschlafen. In diesem Falle konnte die Spritfabrik dieses inaktive Geldinstitut aus dem Dornröschenschlaf erwecken und ihm neue Aufgaben stellen.

Nachdem ich nun die Spiritusreinigung von der Pike auf erlernt und in meiner freien Zeit Bücher über das Gärungsgewerbe gewälzt hatte, bin ich auch beim estnischen Meister der Brennerei Kostifer in die Lehre gegangen, wozu Alexander Dehn, der Besitzer dieses Restgutes, mich eingeladen hatte.

Im Anschluß an meine praktische Ausbildung arbeitete ich dann im Kontor in allen Abteilungen nacheinander oder auch in allen zugleich. Meine Lehrmeister waren Onkel Lux und Herr Behrmann, ein äußerst intelligenter Jude, der früher zum Petersburger Kontor der Firma gehört hatte. Er lebte mit seiner Familie im Bürohaus über dem Kontor der Spritfabrik. Er war geschäftsführender Direktor der Rektifikationsgesellschaft. Von ihm habe ich sehr viel gelernt.

Die politische Entwicklung in Deutschland beunruhigte ihn. Als Litwinoff, der jüdische Außenminister der Sowjetunion, den Völkerbund verließ, brachen seine letzten Hoffnungen auf eine friedliche Lösung der Weltprobleme zusammen und er starb kurz darauf, wahrscheinlich an gebrochenem Herzen. Seine Frau und seine Tochter zogen nach Finnland. Behrmann war in einer Person Direktor der Rektifikationsgesellschaft und Privatsekretär von Onkel Lux gewesen. Zugleich war er der einzige Angestellte der Firma als solcher. Er führte das Hauptbuch der Gesellschaft, die Besitzerin der Immobilien war und die Likörfabrik betrieb. Laut Gesetz war der Direktor der Likörfabrik, Konstantin Weymarn, verpflichtet, einmal im Monat zu einer Sitzung zu erscheinen und die Umsatz- und die Zwischenbilanzzahlen bekannt zu geben. Über diese Gespenstersitzungen, die nie stattgefunden haben, mußte ein Protokollbuch in estnischer Sprache geführt werden. Da Behrmann kein Estnisch verstand habe ich schon lange vor seinem Tode die Protokolle über die Geistersitzungen verfaßt. Die Bücher der Bank wurden bis zu einem gewissen Zeitpunkt in deutscher Sprache geführt. Später wurde das gesetzlich verboten. Nach Behrmanns Tod habe ich seine Aufgaben übernommen.

Neben meiner Tätigkeit in der Firma hatte ich mit der Zeit eine Anzahl von Ehrenämtern zu übernehmen. Zuerst wurde ich Schatzmeister des Estländischen Hilfsvereins, der nach dem Kriege vom Ritterschaftshauptmann Dellingshausen und Onkel Lux gegründet worden war und die Aufgabe hatte, den vielen Menschen, die unverschuldet als Folge der nach dem Kriege eingetretenen Verhältnisse in Not geraten waren, zu helfen. Der Hilfsverein hatte einen ständigen, sehr bescheiden besoldeten Buchhalter, Onkel Leopold Korff. Er war früher einmal russischer General gewesen und hatte als solcher mit Buchführung nicht viel zu tun gehabt. Zu den Jahresabschlüssen verteilten wir die Buchungsbelege auf dem ganzen Fußboden und ich kroch die ganze Nacht lang zwischen den Zetteln herum, bis ich den Fehler gefunden hatte.

Unter anderem wurde ich auch in den Vorstand des Revaler Aktienclubs gewählt, wurde auch Vorsitzender des Estländischen Gartenbauvereins, obwohl ich über keine gartenbaulichen Kenntnisse verfügte. Im Gemeinnützigen Verband, der Nachfolgeorganisation der Ritterschaft, war ich Delegierter für Jerwen, einem der vier Landesteile Estlands („in Jerwen will ich leven und sterwen").

Das gesellschaftliche Hauptereignis des Jahres war der sogenannte Gräfliche Ball in den Räumen des Aktienclubs. Der Ball war ein Wohltätigkeitsfest, in dem die Mittel für die caritative Tätigkeit des Gemeinnützigen Verbandes beschafft wurden. Der Ball wurde von einem Damenkomitee ausgerichtet, das für die Caritas verantwortlich war, und dessen Vorsitz die Gräfin Stackelberg-Paggar hatte. Dieser Ball war eine Erinnerung an die alten ritterschaftlichen Zeiten und es wurden auf ihm, wie damals, die Debütantinnen vorgestellt.

Außer dem sogenannten Gräflichen Ball gab es auch Bälle im Schwarzhäupterhaus, in dem es einen großen Saal und entsprechende Nebenräume gab. Das Schwarzhäupterhaus gehörte der Bruderschaft gleichen Namens, die im Mittelalter eine Vereinigung junger Kaufleute war. Auch Bogislaus, unser Urahne, trat dieser Bruderschaft bei, als er sich als junger seefahrender Kaufmann in Reval niederließ. Neben der das Haus besitzenden Bruderschaft gab es den Schwarzhäupterclub, zu dem man gehörte, um in diesem Haus aus und eingehen zu können. An den Nachmittagen gab es in Reval häufig Sitzungen der verschiedensten Vereine, bei denen absolute Pünktlichkeit die Regel war. Der Kreis der Personen, die in Vereinsvorstände gewählt wurden, war nicht sehr groß, so daß man auf den Zusammenkünften nicht selten die gleichen Gesichter sah. In jedem Winter gab es mindestens einen Maskenball im Schwarzhäupterhaus und dazu noch einige Bälle, die der Allgemeinheit zugänglich waren. In der Vorweihnachtszeit gab es immer einen großen Bazar.

Zu Catharini (25. November) war es üblich, daß die heranwachsende Jugend verkleidet in der Stadt umherzog und Bekannte besuchte. Der Ideenreichtum war hierbei bemerkenswert. Manchmal beteiligten sich auch Familienväter und Mütter. Ich kann mich noch erinnern, daß Ernst Kügelgen aus Seewald als Pinguin einherzog und Eier legte.

Bälle in Privathäusern waren eine Seltenheit. Der Zuschnitt war im Allgemeinen sehr bescheiden. So gab es im Salon von Bipka Harpe bei der Jugend sehr beliebte *jours fixes* und kleine Tanzereien, auf denen es äußerst fröhlich herging, obwohl nur rohes Sauerkraut und Preiselbeerlimonade serviert wurde. Meine Frau behauptet, mich auf einer solchen Sauerkrautfestivität kennengelernt zu haben. Ich hatte sie natürlich auch schon früher gesehen. Das erste Mal, als sie und ihre Schwester Gitta mit großem Gelächter und Gezwitscher zu Onkel Lux kamen, um eine Rattenfalle zu leihen. Fräulein Buxhövden brachte ihnen das Gewünschte und sie zogen damit ab, so daß ich sie nur einen

Augenblick im Vorzimmer gesehen habe. Der Augenblick genügte aber, um in meinem Innern die Verwandtschaft mit Hillos und Gittas Cousine, die ich im Zug nach Malchin gesehen hatte, herzustellen. Auch kannte ich bereits Hillos Mutter, Olga Tiesenhausen, eine sehr früh verwitwete, sehr stattliche Dame, die allgemein verehrt und geliebt wurde und in der Revaler Gesellschaft eine bedeutende Rolle spielte. Eines Tages erschien auch die „schwarze Dame" aus dem Zug nach Malchin, Marie Luise Lilienfeld, bei Onkel Lux. Sie hatte ihre Stellung bei der Bank von Bary & Co aufgegeben und war Priorin des Stiftes Finn in Estland geworden. Finn war ein Landerziehungsheim für adlige junge Mädchen gewesen und stand seit dem Umbruch allen jungen deutschen Mädchen zu Verfügung.

Die Zeit für offizielle Besuche in Reval war der Nachmittag. Es war aber auch üblich, um diese Zeit unangemeldet befreundete Familien zu besuchen. Meine nächsten Freunde waren Schillings auf dem Dom, mein entfernter Vetter Carli und die leibliche Cousine Lucie mit ihren Kindern und Kügelgens in Seewald. Dr. Ernst Kügelgen war ebenfalls ein entfernter Vetter dadurch, daß wir beide in den Großeltern des „Alten Mannes" auf Alt-Harm unsere gemeinsamen Ur-Urgroßeltern hatten. Die Tochter Martha, meine spätere Schwägerin, war bald nach mir aus England nach Estland zurückgekehrt und wir hatten viele gemeinsame Interessen. Mit ihr konnte man Pferde stehlen.

Vom Kügelgenschen Standhause aus gingen wir viele Kilometer weit mit Sätteln beladen, um Pferde zum Reiten auszuleihen. Wenn nötig, haben wir die Pferde auch gleich beschlagen. Bei Bentota mündete ein Fluß, auf dem es im Frühjahr einen regelrechten Eisgang gab. Wir bewaffneten uns mit Stangen, sprangen vom Ufer aus auf eine Eisscholle und fuhren darauf umher, ohne auch nur ein einziges Mal ins Wasser zu fallen. Es war sehr aufregend. Ein anderes Mal geschah es beim Rudern auf der Ostsee bei hohem Seegang, daß Marthas Schultergelenk auskugelte. Sie erklärte mir ganz ruhig, wie man ein Gelenk einrenkt. Ich stellte mich in der hin- und hergeworfenen Nußschale vor sie hin, drückte mit der linken Hand dagegen und riß mit der rechten Hand Marthas Arm nach vorn. Das Gelenk schnellte zurück und saß drin. Martha war kreidebleich, gab aber keinen Ton von sich. Ein anders Mal hatte Martha mit Fischern vereinbart, daß sie ihr den ganzen Fang eines Morgens bringen würden. Sie wollte räuchern und dafür die Hälfte behalten. Wir hatten drei Räucheröfen aus Holzfässern gebaut und heizten mit Erlenstrauch, was einen besonders aromatischen Rauch gibt. Der Fang war reichlicher ausgefallen, als Martha gerechnet hatte und wir räucherten ohne Pause den ganzen Sonnabend und die ganze Nacht zum Sonntag. Wir brauchten allerdings nicht zu verhungern, denn die noch warmen Fische, die gerade aus dem Ofen kamen, waren köstlich.

Außer Fisch räuchern, rudern, segeln und reiten gehörte zu den Bentota-Aktivitäten noch manche andere, z.B. Skikjörning hinterm Pferd oder hinterm Auto. Marthas Mutter war eine geborene Tscheremissinow aus russischem Adel. Sie war künstlerisch hochbegabt und hat nicht nur bis an ihr Lebensende Ikonen gemalt, sondern konnte auch druckreif Deutsch schreiben. Ihre Gartenkünste waren höchst originell. Sie hatte in Bentota im Sande große Trichter graben lassen. Am Boden jedes Trichters befand sich eine selbstgezimmerte Pumpe aus Holz. An den Trichterwänden liefen Wege entlang, von denen aus man die Blumen verhältnismäßig bequem bewässern konnte. Alles was sie pflanzte gedieh und diese Mondlandschaft war eine große Sehenswürdigkeit.

Kügelgens lebten in Seewald, einer Irrenanstalt, die Ernst Kügelgen im Auftrag der Ritterschaft geplant, gebaut und geleitet hatte. Er hatte mit der Ritterschaft einen Vertrag auf Lebenszeit, der nun nicht mehr galt, da die Anstalt in den Besitz des estnischen Staates übergegangen war. Er war aber noch Anstaltsarzt und hatte daneben eine Privatpraxis in Reval. Er war Hausarzt bei Onkel Lux und ebenso auch bei Tiesenhausens.

Jörn war inzwischen Soldat bei der Flakbatterie geworden und kam mit seinem Motorrad oft nach Seewald und nach Bentota, etwa 25km außerhalb der Stadt. Er verlobte sich mit Martha Kügelgen. Die Trauung war in der Nikolaikirche, mit der unsere Familie besonders verbunden ist, weil unser Urahne Bogislaus dort in der Bogislauskapelle begraben ist. Weiter erinnert an ihn ein sehr schönes Barockepitaph und die von ihm gestiftete Kanzel. Die Hochzeit von Jörn und Martha wurde in Seewald gefeiert. Anschließend fuhren die Beiden auf ihren Hof Lepiku, etwa 30 km von Reval entfernt. Sie machten die Fahrt in ihr neues Heim im „Rumpelmeier", dem alten offenen Mercedes Benz aus dem Jahre 1912, den Ernst Kügelgen ihnen als Hochzeitsgeschenk überlassen hatte. Es war Rumpelmeiers letzte Fahrt, denn Jörn hat ihn als Antrieb für seine Dreschmaschine umfunktioniert. Außer dem sagenumwobenen Auto, das unter anderem auch dem ersten Staatspräsidenten gehört hatte, erhielt das junge Paar den letzten Leibeigenen namens Jan von Ernst Kügelgen zum Geschenk. Jan war während des Krieges irgendwo in geistesgestörtem Zustand gefunden und nach Seewald eingeliefert worden. Er war groß und stark, sehr geschickt und offenbar auch sehr intelligent. Er galt als taubstumm, konnte aber den Ruf der Krähen so gut nachahmen, daß sie zu ihm kamen. Er hatte sich sehr an Martha angeschlossen, die ziemlich die einzige war, die sich mit ihm verständigen konnte. Seine Phantasiesprache enthielt Anklänge an das Lettische, weshalb man annahm, daß er ein Lette sein könnte. Da er seinen Namen nicht kannte, nannte Ernst Kügelgen ihn Jan Grünbaum. Er hat als geliebter und geachteter „Knecht für alles" bis zur Umsiedlung 1939 in Lepiku gearbeitet. Jörn und Martha nahmen ihn auch in den Warthegau mit, denn man konnte ihn nicht im Stich lassen. Die Umsiedlungsbehörde stellte dem paßlosen Jan eine mit einem erfundenen Geburtsdatum versehene Bescheinigung aus, daß er Grünbaum heiße und deutscher Abstammung sei. Damit konnte er mit aufs Schiff. Bei der Flucht von Martha 1944 ist er dann beim Übergang über die Elbe leider verloren gegangen.

9

Nun möchte ich erzählen, wie ich meine Frau kennenlernte. Es geschah schrittweise und begann mit der Rattenfalle. Ich traf Hillo immer wieder auf kleineren und größeren Festen, auf dem *jour fixe* bei Bipka mit Sauerkraut und Limonade, auf dem Gräflichen Ball. Als Hillo einmal eine Reise ins Ausland machte, hatte ich gerade jemand in den Hafen begleitet und konnte mich so auch von Hillo verabschieden. Als sie zurückkehrte, war ich wieder zufällig (!) am Hafen und konnte sie begrüßen. Mehrfach waren wir bei Hochzeiten als Brautjungfrau und Brautmarschall zusammen und standen gemeinsam vor dem Altar. Wir hatten viele gemeinsame Interessen und liebten beide den Strand bei Mandevil und ganz besonders bei Awalun, das Blockhaus von Olga Tiesenhausen, Hillos Mutter. Dort machten wir auch eine gemeinsame Arbeit, indem wir im losen Sand um das Haus eine Plattform aus unregelmäßig gebrochenen Kalksteinplatten legten. Da ich schon damals gerne Ski lief, entwickelte Hillo eine bemerkenswerte Ausdauer auf diesem Gebiet. Ich verkehrte in zunehmendem Maße bei Tiesenhausens. Bei uns war Hillo nur einmal, als der Kammermusikverein, dessen Vorsitzender Onkel Lux war, unter seinem Dirigenten Paulsen bei uns probte. Wir verlobten uns im Frühjahr 1933. Die Hochzeit war am 4.Juli. Die Trauung sollte am Strande bei Awalun sein und Hillo und ich hatten bereits im Heidekraut aus Kalksteinen einen Altar errichtet. Vorher wurde die standesamtliche Zeremonie im schönen mittelalterlichen Saal des Revaler Rathauses erledigt. Der Standesbeamte sprach und las feierlich auf Estnisch aus einem Gebüsch von Lorbeerbäumen heraus. Er wandte sich abwechselnd an Hillo und mich mit Fragen, die wir mit Ja zu beantworten hatten, und dann wieder an die Trauzeugen, die, nach der Größe geordnet, auf einer Sitzreihe Platz genommen hatten. Der längste war Onkel Roman Tiesenhausen, der Bruder meines verstorbenen Schwiegervaters. Die beiden kleinsten waren Lore Neumark aus Lübeck und Inga Rinne, Tochter meiner Cousine Erika, geb. Rosen. Die Zeugen mußten immer wieder aufstehen, um Ja zu sagen und sahen dann aus wie die Orgelpfeifen, was Hillo sehr zum Lachen reizte.

Am 4. Juli regnete es den ganzen Vormittag in Strömen, an eine Trauung unter freiem Himmel war nicht zu denken und das Haus war zu klein, um die Gäste bei Regenwetter zu beherbergen. Es mußte daher an das 2 km weiter an derselben Bucht gelegene Taubesche Strandhaus

Merewahe umgezogen werden. Bernd Sievers improvisierte auf der großen Glasveranda einen Altar mit einem Kreuz aus Preiselbeerkraut. Für mich wurde das Umziehen dramatisch, weil in der Eile der Kragenknopf davonsprang und nicht mehr gefunden werden konnte. Ich mußte meinen Kragen mit einem Draht befestigen, den ich im Pferdestall fand. („Claus, du mußt doch viel zu spät zur Trauung gekommen sein!" „Nein, gar nicht, denn Hillo kam auch zu spät, sie hatte Schwierigkeiten mit ihrer Toilette.")

Es hörte auf zu regnen, die Sonne schien, Probst Thomson traute uns. Unter den Gästen waren auch Lore und Hans Neumark, Tochter und Sohn meiner Pflegeeltern aus Lübeck.

Wie schon erwähnt, sollte die ganze Hochzeit in Awalun gefeiert werden, wo bereits fertiggedeckte Tische draußen standen. Die Gäste kamen größtenteils in Mietautos angefahren und suchten erst einmal im Haus Zuflucht, da es regnete. Blitzschnell mußte infolge des Wetters alles nach Merewahe umdirigiert werden. In Awalun befand sich ein Plattformwagen auf hohen Rädern, den ein Mensch einigermaßen leicht durch den Sand ziehen konnte. Bernd Sievers organisierte mit Hilfe der Jugendlichen die Handwagentransporte und fuhr selbst mit seinem Motorrad hin und her und schaffte hinüber, soviel er aufladen konnte. Die Gäste wurden alle umdirigiert. Ein junger Mann mußte an der Straße Wache stehen und dafür sorgen, daß später kommende Gäste sich direkt nach Merewahe begaben. Nach der Hochzeit und einem kurzen Ausflug zum Leuchtturm von Baltisch-Port blieben Hillo und ich allein in dem von uns beiden so sehr geliebten Awalun zurück.

Berge von Studeschem Konfekt waren von Hochzeitsgästen abgegeben worden, so daß wir nicht zu verhungern brauchten. Der Briefkasten befand sich an einem Baum an der Straße, wohin man ein km durch Kiefernwald zu gehen hatte. Nach einigen Tagen wollten wir nachsehen, ob wir Post bekommen hätten und fanden im Briefkasten zwei alte Brötchen und einige welke Radieschen von Nina Schilling aus der Villa Rosen. Sie hatte uns durchschaut. Nach der fast ausschließlichen Marzipan- und Schokoladendiät aßen wir die Brötchen und die Radieschen mit Heißhunger.

Dann zogen wir nach Reval in eine Wohnung neben dem Kontor der Spritfabrik. Das Haus war vor dem Kriege errichtet worden und sollte eine zentrale Güterbuchführung und ein Planungsbüro mit Laboratorium aufnehmen. Da diese Pläne nach dem Kriege nicht mehr aktuell waren, wurde das Haus als Wohnungsbau umfunktioniert. Hier

Hochzeitsfoto: Hillo & Claus von Rosen

wuchsen Christina und Detlev auf. Sie kamen in der Knüpferschen Klinik in Reval zur Welt.

Onkel Lux war jetzt 77 Jahre alt und kam noch täglich zu Fuß in die Spritfabrik, wo er die Zügel nach wie vor in der Hand hielt. Aus dem Vorsitz verschiedener Vereine war er schon ausgestiegen, leitete aber immer noch den Kammermusikverein und den deutschen Theaterverein. Der Letztere war eines seiner liebsten Anliegen. Das deutsche Theater war ein in der Jugendstilzeit errichteter Neubau, der nach dem Kriege mehr oder weniger verlassen und verkommen dastand. Es war in der Hauptsache der Initiative von Onkel Lux zu verdanken, daß das Gebäude renoviert wurde und in ihm wieder Theater gespielt werden konnte. Eine einheimische Liebhabergruppe spielte regelmäßig. Ab und zu traten Ensembles aus Deutschland auf. Ich selbst habe auch auf dieser Bühne gestanden, weil ich im englischen Ensemble mitspielte. Letzteres war eine Aktivität der Estnisch-Englischen Vereinigung und wurde von dem sehr begabten Major Bryan Giffey, einem Mitarbeiter der britischen Gesandtschaft organisiert. Er war einer von Christinas Taufpaten. Bevor Detlev geboren wurde, bekamen wir einen Pflegesohn, seine Mutter, meine entfernte Cousine Lilli geb. Hirscheydt, war krank und konnte nicht für ihr Baby sorgen. So wuchs Achim längere Zeit neben Christina auf.

Als ich in der Spritfabrik anfing, lebte noch der Böttchermeister Neumann in einem kleinen Haus, das auf dem Fabrikhof an die Böttcherei angebaut war. Vor seinem Eingang standen zwei Kirschbäume. Die Böttcherei war früher eine wichtige Abteilung gewesen, weil der Rohspiritus in Eichenfäßern transportiert wurde. Auf der langen Schlittenfahrt wurden diese Fäßer oft angebohrt und mußten immer

Rumpelmeier: Hochzeitsreise – am Steuer, Ernst von Kügelgen.

wieder repariert werden. Auch mußten neue Fässer gebaut werden. Erst war eine ganze Anzahl estnischer Gesellen in der Böttcherei beschäftigt, heute war es nur noch einer, der als Lehrling bei Neumann angefangen hatte. Letzterer wurde von dem 1903 verstorbenen Onkel Arved in den achtziger Jahren des vorigen Jahrhunderts aus Celle bei Hannover importiert. Er brachte aus Celle seinen Papageien mit und hat sein Leben lang als ausgezeichneter Handwerker seine Pflicht erfüllt. Als er 70 wurde, wurde er von Onkel Lux pensioniert mit vollem Gehalt auf Lebenszeit. Onkel Lux ehrte ihn mit einem Empfang im Aktienclub in Gegenwart des gesamten Aufsichtsrats. Neumann soll diese Ehrung mit der Gelassenheit eines Fürsten entgegengenommen haben. Er war ein großer Gartenkünstler und auch ein leidenschaftlicher Photograph. Wenn er in der Zeit vor dem Ersten Weltkrieg das Panorama der Stadt Reval aufnehmen wollte, bestellte er drei Droschken, um nach Catharinental zu fahren. In der ersten saß er selbst mit einer Melone auf dem Kopf. In der zweiten waren seine Apparate verstaut. In der dritten saßen seine Freunde, damit sie ihn bewundern konnten. Seine Frau war zwanzig Jahre lang gelähmt gewesen, ich habe sie nicht mehr erlebt. Ich besuchte ihn ab und zu in seinem kleinen Häuschen, er erzählte mir viel aus früheren Zeiten und kredenzte ein Glas selbstgemachten Weines. Er machte alles selbst, so auch eine Flüssigkeit, mit der er sein weißes Haar und seinen weißen Bart wieder blond zu machen glaubte. Da das Färbemittel, das er mit einer Zahnbürste auftrug, aus Heidelbeeren gemacht war, schimmerten sein Kopf und sein Bart lila. Er schenkte mir allerlei sonderbare Hausgreuel zum Andenken, wenn ich ihn besuchte, z.B. eine Porzellanfigur: Ein kleiner Junge sitzt auf einem Zaun mit entblößtem Hinterteil. Zu dieser Nippesfigur gehörte auch Munition. Wenn man so ein winziges Patrönchen entsprechend einsteckte und ein brennendes Streichholz daran hielt, kringelten sich endlos lange Würste. Hat man je so was gesehen? Auch schenkte er mir die Kirschbäume vor seiner Haustür und seinen lauschigen Garten mit Obstbäumen, Blumen und einer Laube. Er hat aber nicht mehr lange gelebt. Onkel Lux besuchte ihn während seiner letzten Krankheit. Neumann hob die Bettdecke von seinen Beinen und sagte schluchzend: „Herr Baron, was habe ich früher für schöne Waden gehabt und jetzt – da sehen Sie!" Onkel Lux antwortete beruhigend: „Ach Neumann, mach dir nichts draus, wozu brauchst du denn heute noch Waden?" Neumann hatte seit langem auf dem Friedhof von Ziegelskoppel einen Begräbnisplatz für seine Frau und sich erworben und darauf einen kleinen Berg auffahren lassen. Auf dem Gipfel dieses Berges stand eine in der Böttcherei gezimmerte Bank aus fünfzig Jahre altem Eichenholz. Auf dieser Bank sollten Menschen, die ihn gekannt hatten, sitzen und sich seiner erinnern. Ich habe ihm nach seinem Tode diesen Gefallen mehrfach getan, weil ich in meiner Eigenschaft als Vorsitzender des Estländischen Gartenbauvereins immer wieder nach Ziegelskoppel hinausfahren mußte, um die Friedhofsgärtnerei, die dem Verein gehörte, zu inspizieren.

1938 malte Theo Kraus im Auftrage der Spritfabrik ein sehr gutes Portrait von Onkel Lux. Er war um die achtzig Jahre alt. An Treibjagden hatte er schon seit einiger Zeit nicht mehr teilgenommen. Er ging aber immer noch auf die Entenjagd. Eines Tages fühlte er sich nicht wohl und legte sich ins Bett. Sein Zustand verschlimmerte sich sehr schnell. Ernst Kügelgen kam täglich und versorgte ihn rund um die Uhr. Er lag viele Tage im Koma und starb, ohne das Bewußtsein zu erlangen. Er hatte vorher bestimmt, daß er nicht in einem Anzug beerdigt werden wollte, sondern in seinem weißen Schneehemd für die Wolfsjagd. Die Beerdigung begann mit einer ergreifenden Feier in der Olaikirche. Von dort bewegte sich der Trauerzug zur Spritfabrik, wo zwei Minuten gehalten wurde. In allen Fenstern der Gebäudeflucht brannten Kerzen und die Einwohner des Hauses, soweit sie nicht am Zuge teilnahmen, standen Spalier. Dann ging es weiter nach Ziegelkoppel. Der Begräbnisplatz war 1903 angelegt worden, als Onkel Arved starb. Er war umgeben

Claus, Hillo, und Tochter Christina, 1935.

von einem schmiedeeisernen Gitter mit einem stilisierten Möwenmotiv, das mein Vater entworfen hatte. Der Platz wurde beherrscht von einem hohen Marmorkreuz, auf dessen Sockel das Rosensche Wappen eingemeißelt war, dazu die Worte: Für Baron Arved Rosen, die dankbare Ritterschaft.

Heute gibt es weder diesen Rosenschen Begräbnisplatz, noch den Gedächtnishügel des Böttchermeisters Neumann. Der Friedhof von Ziegelkoppel wurde nach dem Zweiten Weltkrieg in eine öffentliche Grünanlage umgewandelt.

Früher war es so, daß der Geschäftsinhaber einer Kommanditgesellschaft für den Fall seines Todes einen Zettel mit dem Namen seines Nachfolgers stets in seiner Schreibtischschublade zu verwahren hatte. So hatte noch Onkel Lux 1903 die Nachfolge seines Bruders Arved angetreten. Jetzt war das anders. Mein Vetter Ernest, Onkel Arveds Sohn, war beim Revaler Amtsgericht als präsumtiver Nachfolger eingetragen. Er ließ nun meinen Namen für seine Nachfolge beim Amtsgericht hinterlegen.

Bald darauf starb auch die Gräfin Stackelberg-Paggar (die Ballgräfin). Sie war im Laufe der Jahre durch ihre Persönlichkeit und ihre Tätigkeit im Caritasausschuß, sowie als Schirmherrin der Bälle ähnlich wie Onkel Lux eine Symbolfigur für viele geworden. Ihre Beerdigung in der Nikolaikirche vereinigte noch einmal „das ganze Land".

1939 hatten wir einen ganz besonders schönen Sommer. Die Wolken am Horizont wurden im Grunde noch nicht erkannt. Nur meine Schwiegermutter sagte in Awalun: „Kinder, genießt diesen Sommer, er ist unser letzter." Dann überstürzten sich die Ereignisse. Die baltischen Staaten lehnten ein deutsches Angebot ab. Danach schlossen Hitler und Stalin ihren Nichtangriffspakt. In einem geheimen Zusatzabkommen, das allerdings erst nach dem Kriege bekannt wurde, waren die baltischen Staaten einschließlich Finnland der sowjetrussischen Interessenssphäre zugeordnet. Kurz darauf waren die baltischen Staaten gezwungen, einen Freundschaftspakt mit der Sowjetunion zu schließen und an Moskau Flug- und Flottenstützpunkte auf 99 Jahre zu verpachten. In dem Vertrage wurde den baltischen Staaten zugesichert, daß ihre Autonomie nicht angetastet werden sollte.

Hillo und ich waren im Herbst 1939 nach Kurküll gefahren, einem Stackelbergschen Restgut, um Hillos Freundinnen Dotsy und Anita zu besuchen. Unmittelbare Einwirkungen durch den Polenkrieg hatte es in Estland nicht gegeben, abgesehen davon, daß ein polnisches U-Boot im Revaler Hafen interniert worden war und trotzdem wieder entkommen konnte. Nachdem wir einige Tage in Kurküll die vollkommene Ruhe genossen hatten, rief Ernest an und sagte, es seien von der Nordwest-Ecke Estlands aus sich nähernde weiße Schiffe beobachtet worden, es müsse mit entscheidenden Ereignissen gerechnet werden und meine sofortige Anwesenheit in Reval sei dringend nötig. Wir bestellten sofort ein Taxi, um zur Bahnstation Wesenberg zu fahren. Die Kinder waren unbeschwert. Hillo und ich waren nicht sehr gesprächig, denn jeder hing seinen Gedanken nach. Wir fuhren an den Wegweisern „nach Finn", „Pastfer" und „Mönkenhof" vorbei, Gutsnamen, die mir seit meiner frühesten Kindheit vertraut waren. Ich weinte still in mich hinein, denn es wurde mir bewußt, daß alles dies nun endgültig versank.

Als ich in Reval die Wohnungstür öffnete, schellte das Telefon. Arved Nottbeck, der spätere niedersächsische Justizminister, fragte, wo ich denn bliebe, er hätte schon viele Male vergeblich angerufen. Alle seien schon im großen Saal der Kulturselbstverwaltung auf dem Dom versammelt, um die Umsiedlung zu organisieren. Ich bestellte ein Taxi und verließ das Haus, ohne meinen Hut abgenommen zu haben.

Die Organisation wurde in Windeseile aus dem Boden gestampft. Alle Deutschen, nicht nur in Reval, sondern im ganzen Lande, wurden sofort erfaßt und befragt und für den Abtransport mit den weißen Schiffen eingeteilt. Man konnte nicht nur unbegrenzt viel Gepäck, sondern auch Möbel und sonstiges Inventar, sogar Hunde, Pferde und Kühe mitnehmen. Der estnische Staat kontingentierte die Ausfuhr von Gold und Silber und entschied darüber, welche Kunstgegenstände und Antiquitäten im Lande bleiben mußten. Göring hatte mitten in der Nacht die Wirtschaftsprüfer Wollert und Elmendorff in Frankfurt beauftragt, in Reval schon am

Hillo & Detlev, Posen, 1939.

folgenden Tage eine Umsiedlungstreuhand GmbH zu gründen. Diese und eine ebensolche Einrichtung in Riga erhielten die private Gesellschaftsform, um möglichst unbürokratisch arbeiten zu können, obwohl sie selbstverständlich von Berlin aus dirigiert wurden. Ihre Aufgabe war, den gesamten Besitz, der von den Umsiedlern zurückgelassen wurde, zu schätzen und jedem einzelnen Umsiedler seinen Anspruch gutzuschreiben. Ebenso wurde auch der Wert aller Firmen ermittelt. Aller Besitz wurde von der D.U.T. treuhänderisch übernommen und mit dem estnischen Staat abgerechnet. In diesen Vertrag ist die Sowjetunion nachträglich eingetreten und hat bis zum Beginn des Krieges zwischen Deutschland und der Sowjetunion Sachlieferungen als Kontozahlungen für das übernommene Umsiedlervermögen geleistet. Für den Transport von Möbeln wurden bei der Furnierfabrik A.M. Luther Container hergestellt, die in der Fachsprache der D.U.T. Möbelkoffer genannt wurden. Für Umzüge stand in Reval die Organisation der Expressen zur Verfügung. Sie trugen Mützen mit goldenem Rand und waren freundliche, meist ältliche und nicht sehr kräftige Männer. Einer solchen plötzlichen Aufgabe wie die Umsiedlung waren sie ganz und gar nicht gewachsen. Infolgedessen wurden aus Berlin Möbelträger in großer Zahl nach Reval beordert. Ihre Leistung war einfach übermenschlich, besonders wenn man ihnen eine Flasche Schnaps in den Schnee stellte. Ich habe gesehen, wie ein Mann auf dem Rücken ein Pianino davontrug. Einen Flügel manövrierten sie mit Leichtigkeit zu zweit. Alle Personen, die weder durch die eigene Arbeit, noch durch die Umsiedlungsorganisation gebunden waren, wurden zuerst zur Abreise eingeteilt. Der Abtransport ihrer Möbel und hinterlassenen Gepäckstücke geschah später.

In Reval traf man sich fast allabendlich im Aktienclub. Die Hauptgesprächsthemen waren natürlich die Probleme der Umsiedlung und man tauschte Nachrichten über die bereits abgereisten Angehörigen aus. In zweiter Linie galt das Interesse dem Freiheitskampf Finnlands. Obwohl die Randstaaten durch einen Freundschafts- und Verteidigungsvertrag miteinander verbunden waren, hat nur Finnland es abgelehnt, mit der Sowjetunion einen Freundschaftsvertrag abzuschließen und ihr auf 99 Jahre Stützpunkte zu verpachten. Daraufhin fiel die Sowjetunion in Finnland ein und es kam zum finnischen Winterkrieg. Das Geheimabkommen Hitlers mit Stalin über die Verteilung der Interessensgebiete kannte man weder bei uns, noch in Finnland. Stimmungsmäßig herrschte in der finnländischen Bevölkerung eine große Enttäuschung über Deutschland, das Gewehr bei Fuß stand, anstatt wie 1918 Finnland zu helfen. Alle europäischen Mächte protestierten gegen den sowjetischen Überfall, aber niemand konnte helfen. Der Winterkrieg endete damit, daß Finnland gezwungen war, einen größeren Teil von Karelien abzutreten und Stützpunkte am Finnischen Meerbusen an die Sowjets zu verpachten.

Hillo und die Kinder, nämlich Christina, Detlev und Achim Knüpfer, reisten mit der *Oceana* am 11. Oktober 1939. Ich brachte sie im Taxi in den Hafen. Die Cousinen Mätzchen und Dolli begleiteten uns. Hillos Perlencollier durfte nicht ausgeführt werden. Infolgedessen erhielt Christinas Lieblingspuppe einen neuen Kopf, der das Collier enthielt. Die bisher heißgeliebte Puppe mit dem falschen Kopf ließ Christina ziemlich kalt. Man mußte zuerst im Zollschuppen durch eine hochnotpeinliche Gepäckkontrolle. Als wir schließlich soweit waren, überblickte Hillo noch einmal alles – Christina hatte keine Puppe mehr unterm Arm. „Christina, wo hast du deine Puppe?" Christina war völlig uninteressiert. Ich ging für alle Fälle noch einmal hinaus, um zu sehen, ob Kucku vielleicht irgendwo herumlag, aber nichts war da. Aber das Taxi war noch da! Der Chauffeur hatte gewußt, daß ich nicht mit aufs Schiff gehen würde und ohne Auftrag gewartet. Im Fond saß Kucku. Die Puppe wurde nun Christina übergeben, sie nahm sie widerwillig in Empfang und Hillo und die drei Kinder gingen über den Landesteg an Bord. Dabei hielt Christina Kucku an einer Hand am ausgestreckten Arm über den Abgrund. Tief unten plätscherte das Wasser. Es verging noch eine bange Minute, dann hatte Christina „ganz aus Versehen" die unersetzliche und ungeliebte Puppe an Bord getragen.

Wohin die Schiffe gingen wußte man nicht. Man wußte aber wohl schon, daß die ehemaligen Provinzen Posen und West-Preußen für die Aufnahme der Umsiedler vorgesehen waren. Ich erinnere mich daran, daß ich zu Hause den Atlas aufschlug, die Bleistiftspitze auf den Ort Posen setzte und prophetisch verkündete, daß wir dort wohnen würden.

10

Die *Oceana* landete in Gdingen und die an Land gehenden Umsiedler wurden schockartig von der neuen deutschen Kultur auf den Arm genommen, indem aus Lautsprechern ohrenbetäubend das neue Lied erschallte: „In der Heide steht ein kleines Blümlein und das heißt Erika". Dieses Lied war eine Kreation des Reichskomponisten Prof. Herms Nil.

Hillo, ihre Mutter, ihre Schwester Annelie und die Kinder wurden per Bahn tatsächlich nach Posen befördert und dort zunächst auf der Dominsel auf Stroh untergebracht. Hillo meinte wohl, daß die wahrscheinlich vorhandene Briefzensur allzu genaue Beschreibungen bemängeln könnte und schrieb mir nach Reval: „Wir sind in Posen in einem Auffanglager untergebracht und singen mit den Kindern *Eia popeia, was raschelt im Stroh!*"

Ernest und ich hatten Hillo gebeten, in Posen mit Nicki Behr, dem jüngsten Aufsichtsratsmitglied von Rosen & Co und sehr nahem Freund Kontakt zu halten. Nicki Behr hatte von Ernest eine Generalvollmacht, konnte in unserem Namen mit beliebigen Behörden verhandeln und sollte schon im voraus untersuchen, ob wir uns in Posen wieder in der Spiritusbranche betätigen könnten. Als ich zu Weihnachten 1939 auf eine Woche nach Posen kam, hatten Nicki und Hillo schon die wichtigsten Bekanntschaften gemacht. Auf dem Gebiet der Spiritusreinigung bestand bereits eine genossenschaftliche Organisation unter der Führung deutscher Landwirte, die 1921 die polnische Staatsangehörigkeit angenommen hatten und dadurch auf ihren Gütern bleiben konnten.

Ich besichtigte auch die Posener Spiritusreinigungsanstalt und mußte leider feststellen, daß sowohl der Rohspiritus, als auch das gereinigte Produkt wesentlich schlechter waren als die entsprechenden Qualitäten in Estland. Da die leitenden Persönlichkeiten der Spiritusindustrie in Posen gut ohne uns auskommen konnten, entschied ich mich dafür, unser Interesse der Likörfabrik Hartwig Kantorowitsch Nachf. zuzuwenden. Diese Firma war eine Gründung der Familie Kantorowitsch, die 1921 nicht bereit gewesen war, für Polen zu optieren. Sie hatte die Fabrik an ein polnisches Bankenkonsortium verkauft und eine neue Likörfabrik in Berlin gegründet. Jetzt befand sich die Posener Fabrik in den Händen der Gau-Selbstverwaltung.

Die wichtigsten deutschen Stellen, mit denen man als Umsiedler zu tun hatte, waren die D.U.T. (Deutsche Umsiedler Treuhandgesellschaft), die die Umsiedler-Guthaben verwaltete, und die Treuhandstelle Ost, die über das beschlagnahmte polnische Eigentum verfügte. Ich nahm mit beiden Stellen Verbindung auf und fuhr zurück nach Reval.

Hillo hatte inzwischen eine Wohnung gefunden und eine sehr gute polnische Köchin engagiert, Stanislava Jagodzinska, genannt Stascha. Man hatte als Umsiedler gar kein Geld, sondern lebte von wöchentlichen Zahlungen der städtischen Fürsorge und der NSV (Nationalsozialistische Volkswohlfahrt). Wieder zurück in Reval konnte ich die mir zufallenden Aufgaben bis März abwickeln.

Ernest, Mätzchen und Dolly blieben noch länger in Reval, wie auch eine ganze Anzahl von Personen, die in der D.U.T. arbeiteten oder in sonstigen Unternehmen, die noch nicht endgültig übergeben waren. Alle diese Personen erhielten bereits in Reval deutsche Pässe. Ich fuhr mit einer Gruppe von Umsiedlern am 12.3. mit der Bahn über Riga nach Posen. Dort zogen wir aus Hillos Wohnung in ein idyllisches kleines Haus, das in einem Terrassengarten an der Warthe lag, hinter uns die Böschung des Kernwerkes, einer nach 1871 von französischen Kriegsgefangenen erbauten Festungsanlage. Das Haus war um die Jahrhundertwende von einem Deutschen erbaut worden, der 1921 nicht für Polen optieren wollte und es aufgegeben hatte. Es hatte seitdem leer gestanden, war aber in gutem Zustand. Der Garten war sehr verwildert. Eine polnische Familie, der das Grundstück gehörte, bewohnte die Villa nebenan.

Posen war 20 Jahre lang polnisch gewesen und wirkte gemütlich heruntergekommen. Jetzt herrschte trotz Krieg eine zielstrebige Aktivität. Verschmutzte Fassaden wurden mit Sand und Dampf gereinigt. Das Stadttheater wurde so gut wie neu erbaut. Das Wirtschaftsleben blühte auf. Die Universität wurde zu neuem Leben erweckt. Die meisten Behörden waren von Beamten aus dem Altreich besetzt. Dort hatte man die Parole ausgegeben, daß die besten Mitarbeiter an den Osten abgegeben werden sollten. Tatsächlich dürfte es aber so gewesen sein, daß Behördenleiter es vorzogen, ihre besten Mitarbeiter zu behalten. Man durfte nur mit Passierschein aus dem Altreich in das Wartheland reisen, in dem in erster Linie Umsiedler mit Hilfe der H.T.O. und der D.U.T. angesiedelt werden sollten. In der Praxis war es aber so, daß recht viele sogenannte Haifische in den neuen Gebieten ebenfalls Karriere zu machen trachteten. Die Verhältnisse erinnerten mich etwas an Kalifornien zur Zeit der Goldsuche. Viel guter Wille, viel Idealismus und viel rücksichtslose Ellbogenstrategie ergaben eine interessante Mischung. Man mußte jederzeit mit Querschüssen rechnen.

Die Firma Kantorowitsch wurde von drei Direktoren verwaltet, die von der Gau-Selbstverwaltung eingesetzt waren. Chef dieser Behörde war der Gauhauptmann Robert Schulz aus Stettin. Er war Blutordensträger, das bedeutete, daß er ein Nazi der ersten Stunde war. Er regierte mit Hilfe des Gaukämmerers Thiel, ebenfalls aus Stettin, einem vorzüglichen Beamten. Ich wurde vor Schulz sehr gewarnt. Er galt als hemdsärmeliger Phrasendrescher. Seine Idee war, die Likörfabrik und eine Porzellanfabrik, die er ebenfalls kommissarisch übernommen hatte, als typische Musterbetriebe in die Regie des Gaues zu führen. Trotz der Warnung machte ich ihm meinen Besuch und er erwies sich als ein sehr umgänglicher Mann. Er sagte, ihm hätte zwar die Idee eines Gaubetriebes am Herzen gelegen, aber da ich nun gekommen sei, wäre er selbstverständlich bereit, seine persönlichen Wünsche zurückzustellen. Die näheren Bedingungen mußten nun mit dem Stadtrat Thiel ausgehandelt werden.

Ich wurde in die Direktion der Firma Kantorowitsch eingesetzt, die damit vier Direktoren hatte, obwohl zwei genügt hätten. Mir lag nur an einem von meinen drei Kollegen, dem aus der polnischen Zeit übernommenen Direktor Wiescheck. Er war auch Aktieninhaber der polnischen Firma. Mit Hilfe eines in Stuttgart lebenden Bruders hatte er sich als Deutscher frisieren können. Ihn zu schützen, sah ich als eine meiner Aufgaben an. Einer seiner Söhne, der einer als gefährlich geltenden polnischen Organisation angehörte, saß allerdings gefangen als politischer Häftling. Trotz aller Bemühungen gelang es nicht, ihn zu befreien. Die beiden anderen Direktoren, die ich vorfand, waren Gohlke, Angehöriger einer hochangesehenen, landbesitzenden Familie aus der Provinz Posen und Bindemann, ein äußert gewandter Berliner. Diese beiden hatten keinerlei Entschädigungsansprüche und keinerlei Beziehungen oder besondere Qualifikationen für die Leitung der Likörfabrik. Sie waren nur in der ersten Stunde dagewesen und hatten die wichtigen Beziehungen ausgenutzt, um sich eine Lebensstellung zu verschaffen.

Ich arbeitete besonders gut mit Wiescheck und Bindemann zusammen. Der erste war ein ganz gewissenhafter und zuverlässiger Mann, der die Kontinuität zu dem herstellte, was früher gewesen war. Der andere war ein mehr windiger Typ, der sich mit schlafwandlerischer Sicherheit in dem Dschungel der divergierenden Interessen und der großen Worte zu bewegen verstand. Ich war zwar einer von vieren, mußte aber, wenn auch inoffiziell, die Stelle des geschäftsführenden Direktors ausfüllen. Bei der H.T.O. und der D.U.T. betrieb ich derweilen die Anerkennung unserer Anwartschaft, auch die Übernahme der Firma im Umsiedlerverfahren.

Im Juli 1940, drei Monate später als ich, kam auch Ernest nach Posen, nachdem die Sowjets Estland besetzt hatten. Er wurde von allen Behörden in Posen mit großem Entgegenkommen aufgenommen und es gelang auch ihn, wie auch einige frühere Angestellte aus Reval, in die Firma Kantorowitsch einzubauen.

In Posen war jeder, der eine wirtschaftliche Stellung ersterbte, einer von mehreren Hechten im Karpfenteich. Zu meinen Obliegenheiten gehörte, daß ich bei Behörden in Berlin Besuche machen mußte. Gelegentlich eines solchen Besuches wurde mir mitgeteilt, daß der Kollege Gohlke eine Woche vorher in Berlin die Runde gemacht und den Kollegen Bindemann angeschwärzt habe. Er hätte versucht, die Entlassung Bindemanns auf dem Umwege über Berlin durchzusetzen. Ich fand es erstens untragbar, daß Gohlke einen solchen Schritt ohne mein Wissen riskiert hatte und sagte mir zweitens, daß Gohlke, wäre ihm der Plan gelungen, als nächstes Opfer mich selbst abschießen könnte. Ohne etwas verlauten zu lassen, bat ich meine drei Kollegen zu einer Besprechung mit Stadtrat Thiel in die Gau-Selbstverwaltung. Dort legte ich das, was ich in Berlin erfahren hatte, auf den Tisch. Es wurde eine melodramatische Szene, Thiel, Wiescheck und Bindemann fuhren empört von ihren Sitzen hoch, Gohlke sank in sich zusammen. Er erhielt vom Gauhauptmann Robert Schulz einen fristlosen Entlassungsbrief und verließ weinend das Büro. Natürlich hatte er auch eine Hausmacht in verschiedenen Ämtern, die er zu mobilisieren versuchte, was ein telefonisches Bombardement zur Folge hatte. Ich hatte mich aber für Unversöhnlichkeit entschieden und spielte diese Rolle bis zum Ende. Im Nachhinein habe ich längst angefangen, an der Richtigkeit dieser Entscheidung zu zweifeln.

Am 24. September 1940 wurden unsere Zwillinge geboren. Dr. zur Mühlen rief mich im Büro an und sagte, es sei so weit, er könne gratulieren. Ich fragte ihn, was es denn geworden sei. Er antwortete: „Ja a a a...... 1. Ist es ein Junge und 2. Ein Mädchen." Ich bekam ein Schreck und bat ihn, deutlicher zu werden, denn ich stellte mir ein Ungeheuer vor. Tatsächlich hatte man, bis das zweite Kind da war, nicht mit Zwillingen gerechnet. Nur Christina hatte vorher gesagt: „Wenn das Paketchen mit den Babies ankommt, werde ich die Schnuren aufmachen."

Christina und Detti begrüßten die Zwillinge mit großer Freude. Allerdings gestand Detti, daß ihm eine „Mokolotive" eigentlich noch lieber gewesen wäre. Unser Haus stand etwas erhöht an der Böschung. Hoch oben auf dem Balkon schwebten die Babykörbe im Sonnenschein, der eine hellrosa verhangen, der andere hellblau. Ich sah immer wieder,

Der Autor: Posen, 1941.

wie Passanten stehen blieben, um sich an diesem Anblick zu erfreuen.

Zum Komplex der Likörfabrik von Kantorowitsch gehörte auch ein Haus mit Wohnungen. Ich hatte das Wohnungsamt überredet, auf die Bewirtschaftung dieses Hauses zu verzichten, so daß ich selbst verfügen konnte, wenn etwas frei wurde. Dadurch konnten Ernest mit seinen unverheirateten Schwestern, Hillos Mutter Olga Tiesenhausen mit Annelie und der Schwester von Ernest Lucie Schilling mit Kindern dort untergebracht werden. Schillings waren keine Umsiedler, außer der Tochter Nora, die allein in Reval auf eins der Schiffe gegangen war und als gelernte Photographin in Posen Arbeit gefunden hatte. Carli Shilling, Lucie und die Kinder Totti und Wilhelm waren in Reval geblieben und als Flüchtlinge nach Deutschland gekommen, nachdem Estland von den Sowjets besetzt worden war. Sie waren zeitweilig auf der Bettenburg untergekommen. Carli starb in einem Krankenhaus in Schweinfurt, woraufhin die Familie nach Posen zog. Da Carli sich geweigert hatte, umzusiedeln und die deutsche Staatsbürgerschaft anzunehmen, hatte die Familie keine Umsiedlerrechte. Ich ging mit einem Gruppenbild aller Schillings zum Gauhauptmann Robert Schulz und erklärte ihm den Fall. Er geriet über das wertvolle nordische Rassenerbe, das aus den Gesichtern sprach, in Verzückung und diktierte sofort in meinem Beisein einen Brief an den Reichskommissar für die Festigung des deutschen Volkstums in Berlin, woraufhin Lucie und ihren Kindern postwendend alle Umsiedlerrechte ungeschmälert zuerkannt wurden.

Eines Tages saß ich bei einem Glas Wein mit Bindemann in einem Restaurant. Unvermittelt fragte er mich, ob ich bereit sei, ihn als Partner zu betrachten, was bedeutete, daß er später an der zu gründenden Firma Rosen & Co als Kommanditist beteiligt sein würde. Ich antwortete ihm, daß wir wohl darüber gesprochen hätten, Wiescheck mit seinem polnischen Aktienbesitz zu übernehmen, daß aber im Übrigen unser gemeinsamer Umsiedleranspruch den Wert der Firma Kantorowitsch weit übersteige und deshalb der Eintritt neuer Gesellschafter nicht motiviert erscheine. Bindemann war sichtlich enttäuscht und meinte, ich sei von seinem Vorschlag wohl nicht besonders begeistert. Im Nachhinein kann ich mir vorstellen, daß er von diesem Augenblick an mein Gegner war und darüber nachgedacht haben mag, wie er mich aus dem Wege räumen könnte. Ich war u.k. („unabkömmlich") gestellt. Bindemann hatte am Frankreich-Feldzug teilgenommen und war dann aus mir nicht bekannten Gründen vom Wehrdienst freigestellt worden. Nachdem der Krieg gegen Sowjetrußland begonnen hatte, bekam ich einen Gestellungsbefehl, was mich wunderte, weil ich keine Mitteilung über die Aufhebung des u.k. Status erhalten hatte. In einem der Ämter gab es eine spezielle Kartei der „Unabkömmlichen". Ich überzeugte mich davon, daß meine Karteikarte sich nicht an ihrem Platze befand. Der Verwalter dieser Dienststelle wußte angeblich nicht, wo die Karte geblieben war. Nach Krieg und Gefangenschaft habe ich gehört, daß Bindemann das Verschwinden der Karte veranlaßt haben soll. Ernest war für den Kriegsdienst zu alt, ebenso auch Wiescheck.

Er hatte einen Plan, sich von Bindemann zu befreien und fragte mich, ob ich damit einverstanden sei, letzteren im Falle der Einnahme Revals zu beauftragen, die dortige Spritfabrik zu aktivieren. Er hatte für seine Person nicht die Aussicht, selber nach Reval zu gehen, weil die Berliner Behörden ihm als Umsiedler die Genehmigung nicht erteilt hätten. Ich war mit dem Vorschlag einverstanden und Ernest bewirkte bei den zuständigen Behörden eine entsprechende Bestallung. Als Dolmetscher wurde ihm Patrick Dellingshausen zugeordnet, da Bindemann kein Estnisch verstand. Auch Patrick, der früher bei uns Buchhalter in der Likörfabrik gewesen war, erhielt eine entsprechende schriftliche Beauftragung. Die Beauftragung war da, aber Reval war noch nicht befreit. Damit er nicht gleich einberufen würde, konnte auch eine Wehrdienstbefreiung für ihn bewirkt werden. Ernest betrachtete die Politik Hitlers mit großer Skepsis. Als die Umsiedlung beschlossene Sache war, saß er am Schreibtisch und sprach vor sich hin: „Als Bettler wird man enden." Er hat recht behalten. Er ist in Ohr bei Hameln als Empfänger von Sozialhilfe gestorben.

Als England den Krieg erklärte, erschien ihm der Ausgang des Krieges ziemlich sicher. Als aber dann der Krieg gegen Stalin begann, war er, wie wir Umsiedler alle und wie auch ein großer Teil des sowjetrussischen Volkes, mit dem Herzen dabei.

Ich kam zur Dolmetscherkompanie nach Berlin-Moabit und erhielt dort eine Postkarte von Ernest mit der enthusiastischen Mitteilung: „Reval ist in deutscher Hand, soli Deo gloria."

Einmal besuchte ich in Berlin Mary Papst, die als Witwe mit ihren Kindern in Dahlem lebte. Als ich die geschwungene Treppe hinaufstieg, hörte ich vom obersten Treppenabsatz eine laute Stimme, die mir bekannt schien. Josy Lilienfeld, Marys Schwester, die zarte Porzellanfigur, übte vor einem hohen Spiegel und rief immer wieder auf Russisch: „Ergebt euch, Widerstand zwecklos!" Dort in Dahlem habe ich mich auch einmal mit Hillo getroffen. Die Ausbildung bei der Dolmetscherkompanie bestand hauptsächlich aus Infanterie Drill, der mir nichts Neues war. Gelegentlich gab es Kurse in der Kriegsakademie, die aber auch nicht viel boten. Nach zwei oder drei Monaten ging ich in die Geschäftsstelle und sagte, ich hätte es satt. Ich erfuhr, daß eine Division mich persönlich angefordert hatte, sie sei aber auf dem Vormarsch nicht zu finden. Wenn ich wollte, könnte ich aber auch einen anderen Einsatz haben. Es wurde mir die Anforderung einer Einheit vorgelegt, die „Korück 584" hieß (Kommandant des rückwärtigen Armeegebiets der 16. Armee). Dort war eine Z-Planstelle frei (Z ist Zugführer, in diesem Falle ein der russischen Sprache mächtiger Offizier im Range eines Leutnants). Ich begriff von all dem nichts, erklärte mich aber einverstanden, bekam die nötigen Papiere und wurde als Sonderführer Z verkleidet. Es war ja eine Maskerade, ich hatte keinen militärischen Dienstgrad. Ich verabschiedete mich von Neumarks, die eine Villa im Grunewald bewohnten, dann bei Hillo und den Kindern und in der Fabrik und fuhr dann mit allen möglichen Passagier- und Güterzügen gen Osten bis zur Bahnstation Porchow zwischen Pleskau und dem Ilmensee. Südlich von Porchow in einem Dorf lag „Korück 584". Ich wurde vom Chef der Abteilung 1c, der ich zugeteilt war, Rittmeister Hans Heinrich Hauck, sehr freundlich empfangen. Er war der Geschäftsinhaber der Frankfurter Bank. Er war die rechte Hand von General Speemann, bei dem er auch die Aufgaben des 1a wahrzunehmen hatte. Das zu sichernde Gebiet lag hinter der Front und war ca. 400 qkm groß. Auf meinem Wege dorthin hatte ich immer wieder Truppen sowjetrussischer unbewaffneter Soldaten gesehen. Es waren Ukrainer, die man in dieser Anfangsphase des Feldzuges nach der Gefangennahme laufen ließ. Sie wanderten alle in Richtung Ukraine und dürften es nicht leicht gehabt haben, sich unterwegs zu verpflegen. Manche von ihnen sind wahrscheinlich auch von Partisaneneinheiten, die es damals schon gab, zwangsrekrutiert worden. Kommandeur des

Partisaneneinsatzes war der sowjetische Marschall Woroschilow. Die Front war keine durchgehende Linie, es gab Lücken, durch die ganze Regimenter von Partisanen eindringen konnten.

In den ersten Tagen nach meiner Ankunft war ich mit einer Infanterieeinheit unterwegs, um dem Partisanenregiment Popow nachzuspüren, das in unserem Rücken operierte. Es kam zu keinem nennenswerten Gefecht, aber wir machten einen Gefangenen, der dem Kompanieführer vorgeführt wurde. Wir standen auf einer Wiese und ich befragte den Mann in diesem meinem ersten Verhör über das Woher und Wohin etc. Auf die Frage, „Wie heißt Ihr Kommandeur?" antwortete er „Popoff". Mehr brauchten wir nicht zu wissen und ich fiel in Ohnmacht.

Später hat mir dieser Mann erzählt, daß sein erster Impuls gewesen sei, mich festzuhalten, daß er sich dann aber überlegt habe, daß ihm als Gefangenem eine solche Hilfestellung wohl nicht gut angestanden hätte. Die plötzliche Ohnmacht hatte mit dem Verhör nichts zu tun, sondern damit, daß die Wehrmacht aus einem verhältnismäßig sterilen Lande in ein bakterienreiches eingedrungen war. Sehr viele Wehrmachtsangehörige, auch bei unserem Stabe, litten damals unter ruhrähnlichen Erscheinungen. Besonders vor dem Wasser wurde gewarnt. Ich trank aber aus allen Brunnen, wenn ich Durst hatte. Meine Krankheit dauerte damals nur 10 Minuten, wonach wir den Weitermarsch antraten.

In dem großen Dorfe Pascherewizy, in dem wir lagen, befand sich eine griechisch-orthodoxe Kirche auf einem kahlen Hügel, die in dem welligen, aber flachen Lande weithin zu sehen war. Die Kirche war als Traktorstation und Lager für Öl und Benzin mißbraucht worden. Sie war sehr verfallen, die Fensterscheiben waren größtenteils zerschlagen. Die Bauern hatten den Wunsch geäußert, den Ziegelbau zu reparieren und wieder zur Kirche zu machen. Die Wehrmacht stellte Glas und sonstiges Baumaterial zur Verfügung. Die Arbeit wurde von Bauern aus der Umgebung freiwillig geleistet. Es gab auch einen Priester in der Gegend.

An einem Sommersonntag bei strahlendem Wetter war die feierliche Einweihung. Von nah und fern waren Bauernwagen mit Müttern und ihren ungetauften Kindern gekommen. Ich erinnere mich noch an eine junge Mutter, die einen Säugling trug und die von ihren anderen vier Kindern umringt war. Alle erhielten an diesem Tage die Taufe. Zu Beginn des Gottesdienstes schritt der General in großer Uniform durch den Mittelgang und Bauern traten ehrerbietig von der Seite heran und küßten seinen Ärmel. Bekanntlich wurden ja an vielen Orten für einrückende deutsche Truppen Triumpfbögen errichtet. Das Bild in der Kirche hat sich mir eingeprägt als Beispiel dafür, welche Chancen in diesem Kriege vertan worden sind.

Der Gefangene, den ich damals vernommen hatte, war Student aus Leningrad, blieb längere Zeit bei uns und trat schließlich in unsere Dienste. Wir begannen damals, Gefangene teils von der Front, teils aus Partisaneneinheiten, die gerne bei uns bleiben wollten, als sogenannte Hiwis (Hilfswillige) zu behalten. Zuletzt lagen wir im Schloß Wolyschewo, dem früheren Besitz der Grafen Stroganow. Dort hatten wir eine Leibwache aus Russen. Wenn General Speemann in seinem riesigen Korück-Gebiet Inspektionsfahrten machte, folgte seinem Horch ein LKW mit der russischen Leibwache. Ihr Zugführer Wassiljew war als Leutnant eingestuft. Er war in der Roten Armee Politkommissar im Hauptmannsrang gewesen und mit einem Spionageauftrag in unser rückwärtiges Gebiet geschickt worden. Nach dem „Führerbefehl" mußten alle Politrucks erschossen werden. Ich habe mich immer wieder mit Wassiljew unterhalten und ihn lange Zeit in unserem Souterrain, in dem ich mein Vernehmungszimmer hatte und in dem sich Zellen für Gefangene befanden, mehr oder weniger versteckt gehalten. Allmählich machte ich mit ihm und den anderen Gefangenen Spaziergänge in dem schönen verwilderten Park. Schließlich äußerte er den Wunsch, bei uns mitzumachen und wir unterstellten ihm die ganze Hiwi-Einheit.

Eines Tages bekamen wir aus Berlin von einer Parteidienststelle eine kleine Kiste mit Büchern zugeschickt. Alles was die geistige Betreuung anging, lief über die Abteilung 1c. Die Verwaltung der Bücher fiel also meinem Freunde Dr. Schmidt oder mir zu. Unter den Büchern befand sich auch ein kleiner Band *Gedichte in Prosa* von Turgenjew. Einige Wochen nach Empfang der Kiste erhielten wir einen Brief von der Dienststelle, die die Buchspenden zu verteilen hatte, folgenden Inhalts: „Unter den Büchern der Ihnen übersandten Kiste Nr...... befindet sich durch ein bedauerliches Versehen ein Gedichtband von Turgenjev. Da es verboten ist, Feindliteratur zu lesen, wird anheimgestellt, den Band einer Altpapiersammlung zuzuführen." Dieser Brief machte in unserem ganzen Stab die Runde und alle lasen Turgenjevs Gedichte in Prosa.

Ein Teil des Stabes der 16. Armee lag im Schloß Wybiti, das dem Fürsten Wassilischikow gehört hatte. Bismarck war während seiner Petersburger Zeit öfters dort zu Besuch gewesen. Als der Stab dort einzog, brachen russische Angestellte eine Mauer auf und holten ein seit der Revolution dort versteckt gewesenes Buch heraus. Es war ein illustrierter Prachtband über die Krönungsfeierlichkeit Nikolai II und der

Kaiserin Alexandra (Alix von Hessen) in Moskau. Das Buch war in der Kaiserlichen Druckerei in Petersburg hergestellt worden, reich illustriert und enthielt auf der ersten Seite eine gedruckte Widmung an den Fürsten Wassilischikoff. Ich bekam es in Verwahrung. Beim Durchblättern fand ich im Anschluß an die Berichte über die großen Festlichkeiten im Kreml eine Schilderung eines Soupers in ganz kleinem Rahmen. Anwesend waren nur der Zar und die Zarin, zwei Würdenträger ihrer Umgebung und der Oberst Ordin. Bekanntlich war meine Urgroßmutter eine geborene Ordin. Sie hatte als Kind ihre Eltern verloren, wurde in Kardina aufgenommen und heiratete später den ältesten Sohn und Erben. Tante Elisabeth, unsere Familiengenealogin, hat nie etwas über diese Familie erfahren. Hier haben wir den Beweis, daß sie am Ende des vorigen Jahrhunderts noch existiert hat. Hillo fragte einmal Ernest, was Ordin eigentlich für eine Familie sei. Er antwortete wegwerfend, „Ach, wahrscheinlich irgendwelche Tataren". Das ist durchaus möglich. Rußland wurde 200 Jahre lang von Tataren beherrscht. Sie wurden „die Goldene Horde" genannt, wahrscheinlich, weil ihre in der Nähe von Kasan gelegene Hauptstadt teilweise aus goldenen Zelten erbaut war. Dort mußten die russischen Fürsten, Nachkommen des schwedischen Eroberers Rurik, dem Mogul huldigen und ihren Tribut entrichten. Die Horde heißt auf Russisch „Orda". Ordin kann also „einer von der Horde" bedeuten.

Als der Rückzug aus Rußland 1943 begann, berieten wir darüber, was wir mit dem Buche machen sollten. Wir schickten es zurück an den Stab nach Wybiti mit der Bitte, es denen zurückzugeben, die es seinerzeit aus dem Versteck geholt hatten.

In den Waldaihöhen, nicht weit vom Ilmensee, lag das Gebiet von Demjansk, das die Grafschaft genannt wurde, weil Graf Kleist der dortige Befehlshaber war. Die Sowjetarmee hatte das Gebiet eingekesselt, so daß wir eine abgerundete Enklave zu versorgen hatten. Der General Seidlitz, der später in russischer Gefangenschaft einen Separatfrieden herbeizuführen versucht hat, brach mit seiner Panzereinheit von Staraja Russa aus zum Kessel von Demjansk durch und stellte einen schmalen Schlauch her, durch den die Grafschaft versorgt werden konnte. Es gelang der Sowjetarmee nicht, diese Verbindung zu unterbrechen. Eines Tages brachten mir Feldgendarmen aus Staraja Russa einen, nach meiner Schätzung fünfzehnjährigen russischen Jungen namens Wanja. Er habe spioniert, hätte am Rande von Staraja Russa eine alte Frau um Wasser gebeten und diese hätte ihn der Gendarmerie angegeben. Der Junge war tatsächlich siebzehn Jahre alt. Er erzählte nicht, wie sonst üblich, Legenden, sondern berichtete ganz freimütig seine Geschichte. Sein Vater war einer Stalinschen Reinigungsaktion zum Opfer gefallen. Er lebte bei seiner Großmutter, die ihn schließlich nicht mehr ernähren konnte. Sie brachte ihn eines Tages zu einem russischen Major, der Kundschafter ausbildete, die Angaben über die deutsche Frontlinie beschaffen sollten. Zum ersten Einsatz wurde er bis an eine Stelle geführt, an der man ungesehen durch die deutschen Linien gehen konnte. Dann schlenderte er umher, sprach mit den deutschen Soldaten, die ihm Bonbons schenkten, versuchte sich Geschützstellungen einzuprägen, zählte eingegrabene Maschinengewehrnester und schätzte die Mannschaftsstärke auf deutscher Seite. Dann kehrte er auf die sowjetische Seite zurück und machte seine Angaben. Im Ganzen war er sechs Mal in den deutschen Stellungen. Beim letzten Mal fand er, daß es nun genug sei und er ging nach Staraja Russa hinein, wozu er keinen Auftrag hatte, wahrscheinlich wollte er sich fangen lassen. Außer dieser Beichte teilte Wanja mir mit, daß die Sowjetarmee einen Großangriff gegen Staraja Russa, den Flaschenhals und die Grafschaft plane. Eine große Menge von Artillerie und Panzern sei bereits in Stellung gebracht worden und es könne in drei bis vier Tagen losgehen. Der Bericht wurde sofort der Armee mitgeteilt, aber weder die Armee, noch die Heeresgruppe Nord glaubte daran und es wurde gar nichts unternommen. Aber, wie Wanja vorausgesagt hatte, begann die Sowjetarmee am vierten Tage mit Trommelfeuer. Jetzt erhielt General Speemann den Befehl, sich sofort nach Staraja Russa zu begeben, um die Verteidigung zu organisieren. Er nahm Rittmeister Hauck, mich, Erwin Schrader als Mädchen für alles und einen Mann zur Bedienung des Fernschreibers mit. Staraja Russa war eine Etappenstadt, unmittelbar hinter der Front. Es gab dort nur eine Ortskommandantur ohne irgendwelchen Kampfwert und sonst fast nur Schlächterei- und Bäckereikompanien, Verpflegungslager und dergleichen. Es war zwischen -30 und -45 Grad kalt. Der Horch des Generals stand vor der Tür des Hauses, in dem wir auf dem Fußboden schliefen, mit ständig angelassenem Motor. Der Wagen wurde zwar von Splittern durchlöchert, blieb aber einsatzfähig. Die Laune des Generals war schwankend. Einerseits genoß er es, endlich eine richtige soldatische Führungsaufgabe zu haben, andererseits ärgerte es ihn ständig, daß man ihm nicht rechtzeitig Truppen und Artillerie zur Verfügung gestellt hatte. Seine Laune wurde so schlimm, daß ich beschloß, etwas dagegen zu tun. Ich ging und suchte ein Verpflegungslager und sagte dem Kommandanten, der Bursche von General Speemann habe vergessen, genügend Zigarren einzupacken und jetzt sei der General so grantig, daß die Sicherheit des Verpflegungslagers auf dem Spiel stehe. Ich müßte unbedingt einen Arm voll Zigarren und Zigaretten haben. Ich bekam sie und der Erfolg war wie erwartet. Als einzige Artillerie stand ein Sturmgeschütz zur Verfügung, das ebenfalls mit laufendem Motor ständig bereit sein mußte. Sobald irgendwo angegriffen wurde, fuhr der nette junge Gefreite seelenruhig hin und stellte die Lage wieder her. Nach einigen Tagen erschien dann eine Division aus Frankreich und übernahm die Verteidigung. Es wurden auch gleich Gefangene gemacht, die ich vernahm, weil die Division noch keinen Dolmetscher hatte.

Nun mußte sich Wanjas Schicksal entscheiden. Der General verurteilte ihn zum Tode. Rittmeister Hauck und ich waren entsetzt. Hauck ging hinauf zu Speemann, der unbegrenztes Vertrauen in ihn hatte und immer alles so entschied, wie seine rechte Hand es vorschlug. Ich hielt infolgedessen die Angelegenheit für erledigt. Als ich aber einige Zeit später über den Treppenabsatz ging, kam Hauck mir bleich und tief enttäuscht entgegen. Er habe sein ganzes Pulver verschossen, Speemann ließe aber nicht mit sich reden und bestehe auf seinem Urteil. Ich sagte, wir könnten das nicht zulassen. Er gab mir freie Hand, es selber zu versuchen. Ich ließ mich beim General melden, er empfing mich sofort. Ich hatte damals einen großen Respekt und eine sehr hohe Meinung von der Wehrmacht. Für mein Gefühl war der General eine nicht ausschließlich militärische sondern auch menschliche Autorität. Ich führte alle nur denkbaren sachlichen Gründe gegen das Todesurteil an. Er aber blieb unzugänglich und konterte: „Sie haben ja selbst geschrieben, daß der junge Mann sechs Mal mit einem Spionageauftrag in unseren vordersten Linien gewesen ist." Ich war der Verzweiflung nahe. Da wurde mir ein Gedanke eingegeben, den auszusprechen mich bei meinem schon erwähnten Respekt eine große Überwindung kostete. Es war wie in Sprung von einem sehr hohen Turm. Ich sagte: „Wenn wir jemand erschießen, dann tun wir das, um im Kriege weiteres Unheil abzuwenden. Es ist nicht unsere Aufgabe, zu strafen oder Rache zu üben. Einen Gegner aus solchen Erwägungen zu erschießen, ist unsoldatisch." Das traf den alten anständigen Speemann ins Herz. Er holte tief Luft, aber anstatt mich anzubrüllen, sagte er nur: „Also gut, dann nehmen Sie ihn." Wir beschäftigten dann Wanja in der Reparaturwerkstatt. Er äußerte den Wunsch, als Freiwilliger in die deutsche Wehrmacht aufgenommen zu werden. Ich riet ihm ab und empfahl ihm stattdessen, eine Autoschlosserlehre in Deutschland zu machen. Er blieb aber fest und da es verboten war, Russen abzuweisen, wenn keine besonderen politischen Gründe vorlagen, nahmen wir ihn unter unsere Hiwis auf.

Da, wie ich schon erwähnt habe, daß das Sonderführerdasein eine Maskerade war, meldete ich mich zum Truppendienst in mehreren monatlichen Übungen. Meine Stellung als Offizier ohne wirklichen Dienstgrad war mir unsympathisch. Um es bis zum Leutnant zu bringen, brauchte ich die Beförderung zum Gefreiten, Unteroffizier und Fähnrich, also drei Übungen. Mein Plan war nicht sehr populär, weil der Arbeitsanfall groß war. Aber ich war nicht der Einzige beim Stabe, der Russisch sprechen und Gefangene vernehmen konnte. Eines Tages wurde mein Wunsch erfüllt und ich wurde auf einen Monat zu einer russischen Freiwilligenkompanie kommandiert. Es war nach dem Fall von Stalingrad und die Stimmung der Freiwilligen, jetzt Wlassowsoldaten genannt, war labil. Es war immer wieder erkennbar, daß von sowjetischer Seite teils durch Partisanen, teils durch andere Kanäle immer intensiver Propaganda getrieben wurde. Hier und da gelang es, der Sache auf die Spur zu kommen, meist aber nicht. Russen scheinen für die konspirative Tätigkeit sehr viel begabter zu sein als Deutsche.

Unsere Kompanie lag unweit der von Nord nach Süd führenden Bahnstrecke, in einem Dorf nicht weit von der Nahtstelle zwischen der Heeresgruppe Nord und der Heeresgruppe Süd. Sie gehörte zu einem Sicherungsregiment, dessen Stab bei der Bahnstation Beshanizy lag und uns unterstellt war. Die Kompanie hatte deutsches Rahmenpersonal. Zu den russischen Freiwilligen hatte ich ein sehr gutes Verhältnis, ebenso auch zum Kompanieführer, der Lehrer von Beruf war. Dem deutschen Fourier unterstanden einige russische Pferdepfleger. Einer von ihnen, der gewöhnlich einen Panjewagen kutschierte mit dem Verpflegung geholt wurde, kam mir irgendwo entgegen und flüsterte mir zu, er wolle mich in wenigen Minuten in der Latrine treffen, die etwas abgesetzt von den Unterkünften auf einer Wiese lag. Ich begab mich dorthin, außer mir war niemand dort. Bald erschien der Pferdepfleger, schwitzend und zitternd vor Aufregung. Er vergewisserte sich mit scheuem Blick, daß niemand uns belauschen konnte und eröffnete mir dann, daß der Plan bestehe, in einer der folgenden Nächte den Kompanieführer und das deutsche Rahmenpersonal umzubringen und dann die Kompanie geschlossen über die Bahnstrecke in das dort beginnende Partisanengebiet zu führen. Er nannte mir die Namen der Rädelsführer. Es waren alles ausgesprochen intelligente und meist studierte Leute aus Moskau und Leningrad. Hierzu muß man wissen, daß von sowjetischer Seite unter den der Deutschen Wehrmacht angegliederten russischen Freiwilligenverbänden die Parole ausgegeben wurde, daß man eine Schuld nur durch Blut abwaschen könne. Da man nach Stalingrad angefangen hatte, am Ausgang des Krieges zu zweifeln, fürchtete man ein sowjetisches Strafgericht und glaubte, einem solchen durch Niedermetzelung möglichst vieler Deutscher entgegenwirken zu können. In der folgenden Nacht ließ der Kompanieführer auf unauffällige Weise das Rahmenpersonal in die Schreibstube kommen und wir verteilten unsere Rollen. Währenddessen machte die Kompanie irgendwo außerhalb des Dorfes Dienst. Wir nahmen das Schloß aus dem schweren russischen Maschinengewehr „Maxim". Die Verantwortung für dieses Maschinengewehr hatte einer der Rädelsführer. Die Unterkunft des Kompanieführers und die Schreibstube wurden unauffällig in Verteidigungszustand versetzt und bemannt. Ich war zu jener Zeit als Zugführer eingesetzt und schlief mit meinen Leuten in einem Raum mit Etagenbetten. Es wäre aufgefallen, wenn ich nicht in meinem Bett gelegen hätte. Ich legte mich in mein Bett, schlief aber wie ein Hase und wäre beim geringsten Geräusch aufgewacht. Der Fourier war mit einem leichten Maschinengewehr heimlich im Heu des Kuhstalls postiert, der zu meiner Unterkunft gehörte. Die Rollen waren alle verteilt. Selbstverständlich war auch das Regiment benachrichtigt. Rund ums Dorf waren bei allen Ortsausgängen wie immer Posten eingeteilt. Der Kompanieführer und ich machten bei Dunkelwerden die Postenkontrolle. Es war alles normal. Alle Freiwilligen waren grundsätzlich darüber belehrt, wann sie von der Schußwaffe Gebrauch zu machen hatten und daß ein Schuß eines Postens automatisch Alarm auslöst. Der Fall des Alarms war viele Male mit der ganzen Kompanie geübt worden und jedermann wußte, wo mit wem und mit welchen Waffen er in diesem Falle Stellung zu beziehen hatte. Mitten in der Nacht erwachte ich von einem fernen Schuß. Sekunden darauf ertönte das Alarmzeichen. Alle fuhren sofort in ihre Kleider. Das ganze Dorf geriet in Bewegung und in kürzester Zeit waren alle Stellungen besetzt. Ich hatte mich zum Kompanieführer zu begeben. In seiner Begleitung ging ich alle Stellungen ab, überall wurde vorschriftsmäßig Meldung gemacht. Beim schweren Maschinengewehr meldete der Rädelsführer: „Bei Rückkehr vom Dienst war Machinengewehrschloß entwendet, Reserveschloß eingebaut, Maschinengewehr in Stellung gebracht, sonst keine Vorkommnisse." Es fiel auf, daß die Kompanie kein Reserveschloß besaß. Es mußte also schwarz beschafft worden sein. Der Posten, der geschossen hatte, meldete, er habe dunkle Gestalten gesehen, die auf seinen Anruf nicht geantwortet hätten. Daraufhin habe er den Schuß abgegeben.

Ich hatte Gelegenheit, ungesehen mit dem Pferdepfleger zu sprechen. Er sagte mir, der Posten habe mit Absicht Alarm ausgelöst, um den Ausbruch der Kompanie zu den Partisanen zu verhindern. Wir hätten es aber gern genau gewußt. Es wurde deshalb eine Gefechtsübung angesetzt, bei der scharf geschossen werden sollte. Ein von einem imaginären Gegner besetzter Hügel sollte gestürmt werden. Unter dem Feuer aus Infanteriegewehren und von Granatwerfern sollte die stürmende Mannschaft in Sprüngen vorgehen. In diesem Lärm sprang ich neben den Soldaten, der den Alarmschuß abgegeben hatte, zog ihn hinter einem Busch in ein Gespräch und versuchte, die Wahrheit aus ihm herauszubekommen, ohne ihn aber selbst wissen zu lassen, daß ich von dem konspirativen Plan wußte. Er gehörte ganz bestimmt zur Mehrheit, die gegen einen solchen Plan war, blieb aber bei der Version, daß nebelhafte Gestalten sich dem Dorf genähert hatten. Was sollte man in dieser Lage tun? Das Regiment traf keine Entscheidung und der Kompanieführer glaubte, daß die Rädelsführer, wenn man sich viel mit ihnen beschäftigte und im Dienst engagierte, von selbst zur Vernunft kommen würden. Er glaubte das auch von einem sehr gebildeten und sympathischen jungen Mann, der zur Gruppe der Rädelsführer gehörte. Er hatte beim Drill oft bockig und gelangweilt ausgesehen und wirkte nun entspannter.

Der russische Rayonchef, vergleichbar einem Landrat bei der einheimischen Zivilverwaltung unter deutscher Okkupation, ein ehemaliger Leningrader Bonze mit einem entsprechenden Ledermantel, hatte den Kompanieführer um eine Unterredung an einem unverfänglichen einsamen Ort gebeten. Wir ritten zusammen hin. Er teilte uns mit, daß ein Partisan, der die ganze Umgebung unsicher mache, in einem nahen Dorf seine Freundin besuchte. Er würde beim Morgengrauen das Dorf in südlicher Richtung verlassen. Ich war der Einzige in der Kompanie, der die betreffende Gegend von Patrouillenmärschen her etwas kannte. Ich bekam eine Gruppe von Soldaten unserer Kompanie, darunter auch den vorhin erwähnten Petersburger Studenten. Wir verließen die Kompanie bei Sonnenuntergang, um nach Mitternacht bei dem bewußten Dorf sein zu können. Ich teilte die Leute am Rande eines Wäldchens ein. Kurz vor dem Wäldchen gabelte sich der Weg nach Westen und Osten. Ich lag am rechten Flügel und rechnete damit, den Mann umgehen und fangen zu können, wenn er an der Weggabel auftauchen sollte. Eine Wolke hatte sich vor den Mond geschoben, ich sah den Mann nicht kommen, hörte aber das leichte russische Maschinengewehr „Maxim-Koleschnikow" rattern. Der Mann in der Mitte, Nikolajew, hatte gefeuert. Er meldete Folgendes: der gesuchte Partisan, mit einem Infanteriegewehr im Anschlag, hätte an der Weggabel, genau Nikolajew gegenüber, kurz verhalten und sich dann, als wittere er etwas, auf dem östlichen Weg in Trab gesetzt. Daraufhin hätte er geschossen. Der Partisan war fünfzig bis achtzig Meter weit gekommen und dann liegengeblieben. Nachdem die Sonne aufgegangen war, kam eine Prozession von lachenden und scherzenden Menschen aus dem Dorf, man dankte überschwänglich und gratulierte. Alle brauchbaren Kleidungsstücke wurden dem toten Partisanen ausgezogen und mitgenommen. Als letzter kam ein Wlassowsoldat in Uniform. Er war unbewaffnet aus Dänemark ins Heimatdorf gekommen und hatte sich auf dem Dachboden versteckt, weil er sich seines Lebens nicht sicher fühlte. Dann kam noch der Rayonchef im Ledermantel und mischte sich unter das Volk. Er lächelte mir verschmitzt zu, ohne viel zu sagen, außer vielleicht „nu wot" was völlig unverfänglich klang.

Mir taten solche Vorfälle immer leid, weil mir nicht am toten Gegner gelegen war, sondern nur daran, mit ihm sprechen zu können.

Nach vier Wochen war meine Übung bei der Truppe beendet und es war nun Sache unserer Personalabteilung, mich auf Grund der vom Regiment erhaltenen Beurteilung zum Gefreiten zu befördern.

Früh um fünf Uhr stand der Panjewagen bereit, um mich zur Station Bejanizi zu bringen. Als ich zum Wagen kam stand da einer der Rädelsführer im Nachtgewand und wartete auf mich, während alle anderen noch schliefen. Er verabschiedete sich herzlich von mir, wünschte mir alles Gute und umarmte mich mit dem russischen Bruderkuß. Einige Wochen später wurden der Kompanieführer und die Angehörigen des Rahmenpersonals, soweit sie nicht hatten fliehen können, umgebracht. Die Kompanie zog in voller Ordnung mit Pferden und Fahrzeugen ostwärts über die Bahnstrecke zu den Partisanen. Sie wurde vom deutschen Posten gesehen, aber eine russische Freiwilligenkompanie auf dem Marsch war nichts Ungewöhnliches und man ließ sie passieren.

1941 hatten Bindemann und Patrick Dellingshausen die Revaler Spritfabrik wieder in Gang gebracht. Bindemann und seine Frau lebten in meiner früheren Wohnung über dem Kontor, die erst bei Beginn der Umsiedlung fertiggeworden war, so daß Hillo und die Kinder dort nie gewohnt hatten. Bindemann fuhr mehrfach zwischen Reval und

Posen hin und her. Einmal nahm er Ernest mit nach Reval. Ernest war überglücklich, einige Wochen in der Heimat zu sein und ließ am Strande Balken für einen Neubau auffahren, denn Villa Rosen war abgebrannt. Eines Tages wurde Bindemann vom S.D. verhaftet und in ein Gefängnis gebracht. Dort riß er einem Wachmann, der ihn zum täglichen Spaziergang auf den Hof führte, die Pistole aus dem Halfter und erschoß sich. Der Grund für diese Tat war nie genau zu erfahren. Deutsche, die sich damals in Reval befanden, vermuteten, daß Bindemann sich auf Schiebergeschäfte eingelassen hatte und waren geneigt, den Fall zu bagatellisieren. Andererseits wurde auch behauptet, Bindemann habe seine u.k. Stellung gefälscht. Patrick Dellingshausen übernahm nun die Leitung der Spritfabrik und hat diese Tätigkeit so lange ausgeübt, bis 1944 der Rückzug angetreten werden mußte.

Zurück nach Rußland. Wir lagen noch im Stroganoffschen Schloß Wolyschewo, als die Front zurückgenommen und die Grafschaft Demjansk geräumt werden mußte. Der N.S.F.O. (Nationalsozialistischer Führungsoffizier) der 16. Armee war ein Graf Moltke, ein sympathischer jüngerer Offizier. Von ihm kam ein Preisausschreiben zu mir, das ich an unterstellte Einheiten weiterzugeben hatte. Es sollten Vorschläge für einen neuen Namen der Soldatenzeitung der 16. Armee eingesandt werden. In dem Aufruf waren einige Beispiele genannt, wie „Keinen Schritt zurück!" oder „Fest und unerschütterlich!" oder „Der Gott, der Eisen wachsen ließ…" Ich füllte unter meinem Namen einen Fragebogen aus und schickte ihn an Moltke. Mein Titelvorschlag lautete „Nitschewo". Einen Preis habe ich dafür nicht erhalten, aber auch nicht meinen Kopf verloren, was gut hätte passieren können. Ich nehme beinahe an, daß Moltke meinen Vorschlag in den Papierkorb geworfen hat.

Während ich auf Urlaub war, besuchte der General Wlassow unseren Stab und wurde mit hohen Ehren empfangen. Er ging dann nach Berlin. Die sogenannte Wlassowbewegung scheiterte mit einer großen Tragödie am Widerstande Hitlers. Beim Armeestab verblieb Wlassows rechte Hand, der Oberst Bojarski, den ich persönlich kannte. Die russischen Freiwilligeneinheiten galten als nicht mehr zuverlässig, denn der geschilderte Fall war nicht der einzige geblieben. Die ganzen russischen Hilfstruppen wurden infolgedessen nach Dänemark verlegt, wo sie der Sowjetpropaganda weniger ausgesetzt waren. So mußten wir uns also auch von unserer russischen Leibwache trennen. Es tat uns wie auch unseren treuen russischen Soldaten leid. Den Zugführer Wassiljew luden wir ein, seinen Urlaub bei unserem Stabe zu verbringen und er kam aus Dänemark herüber. Meinen besonderen Freund Wanja lud ich nach Posen ein, wo er mit mir zusammen einen Urlaub verbrachte und sehr nett mit den Kindern spielte.

Wir haben dann in Etappen den Rückzug angetreten. Bevor ich aber den russischen Boden verlasse, möchte ich noch einmal den Blick rückwärts wenden. Als ich nach Rußland kam, war ich von der Bevölkerung, die mir vorher fremd gewesen war, beeindruckt. Die große Warmherzigkeit der Menschen, ihre Gastfreiheit und Offenheit übten auf viele von uns eine große Anziehungskraft aus. Ziemlich am Anfang unseres Aufenthaltes in Rußland meldete sich bei unserem Stabe ein Abgesandter des Berliner Auswärtigen Amtes. Von dieser Ankündigung angeregt, verfaßte ich einen Aufsatz *Gedanken über Rußland*, in dem ich der Goebbelschen Untermenschen Propaganda entgegentrat. Der Aufsatz wurde von Hauck und Speemann gutgeheißen und auf dem Dienstwege dem Auswärtigen Amt übersandt. Der uns besuchende Vertreter erhielt eine Kopie. Unser Kriegsgerichtsrat, der nicht allzu viel Arbeit hatte, beschäftigte seine Schreibstube damit, Kopien des Aufsatzes anzufertigen und an alle seine Bekannten zu schicken. Er tat das zwei Jahre lang. In einem Falle wurde mir bekannt, daß die *Gedanken über Rußland* in einer Schule als Lehrstoff verwendet wurden. In dem Jahrbuch des Gymnasiums von Bethel wurde der Artikel abgedruckt. Es wundert mich heute noch, daß das alles möglich war, obwohl meine Beobachtungen der offiziellen Propaganda zuwider liefen.

Die Bauern in dem großen Gebiet, das hinter der 16. Armee lag, waren wie überall in der Sowjetunion bis zum Kriege in Kolchosen gezwungen gewesen und die Armee hatte sie nicht gehindert, diese aufzulösen. Sie wirtschafteten jetzt individuell. Zuerst wurden Frauen vor den Pflug gespannt, später lieh die Wehrmacht Pferde aus wo es möglich war, und allmählich konnten immer mehr Bauern selbst Pferde anschaffen. Während sie vorher alle mehr oder weniger gehungert hatten, hatten sie jetzt genug zu essen und 1943 hatten viele von ihnen einen Kornvorrat für zwei Jahre, trotz des bedeutenden Ablieferungssolls. So lagen die Verhältnisse in den befriedeten Gebieten. Dort, wo wir es nicht verhindern konnten, daß Partisanentruppen umherzogen, alle jungen Männer rekrutierten und Lebensmittel requirierten, saß die Bevölkerung zwischen zwei Feuern. Auf der einen Seite die Wünsche der deutschen landwirtschaftlichen Verwaltung, auf der anderen Seite der Terror der Partisanen. Hierfür ein Beispiel: Ich war mit unserer Leibwache auf Skiern eine Woche lang unterwegs, begleitet von einem

Kosakendetachement unter Führung eines deutschen Leutnants. Als wir uns einem auf einem Hügel gelegenen Dorf näherten, erhielten wir Feuer aus Maschinengewehren und Handfeuerwaffen. Das Pferd, das unseren Munitionsschlitten zog wurde verwundet und rannte auf das Dorf zu. Ich lag am weitesten vorn und konnte es gerade noch halten. Dann umfaßten wir das Dorf im Hufeisen und drangen in die Ortschaft ein. Die Partisanen zogen sich zurück. Der Anführer der Kosaken hatte Bedenken, auf dem gleichen Wege zu unserem Quartier zurückzugehen. Ich fragte den Starosten (Dorfältesten), ob er mir einen anderen Weg durch den Wald zeigen könnte. Wir zogen durch den Wald bis auf eine offene Fläche. Für den Fall, daß jemand den Starosten beobachtet haben sollte, sagte ich ihm, er solle zurück in die Büsche laufen, ich würde schießen und „stoi" rufen, er solle aber nur laufen. Am nächsten Tag kamen die Partisanen zurück und erhängten den Starosten, seine Frau und seine fünf Kinder.

Die Landschaft zwischen Pleskau und dem Ilmensee, in der wir uns hauptsächlich bewegten, ist sehr viel weiträumiger, als wir das von Mitteleuropa oder auch vom Baltikum gewöhnt sind. Die Dörfer liegen weit auseinander. Große, wenig gepflegte Wälder und Buschland wechseln mit weiten, kahlen Flächen. Um die Dörfer herum sieht man Ackerland. Die Landschaft ist im ganzen flach, manchmal leicht gewellt. Im Winter erkennt man die Entfernungen daran, daß ein Bauernschlitten, der sich einem Dorf auf dem nächsten Wellenkamm nähert, so klein ist wie eine Ameise. Er bleibt stundenlang ein Pünktchen am Horizont. Wir haben uns immer wieder über diesen Anblick gewundert.

Ich war oft in Dörfern eingeladen. In Rußland hat jedes Dorf einen eigenen Heiligen, dessen Jahrestag gefeiert wird. Vor dem Krieg war das alles verboten und die Heiligenbilder wurden vergraben. Nach der Besetzung durch deutsche Truppen grub man sie aus und hängte sie mit einem ewigen Lämpchen in die vorschriftsmäßige Stubenecke. Davor verrichtete man meist kniend die Abendandacht. Die Feste der Heiligen dauerten in der Zeit der Besatzung meist drei Tage. Die Festlichkeiten begannen gewöhnlich mit der sogenannten Guljänije, was übersetzt etwa Spaziergang bedeutet. Die Mädchen gehen meist Arm in Arm, scherzend, lachend und augenmachend auf der einen Seite der Dorfstraße auf und ab. Auf der anderen Seite gehen die jungen Burschen. Die älteren Männer und Frauen gehen mit oder sitzen vor ihren Häusern. Viele Frauen sind außerdem mit der Vorbereitung des Essens beschäftigt. In den meisten Dörfern gibt es mehrere Harmonikaspieler, die musizierend auf der

Männerseite auf und ab gehen. Von Zeit zu Zeit springt dann ein einzelner Mann hervor und es bildet sich sofort um ihn ein Kreis von Zuschauern. Der Mann ist vom Tanzgeist besessen. Der Tanz beginnt vielleicht nur mit einem leichten Zucken im Gesicht und in den Gliedern. Er wird allmählich immer wilder. Der Harmonikaspieler und der Tanzende inspirieren einander. Der Tanz ist sehr beeindruckend. Er ist gewöhnlich beendet, wenn der Tänzer nicht mehr kann. Wenn er den Zuschauern gefallen hat, bekommt er einen rauschenden Beifall. Manchmal springt einer der Zuschauer in den Kreis und die Vorstellung geht weiter. Oder aber der Kreis löst sich auf. Die Tänzer scheinen sich so sehr in Musik, Rhythmus und ihren eigenen Bewegungen zu verlieren, daß sie die Zuschauer gar nicht wahrnehmen. Auf der Frauenseite des Dorfes kann es vorkommen, daß eine Frau zur Begleitung einer Harmonika Tschastuschki singt und dazu Tanzschritte macht. Das sind endlose Verse, teilweise aus dem Stegreif. Man kann sie mit Schnaderhüpferln vergleichen. Es werden darin manchmal Anwesende oder auch Ereignisse witzig glossiert. Auch hier bildet sich, je nach Güte der Sängerin, ein Zuhörerkreis. Wenn die Sonne untergeht, leert sich die Straße und es wird in den Häusern weitergefeiert. Man ißt und trinkt Samogonka aus Wassergläsern. Das ist ein aus Rüben, Getreide und Kartoffeln selbstgebrannter Schnaps. Am schlimmsten riecht der Rübenschnaps. In den meisten Häusern gibt es auch Musik, Harmonika oder Balalaika. Es wird getanzt und manchmal auch gesungen. Das Wolgalied war noch ziemlich allgemein bekannt. Die übrigen alten russischen Lieder wurden in der Stalinära unterdrückt und durch Lieder ersetzt, die einen weniger nostalgischen Charakter haben und der Parteidoktrin besser entsprechen.

Ich erinnere mich an ein besonders rauschendes Fest. Wir fuhren in zwei Schlitten. Auf dem vorderen saßen mein Freund Schmidt und ich, auf den hinteren zwei Kriegsgefangene mit unseren Waffen. Als wir in dem etwa 10 km entfernt gelegenen Dorf ankamen, erschien zuerst der ebenfalls eingeladene Starost und versicherte, daß wir vor Partisanen absolut sicher seien, wir könnten uns unbeschwert dem Vergnügen hingeben. So war es ja meine Aufgabe zu wissen, wo Partisanengefahr bestand und wo nicht.

Das Samogonkatrinken ist nicht ganz ungefährlich, denn man erhält immer ein Wasserglas voll. Wenn der Hauswirt dem Gast zutrinkt, muß das Glas geleert werden. Wenn man nur daran nippt, beleidigt man den Gastgeber. Nach jedem Glas ißt man dann beispielsweise in Stück Brot, ein Stück Fleisch und eine eingelegte Gurke. Kaum ist die Sakuska heruntergeschluckt, da ruft der Hauswirt schon wieder *na sdarowije* (zur Gesundheit!) und hebt sein Glas. Einen Kater habe ich aber nie gehabt.

Wir hatten einen Schreiber, der ein Akkordeon besaß. Er erfreute sich in den umliegenden Dörfern einer großen Beliebtheit. Er ging manchmal ganz alleine los und spielte auf der Dorfstraße zum Tanz auf. Nie ist ihm etwas Unangenehmes passiert. Allerdings haben die Einwohner des Gebiets zwischen Pleskau und Ilmensee die Eigenheit, ein Fest erst dann wirklich schön zu finden, wenn dabei Blut geflossen ist. Einen fremden Gast braucht dies jedoch nicht zu stören, denn für ihn gilt die Regel nicht. Eines Nachts geschah es, daß in einem Nachbardorf bei solch einem Fest ein junger Mann erstochen wurde. Wir waren alle ganz entsetzt. Im Kriege war das Töten alltäglich, aber hier handelte es sich um Mord, und ich versuchte dahinterzukommen, wie das geschehen war. Ich ließ einige Dorfbewohner zu mir kommen, darunter auch den Starosten. Er sagte mir: „Sie sind hier, um für die Sicherheit der deutschen Wehrmacht zu sorgen. Wir sind Skabari (die Wilden des Gebietes von Pskow). Für uns ist das kein Mord. Für uns war es die Krönung eines Festes und dabei ist eben ein kleines Malheur passiert. Die Eltern sind natürlich traurig. Gott helfe ihnen. Aber die Sicherheit der deutschen Wehrmacht wird in diesem Falle nicht beeinträchtigt. Wenn ich Ihnen einen Rat geben darf – lassen Sie den Fall auf sich beruhen." Ich ließ mir das nicht zweimal sagen.

Hillo und die Kinder lebten derweil in Posen, in einem schönen Terrassengarten mit Blick auf die Warthe. In der Küche waltete Stascha, die sich durch großen Erfindungsreichtum auszeichnete. Sie kam am Vormittag und fragte Hillo: „Frau Baronin, was kochen wir heute?" Darauf Hillo: „Was haben wir denn?" Stascha: „Nichts". Hillo: „Hm, was machen wir da?" Stascha: „Nun, wir kochen eine Suppe." Ihre Suppen waren immer delikat und es blieb unbegreiflich, woraus sie bestanden, da nichts im Hause war. Für das Kinderzimmer war Marischa zuständig. Sie kam vom Dorfe Ostrowik, das zum Gute Oberwerth gehörte, auf dem Onkel Roman und Tante Hella Tiesenhausen saßen. Obwohl ich fast die ganze Zeit in Rußland war, verwöhnte mich Hillo mit regelmäßigen Feldpostbriefen und Bildern von den Kindern, so daß ich ihre Entwicklung gut verfolgen konnte. Diese Bilder wurden nicht nur von meinen Kameraden, wie Dr. Schmidt und Werner Winter, mit Interesse betrachtet, sondern auch von den russischen Kriegsgefangenen, die als Hiwis bei uns Dienst taten. Oft waren Hillo und die Kinder in

Oberwerth oder in Gora bei Musa Girard, der Mutter von Daisy Wrangel. Auch ich bin mehrfach auf diesen und anderen Gütern gewesen. Man lebte dort wie in einer versunkenen Welt, die dann wieder unterging. Einmal kam ich auf Urlaub und fand Stascha allein zu Hause. Sie sagte mir, daß Onkel Roman gestorben sei. Ich fuhr mit dem nächsten Zug nach Hohensalza und kam gerade recht zur Beerdigung. Trauer über den Verlust und Freude über unser Wiedersehen – alles lag dicht beieinander. Öfter besuchte man auch Jörn und Martha, die mit ihren Kindern Else und Gerhard auf dem Gute Geppersfeld im Kreis Jaroschin saßen.

In der Fabrik hatten wir einen besonders geschickten polnischen Arbeiter namens Tokacz. Er hatte vor dem Kriege eine Schaukel in Stahlkonstruktion erfunden, bei der die Gondel, in der zwei Kinder sitzen konnten, immer die horizontale Lage behielt. Er hatte diese Erfindung zum Patent angemeldet und es war sein größter Wunsch, sie verwirklicht zu sehen. Es gelang mir, für die nötigen Stahlteile Bezugsscheine zu erhalten. Am Tage, bevor die Schaukel aufgestellt werden konnte, sagte ich Christina und Detti, daß ganz oben im Garten, in einem alten, hohlen Baum, Heinzelmännchen wohnten. Wenn man ihnen eine sehr geliebte Sache schenkte, würden sie vielleicht bereit sein, den Kindern ein schönes Geschenk zu machen, z.B. eine große Schaukel, die sie sich schon lange wünschten. Christina setzte ganz ehrlich ihre Lieblingspuppe in den hohlen Baum. Detti behauptete, seine liebste Sache sei ein winzigkleines U-Boot aus Holz, von ihm Uhrboot genannt. Ich sehe ihn noch vor mir, wie er sehr energisch die Terrassentreppen zum hohlen Baum heraufstrebte, wobei das Uhrboot völlig in seiner kleinen Faust verschwand.

Nachdem die Kinder schlafen gelegt waren, ließ Hillo die beiden Opfer verschwinden und Tokacz montierte sein Wunderwerk. Als die Kinder morgens in den Garten hinausgingen, hatten die Heinzelmännchen ihr Versprechen erfüllt. Die Gondel war so groß, daß auch Hillo und ich darin sitzen konnten. Tokacz hatte eine kleine Tochter, Boshinka, die er uns öfters brachte, damit sie mit den Kindern spielte. Als Dietz und Uta etwas herangewachsen waren, wurde ihnen die Tochter unseres Nachbarn zugestellt. Beide fragten wie aus einem Munde: „Und wo ist das andere?" Als Zwillinge konnten sei sich nur zwei Kinder vorstellen.

Wenn ich in Posen war, ging ich gern mit den Kindern spazieren. Ein beliebtes Ziel war der Schützengarten, der an der Warthe lag und in fünf Minuten erreicht werden konnte. Eine andere beliebte Beschäftigung war, im Winter die Böschung zur Warthe mit oder ohne Schlitten herunterzurodeln. Noch viel besser hatten es die Kinder allerdings auf dem Lande, wo es Pferde, Kühe und Schweine gab. Else war schon in Estland mit drei Jahren eine gute Reiterin gewesen. Christina lebte eine Zeitlang in Geppersfeld und fuhr mit Else gemeinsam zur Schule, in einem kleinen einachsigen Wagen auf Autorädern und mit ihrem eigenen Pferd, das aus Estland mitgekommen war. Den Wagen hatte mein Bruder selbst konstruiert, er glich einer Wanne auf zwei Rädern.

Unser Anfang in Posen hatte mich sehr gereizt: dieser Kampf aller gegen alle und doch das gemeinsame Streben nach einer neuen Existenz. Je länger der Krieg dauerte, desto mehr machte sich der unsympathische Etappengeist bemerkbar. Die „Goldfasanen", die eigentlich an die Front gehörten, nahmen an Wichtigkeit zu und entfalteten eine übergroße Geschäftigkeit und Großmäuligkeit. So schön auch das Zusammensein mit Hillo und den Kindern in den jeweiligen Urlauben war, so konnte ich Posen doch nicht als ein Zuhause empfinden und tauchte immer wieder gerne in der Truppe unter, wo es im allgemeinen keine Intrigen gab und wo einer sich auf den anderen verlassen konnte. Posen wurde ab und zu von der britischen Luftwaffe bombardiert. In der ersten Bombennacht wurde eine Straße getroffen, in der hauptsächlich baltische Umsiedler lebten. Ich ging hin, um zu sehen, ob ich jemand helfen könnte. Die meisten hatten sich schon selbst geholfen. Aber ich hatte Gelegenheit, einen frühbarocken Schreibsekretär in Sicherheit zu bringen, der einem alten Fräulein Buxhöveden gehört hatte, Hillos ehemaliger Mathematiklehrerin. Bevor sie sich in Reval auf das Umsiedlerschiff begab, hatte sie mir das kostbare Möbelstück in die Spritfabrik stellen lassen. Solche Dinge standen unter staatlicher Kontrolle. Ich hatte die Expertin des Kultusministeriums bewogen, den Schreibtisch nicht für Museumszwecke zu beschlagnahmen, sondern für den Transport freizugeben, und nun sah ich ihn in einem Zimmer mit nur zwei Wänden wieder.

Wir hatten unsern Revaler Chemiker, den Vater des Rosenschen Wodkas, Alexander Weimann, an die Fabrik in Posen übernommen. Bei Fliegeralarm, wenn alle Menschen in die Bunker gingen, war er verpflichtet, mit einer weißen Armbinde zur Fabrik zu radeln, um dort nötigenfalls Feuer zu löschen. Bei solch einer Gelegenheit wurde er auf der Straße von Bombensplittern getötet. So sehr gemütlich war es also in Posen auch nicht mehr.

Bei meinem vorletzten Urlaub, um die Weihnachtszeit 1943/44, sollte unser fünftes Kind geboren werden. Es ließ aber auf sich warten und der Leiter des Wehrbezirkskommandos, Oberst v. d. Busche, verlängerte meinen Urlaub um eine Woche, damit ich das Ereignis miterleben könnte. Das Kind zögerte aber immer noch und ich mußte abreisen. Im April 44 erwirkte Hillo einen außerordentlichen Urlaub für mich mit der Behauptung, daß ein imaginärer Intrigant meine Stellung in der Fabrik zu torpedieren versuche. Ich erhielt daraufhin zwei Wochen Urlaub, „zur Sicherung der bürgerlichen Existenz". Hillo und die Kinder waren damals auf dem kleinen Gut Reitzenstein bei Hillos Cousine Mausi Freese, geb. Neff. Bettina lag braungebrannt in einem Kinderwagen in der Sonne und wurde von ihren vier Geschwistern sehr zuvorkommend behandelt. Sie hatte eigentlich Andrea heißen sollen, aber das Standesamt hatte das als einen Männernamen abgelehnt. Ich konnte ihre Taufe miterleben. Als ich sie wiedersah, war sie elf Jahre alt.

11

Wir zogen uns nun in Etappen aus dem russischen Raum zurück. Die Partisanentätigkeit wurde immer intensiver. In einer der letzten Nächte, als wir noch im Schloß Wolyschewo lagen, geschahen an der Bahnstrecke zwischen Pleskau und Staraja Russa über 2000 Sprengungen. Trotzdem konnten nach drei Tagen die Züge wieder verkehren. Wir hatten alle die Gegend und auch die Bevölkerung liebgewonnen. Ich sagte der Leiterin des von den Stroganoffs einstmals gestifteten Krankenhauses, daß ich annähme, daß sich die Bevölkerung über unseren Abzug freue. Sie, die die Stimmung natürlich noch besser kannte als ich, verneinte das. Sie freuten sich nicht, denn sie wußten, was auf sie zukam: die verhaßte Kolchose und die Abrechnung.

Der Rückzug mußte offiziell „Absetzbewegung" genannt werden. Bei unserer letzten Station im Raum Ostrow fand ich das Grab von Hillos Onkel Paul Tiesenhausen auf einem wunderschönen Soldatenfriedhof, auf einem Hügel mit charaktervollen, alten Kiefern, umgeben von einer Mauer aus grobbehauenen Steinen.

Über Ludsen im östlichen Lettland, mit einer imposanten Ordensruine, gelangten wir schließlich nach Kurland, das bald darauf eingekesselt wurde. Ich wurde noch zweimal zu Übungen abkommandiert. Nach der ersten wurde ich zum Unteroffizier, nach der zweiten zum Oberfähnrich befördert. Danach sollte ich zum Leutnant befördert werden, wozu aber die Mitwirkung der Personalabteilung des Armeestabes notwendig war. Der Kurier kam aber nicht mehr durch. Die Verbindung zur Armee war unterbrochen. Bei einer der Übungen lag ich als Zugführer im vordersten Graben. Von da aus konnte man in Erdbunker kriechen, in denen zwei oder drei Mann schlafen konnten. Ich bekam dann den Befehl, einen vorgeschobenen Posten im Niemandsland zu besetzen. Es war ein abgebrannter lettischer Bauernhof mit einigen Bunkern. Die russischen Linien verliefen einige hundert Meter vor uns, die deutschen einige hundert Meter hinter uns. Die Wehrpässe hatten wir abliefern müssen und der elegante Feldtelefonapparat wurde gegen einen weniger schönen ausgetauscht. Wir waren also sozusagen abgeschrieben. Ich ließ im Vorgelände Stolperdraht verlegen, um Überraschungen weniger ausgesetzt zu sein. Ich hatte ungefähr zwölf Mann und den Auftrag, Angriffe bis Bataillonsstärke abzuwehren. Auf der russischen Seite wurde unentwegt geschossen, auf unserer nicht, denn wir mußten Munition sparen.

Nachts war ständig Leuchtkugelillumination. Wenn im Vorgelände eine Leuchtkugel hochging, mußte man sofort wie angewurzelt stehen bleiben. Dann wird man nicht gesehen. Nachts kam es manchmal zu Artillerieduellen. Ich konnte von meinem Bunker aus Bewegungen beim Gegner gut beobachten und dem Kompanieführer durch das Feldtelefon melden. Ein Angriff wurde schon in der Nähe der feindlichen Linien durch Beschuß mit Nebelwerfern abgewehrt. Es war ein unglaubliches Feuerwerk und ein ohrenbetäubender Lärm. Ich beobachtete hauptsächlich die feindliche Stellung und brauchte bei Dunkelwerden nicht das Vorgelände nach heranschleichenden Gegnern abzusuchen, weil meine Männer so große Angst hatten, daß sie unermüdlich in die Dunkelheit starrten und ihre Aufmerksamkeit nie erlahmen ließen. Nachts mußte ich allerdings immer wieder im Vorgelände eingeteilte Posten kontrollieren und ihnen gut zureden, wenn sie sich allzu sehr versteckten. Unsere Bunker waren zum Teil beheizbar. Wir verfeuerten gut getrocknetes Holz, um uns nicht durch aufsteigenden Rauch zu verraten. In einem Gebüsch war das Grunzen einer Sau zu vernehmen. Ich gab, um die Sau zu erlegen, einen Schuß frei – ein zweiter hätte uns schon verraten können. Ein Blattschuß streckte die Sau nieder, sie wurde kunstgerecht zerlegt und von der Kompanie abgeholt. An den folgenden zwei Tagen lieferte die Küche uns eine wesentlich verbesserte Suppe.

Ich war etwa vierzehn Tage auf diesem Stützpunkt Lici. Er wurde in dieser Zeit nicht angegriffen und auch nicht beschossen. Es war mehr wie ein Indianerspiel. Ich bin auch mit lettischen Freiwilligen zusammen nachts zwischen den Stellungen umhergeschlichen, und wir haben zum Beispiel Telefonleitungen sowjetischer Beobachtungsposten durchgeschnitten, aber nur nebenbei, denn es war uns bewußt, daß die Leitungen am nächsten Morgen repariert werden würden. Einmal starteten wir zu solch einem Unternehmen im Niemandsland vor der Ausgabe der Parole und mußten nun in die deutschen Stellungen zurückkehren, ohne bei Anruf mit der Parole antworten zu können. Als wir uns dem eigenen Graben näherten, der sehr undicht besetzt war, wurden wir angerufen, und da ich nicht sofort mit der Parole antworten konnte, hörte ich es bedrohlich knacken. Zwei bis drei Karabiner wurden entsichert. Ich mußte mich aufs Palavern verlegen und zu erklären versuchen, wer ich sei. Schließlich wurden wir durch eine Lücke im Drahtverhau eingelassen. Es war also wieder ein Indianerspiel gewesen.

Nach dieser Übung kehrte ich zu meinem Stabe zurück, der in Steuden lag. Auch in Kurland gab es Partisanen und ich war oft mit

Patrouillen unterwegs. In den sehr ausgedehnten Wäldern gab es Elche und nachts hörte man das Schwarzwild quieken. Um Kurland wurden fünf Schlachten geschlagen. Nach jeder Schlacht wurden die deutschen Linien zurückgenommen, so daß der Kessel immer kleiner wurde. Nach der fünften Schlacht zeigten sich gewisse Auflösungserscheinungen, indem Truppenteile von der Front zur Küste strebten. Ich bekam den Befehl, mich mit einem Schreiber an der Straße, unweit des Lievenschen Gutes Kabillen einzuquartieren, um versprengten Truppenteilen nach neuverteilten Richtlinien mit Rat und Tat beizustehen. Solch ein Posten hieß „Armee-Leitstelle" und ich brachte über der Tür ein entsprechendes Plakat an. Unsere Wirtsleute waren eine ganz reizende lettische Familie. Ich erinnere mich, daß eine Tochter Geburtstag hatte und wir arrangierten eine kleine Feier mit Kerzen und kleinen Geschenken, die ohne uns vielleicht gar nicht stattgefunden hätte, denn die Zeiten waren nicht danach. Meine Tätigkeit, die weit über die Bemühungen um die Verhinderung von Unordnung unter versprengten Truppenteilen hinausging, nahm in kurzer Zeit einen solchen Umfang an, daß die Armee sich genötigt sah, anstelle der „Zwei-Mann-Leitstelle" eine Ortskommandatur einzurichten. Ich konnte also wieder zurück zu meiner Einheit.

Als ich einige Wochen zuvor zu diesem Auftrag startete und gerade im Begriff war, mit meinem Schreiber loszufahren, hielt ein aus der Richtung Riga kommendes Auto, in dem zwei Zivilisten saßen. Der eine stieg aus, es war Axel Taube. Er war so aufgeregt, daß Schweißperlen auf seiner Stirn standen. Er und sein Mitarbeiter aus der Zivilverwaltung wollten mit dem Auto durch das letzte offene Schlupfloch aus Kurland herauskommen und ihrer vorgesetzten Dienststelle irgendwo in Deutschland eine Nachricht zukommen lassen. Ich nahm Axel mit herauf zu unserem Fernschreiber, dort gab er folgende Nachricht durch: „Setzen uns ab." Er war aus gesundheitlichen Gründen nicht bei der Wehrmacht, sondern arbeitete bei der Zivilverwaltung im Filmverleih. Er ist noch aus dem Kessel herausgekommen, starb aber bald darauf in Schlesien in der Eisenbahn bei einem Tieffliegerangriff.

In Kurland hatten wir schon den dritten General, der uns kommandierte. Der erste, General Speemann, hatte uns schon in Rußland verlassen und war wegen seines Alters nach Gauting bei München zurückgezogen worden. Zu seiner Zeit waren wir über die Kriegslage an den verschiedenen Fronten immer gut unterrichtet gewesen, denn auf seinen Befehl wurde jeden Tag der englische BBC-Bericht abgehört.

Das Abhören besorgten Dr. Schmidt oder ich. Wir diktierten dann den englischen Frontenbericht einem Schreiber. Das Papier wurde jeden Vormittag als geheime Kommandosache dem General vorgelegt, was natürlich streng verboten war. Vermutlich ohne Wissen des Generals, oder mit seiner stillschweigenden Duldung, machten wir Kopien für die meisten Abteilungen des Stabes, so daß alle gut orientiert waren. Mit dem Abgang von General Speemann hörte dieser lobenswerte Brauch auf und wir waren auf den deutschen Wehrmachtsbericht angewiesen. Je schlechter die Frontlage wurde, desto mehr wurde der Wehrmachtsbericht frisiert. Er war von Anfang an nicht mehr so korrekt wie im 1. Weltkrieg. Es kam aber vor, daß der Engländer deutsche Erfolge früher meldete, als die Deutschen. So konnten wir 1941 dem General den Fall von Kiew einen Tag vor der offiziellen Bestätigung durch den Wehrmachtsbericht melden. Dann erst kam im Rundfunk die Sondermeldung mit Fanfaren.

Einmal hatte ich vergessen, den britischen Wehrmachtsbericht abzuhören und diktierte dem Schreiber einen Fantasiebericht. Er war eine ganze Schreibmaschinenseite lang und enthielt natürlich weder große Siege, noch große Niederlagen. Am folgenden Tage erwiesen sich meine Fantasien als zutreffend.

Im Sommer 1944 war Hillo mit den Kindern und dem polnischen Kindermädchen Mischa, das Bettina in einer Umhängetasche trug, zu Nolens nach Pöring bei Landsberg am Lech gezogen. Im Kurlandkessel erhielt ich die letzte Feldpostkarte, in der Hillo ihren Umzug in die Stickerei Göfis bei Feldkirch meldete. Dadurch wurde mir Hillos Adresse noch gerade vor Toresschluß bekannt.

Die Stimmung im Kurlandkessel war so, daß die meisten von uns die mit Sicherheit zu erwartende Niederlage nicht klar ins Bewußtsein aufnahmen. Die fünfte Kurlandschlacht war geschlagen. Man hatte die Verteidigungslinien zurückgenommen und der Gegner brauchte einige Wochen, um seine Kräfte neu zu gruppieren und die Artillerie in Stellung zu bringen. Man sah der sechsten Schlacht entgegen und war für sie gerüstet. Sehr viel weiter erlaubte man es sich nicht zu denken. Die Verpflegung funktionierte noch unverändert. Die schwere Munition war knapp und rationiert, was bedeutete, daß einen Batterie nicht berechtigt war, selbständig loszuballern, sondern Befehle von oben abwarten mußte. Erstaunlicherweise hatten die Sowjets nicht die Luftüberlegenheit.

Die Kapitulation der Wehrmacht veranlaßte das Oberkommando in Kurland, ebenfalls zu kapitulieren. Der O.B. der Heeresgruppe begab sich zum Oberbefehlshaber auf der sowjetischen Seite und handelte mit ihm eine kampflose Übergabe aus. Die Kurlandarmee sollte nicht gefangengenommen, sondern interniert werden, was eine Entlassung in die Heimat in kurzer Zeit bedeutete. Es dauerte nun mehrere Tage, bis wir die ersten Sowjetsoldaten zu sehen bekamen. Wir hatten immer noch eine Menge Hiwis, wie Schuster, Schneider, Küchenarbeiter, Pferdepfleger und dergleichen. Diese bedauernswerten Menschen, die uns treu gedient hatten, mußten nun entlassen werden. Man gab ihnen Panjefahrzeuge und Verpflegung und Sold, mit dem sie sicherlich nichts anfangen konnten, und man stellte ihnen erfundene, möglichst harmlos klingende Arbeitsbescheinigungen aus. Dann zogen sie ins Ungewisse. Sie rechneten damit, erschossen zu werden. Ich weiß nicht, was aus ihnen geworden ist.

Wir hatten reichlich Zeit, Berge von Papieren und Dokumenten zu verbrennen. Es wurde allgemein angenommen, daß wir mit einer sowjetischen Gefangenschaft zu rechnen hätten. Ich hörte von einer ganzen Reihe von Selbstmorden. Zu mir kam unser NSFO (Nationalsozialistischer Führungsoffizier), im Zivilberuf Syndikus des Reemtsmakonzerns, und fragte mich, ob er sich erschießen solle, denn ihn würde man sicher als Ersten holen. Ich riet ihm abzuwarten. Tatsächlich war er der Erste von unserem Stabe, der wenige Wochen später nach Deutschland entlassen wurde. (Reines Lotteriespiel.)

Die erste Maßnahme der Sowjetseite betraf den General. Es erschienen zwei russische Offiziere in einem offenen Auto, um ihn abzuholen. Er ließ den ganzen Stab antreten und verabschiedete sich in aller Form. Auch er hatte eine realistische Einschätzung der Kapitulationsvereinbarungen, denn er sagte in seiner Abschiedsansprache, daß uns das traurige Los der Gefangenschaft bevorstehe.

Ich hatte in diesen Tagen des Interregnums viel Ablenkung, denn ich tat weiter Dienst. Man hatte mir ein Kommando von Soldaten zugeteilt. Meine Aufgabe war, an bestimmten Straßenkreuzungen versprengte Wehrmachtsangehörige und Truppenteile in geordnete Bahnen zu lenken. Wir trugen alle weiße Armbinden, die mit irgendwas beschriftet waren. Ich trug noch meine Pistole.

Allmählich füllte sich auch das Zentrum von Kurland mit sowjetischem Militär und Gruppen von Soldaten streiften umher, um zu plündern. Einmal kamen sie auch in unsere Schreibstube, darin hing mein Mantel. Ich hatte meine Brieftasche mit allen Fotografien von Hillo und den Kindern in den Mantel gesteckt, weil ich immer unterwegs war und mit einer Durchsuchung rechnen mußte. Das war genau falsch, denn nun war die Brieftasche weg. Dann erschien ein sowjetischer Major bei uns und bat, irgendwo in die Nähe gefahren zu werden. Ich setzte mich ins Auto, weil der Kraftfahrer kein Russisch verstand. Wir fuhren durch die Stadt Gordingen. Außerhalb der Stadt, auf einer Kreuzung, ließ der Major halten und schickte den Fahrer zu einem LKW, der angeblich Pannenhilfe brauchte. Ich stieg mit aus, um den Fahrer nicht allein zu lassen. Der Major rutschte auf den Fahrersitz, gab Gas und war auf und davon. Er hatte sich aus der Kriegsbeute ein Auto gesichert. Der Fahrer und ich gingen zu Fuß zurück. Die Straßen waren voll von russischem Militär. Die meisten Entgegenkommenden kümmerten sich nicht um uns. Zweimal wurde ich angehalten und gefragt, ob ich die Absicht hätte, mich gefangen zu geben. Ich antwortete, ich hätte dazu noch keine Zeit, denn ich täte Dienst. Daraufhin ließ man mich ungeschoren.

Schließlich schlug aber auch für uns die Stunde. Wir fuhren mit eigenen Fahrzeugen in langer Karawane in ein Sammellager. Voran fuhr unser Bus. Ich saß neben dem 1a, dem Botaniker Major Bode aus Geisenheim, und machte ihn auf das ehemalige Gut Amboten aufmerksam, das wir passierten. Es war das erschütterndste Bild der Zerstörung einer paradiesischen Landschaft, das ich gesehen habe. Der bewaldete Bergkegel, auf dem das Schloß gestanden hatte, war ganz kahl. Ich schaute noch einmal hin: Die ganze Umgebung war kreuz und quer von Panzerspuren zerfurcht, keine Felder, kein Gras war zu sehen. Bode war sehr niedergeschlagen. Der Anblick der zerstörten Landschaft dürfte etwa seiner Stimmung entsprochen haben. Es waren aber auch einige unter den Offizieren des Stabes, die sich die Laune nicht verderben ließen und die ganze Zeit lustige Geschichten erzählten.

Irgendwo im Gelände blieb man schließlich stehen und stieg aus. Rund herum schienen auch viele andere deutsche Truppenteile zu lagern. Im Ganzen dürfte die Heeresgruppe Kurland etwa 200,000 Mann gehabt haben und es handelte sich hier vielleicht um einen der größten Sammelpunkte. Ziemlich viel russisches Militär war zu sehen. Hinter den Büschen hörte ich beständig Geschrei und immer wieder wurde „Kommissar, Kommissar" gerufen. Ohne Zweifel handelte es sich darum, daß russische Soldaten deutschen Soldaten Uhren und Ringe abnahmen und die letzteren mit Rufe „Kommissar" die Plünderer einzuschüchtern versuchten. Wenn ein Ring nicht schnell genug abkam, waren sie manchmal auch bereit, die Finger abzuschneiden. Zu mir kam ein Hauptmann der Sowjetarmee am Abend und verlangte von mir ein Paar neue Schaftstiefel aus unserem Troß. Er käme am nächsten Morgen wieder, und wenn ich dann keine Stiefel für ihn hätte, würde ich erschossen. Ich sagte ihm, daß ich über keine Stiefelvorräte zu verfügen hätte, und daß ich seine ultimative Art des Organisierens etwas befremdlich fände. Darauf erwiderte er, das sei in der Sowjetarmee so üblich. Am nächsten Morgen erschien der Hauptmann wie versprochen, suchte und fand mich und fragte: „Nun, wo sind die Stiefel?" Er zog dann friedlich ab, ohne von der Waffe Gebrauch zu machen. Und dabei hätte ihn niemand gehindert, wenn er sich über unseren Schuhmacherwerkstattwagen hergemacht und selber gesucht hätte.

10

Die folgenden Nächte verbrachten wir hinter Stacheldraht in einem Sammellager, mit Pritschen aus Erlenstämmchen. Ich erinnere mich noch, wie ich im Fußmarsch unter einigen Tausend Gefangenen, begleitet von Wachposten, in langer Kolonne, eine kleine kurländische Stadt passierte. In den Straßen standen Zuschauer, teils Einwohner, teils russisches Militär. Ich sah mehrere Frauen weinen. Eine Frau sagte, als ich an ihr vorbeikam, auf Deutsch: „Es müßte umgekehrt sein!" Manche schimpften aber auch. Ein Rotarmist machte seinen Gefühlen Luft und rief: „Verdammte Faschisten – und nicht einmal zu siegen habt ihr verstanden!" Dieser Ausspruch entsprach offenbar den Gefühlen eines großen Teils der sowjetischen Bevölkerung, einschließlich der Roten Armee. Als Eroberer waren wir ihnen zwar nicht willkommen, sie hätten uns aber gerne als Bringer einer freiheitlichen Ordnung die Hand gereicht. Anders wäre der Zulauf der Wlassowarmee auch gar nicht zu erklären.

Irgendwo gelangten wir schließlich in einen eingezäunten Gebäudekomplex an der kurländischen Aa, unweit Schlock. Die uns bewachenden Truppen gehörten noch zur regulären Sowjetarmee und benahmen sich, nachdem der erste Plünderungsrausch vorüber war, korrekt. Es handelte sich um Regimenter, die sich im Kampf bewährt hatten und als Auszeichnung den Titel „Garderegiment" führten. Die Offiziere hießen Gardeleutnant, Gardekapitän usw. Unser Lagerkommandant hieß Gardekapitän Lurje. Er war der Sohn eines jüdischen Zahnarztes in Riga. Alle Russischsprechenden unter uns Gefangenen kannten mich. Einer von ihnen kam zu mir und bat mich, auf den Lagerplatz zu kommen. Als ich am Rande des Platzes erschien, waren die anderen, die Russisch verstanden, schon versammelt. Auf einem Stuhl stand Lurje, er erblickte mich im Hintergrund und rief auf Deutsch: „Ah, ein bekanntes Gesicht!" Er erzählte mir dann, woher er mich kannte. Er war vor dem Kriege Vertreter einer deutschen chemischen Fabrik gewesen, die Essenzen für Herstellung von Likören fabrizierte. Er war von seinem Wohnort Riga aus oft in Reval gewesen und hatte dort dem Direktor unserer Likörfabrik, Konstantin Weimann, seine Geschmackstoffe angeboten. Weimann hatte ihm jedoch erklärt, daß wir grundsätzlich keine Chemie, sondern nur Naturprodukte verwendeten. Er, Lurje, hätte sich aber nicht entmutigen lassen und hätte bei jedem Aufenthalt in Reval Weimann einen Besuch gemacht, der ihm jedesmal die Tür gewiesen habe. Bei seinem zwanzigsten Besuch hätte Weimann ihn hineingebeten und ihm mitgeteilt, daß er ihm als Anerkennung für seine Beharrlichkeit nach neunzehn Hinausschmissen nun zu seinem zwanzigsten Besuch eine Essenz abkaufen würde. Auf diesen Erfolg war Lurje sehr stolz. Bei seinen vielen Besuchen muß er auch mich gesehen haben. Ich hatte anfangs mit dem Gedanken gespielt, mich zu tarnen, gab das aber auf, da der Lagerkommandant alle Dolmetscher und sehr viele Mitgefangene aus den verschiedensten Truppenteilen mich kannten. Lurje war ein angenehmer Mann, der als Westeuropäer auch nicht fremd wirkte. Er hätte ebenso gut einer von uns sein können.

Die Verpflegung dieser ersten Zeit war ausreichend, wenn auch etwas ungewohnt. Das Brot erhielten wir in Form von „Suchari", in formlose Würfel geschnittenes, getrocknetes Schwarzbrot, das in Jutesäcken geliefert wurde, in der Landessprache „Stalinkuchen" genannt. Dieser Zwieback ist für eine Truppe auf dem Marsch oder im Kampf sehr praktisch und war wahrscheinlich in der Schwedischen Armee Gustav Adolfs üblich, denn in Tante Elizabeths Bogislaus-Buch ist mehrfach von „Sucharienbrot" die Rede.

Es wurde sowjetischerseits immer noch die Version aufrecht erhalten, daß wir Internierte seien und mit einer baldigen Entlassung zu rechnen hätten. Wir wurden auch nicht allzu streng bewacht. So konnte ich jeden Vormittag am Ufer der Aa entlang einige 100 Meter bis zum nächsten Lager gehen und dort einer Gruppe von Offizieren russischen Unterricht geben. Sie hatten mir einen Boten gesandt und darum gebeten. Als ich mich das erste Mal dorthin aufmachte, überlegte ich mir, ob ich umgeschnallt oder ohne Koppel gehen sollte. Ich entschied mich für den offiziellen Anzug. So eingeschliffen waren noch die militärischen Gewohnheiten. Dieser Unterricht dauerte aber nicht lange. Solche Aktivitäten wurden nicht von Lurje, aber von einer übergeordneten Stelle verboten. Lurje wurde abgelöst, vielleicht weil er zu westlerisch war. Er wurde durch den „Steppenwolf" ersetzt. Er war Kasache mit gelblicher Haut, klein von Wuchs, trug die Mütze schief auf dem Kopf und ließ eine gewaltige schwarze Locke hervorquellen. Wenn Russen von ihm sprachen, sagten sie nur „Er" und zeigten mit der Hand an ihren Kopf, wo das schwarze Büschel wuchs. Sie nahmen ihn nicht ernst. Ich traf ihn einmal allein am Lagertor. Dort teilte er mir mit, daß er zwar nur Gardehauptmann sei und man vielleicht meinen könnte, er sei nichts Besonderes, aber immerhin sei sein Vater General der sowjetischen Luftwaffe und er selbst sei auch nicht zu verachten.

Wir zogen dann weiter in ein Lager, das ganz am Ostseestrand lag, in Assern, dem letzten der sieben Strandorte. Ich habe dort als kleines Kind am Strande gespielt und im flachen Wasser geplantscht. Das Lager war ursprünglich eine Erholungskolonie der deutschen Luftwaffe gewesen und von den Sowjets mit zwei Reihen Stacheldraht und Wachtürmen versehen worden. Leider war auch gegen den Strand hin Stacheldraht gezogen, was das Gefühl des Eingesperrtseins vermehrte. Das Lager war mit 4000 Offizieren und 300 Mannschaften belegt. Im großen Eßsaal mit Blick aufs Meer erhielten wir ganz annehmbare Verpflegung in Form von nicht ganz dünnen Suppen, dem schon erwähnten Stalinkuchen und einem Heißgetränk, an dessen Zusammensetzung ich mich nicht mehr erinnere. In diesem Saal befand sich auch ein Flügel. Wir hatten unter uns auch einige Musiker von hohen Graden, darunter auch Hans Freck, der in Tiflis Musik studiert und in Deutschland gelebt hatte. Er war unter anderem in Leipzig stellvertretender Thomaskantor gewesen. Ich hatte in der Frontbuchhandlung das Buch *Die 5. Faust* erstanden und es bisher durch alle Filzungen gerettet. Ich stellte es der deutschen Lagerverwaltung zwecks Anlage einer Bücherei zu Verfügung. Daraufhin fand sich ein Literaturprofessor oder Oberlehrer, der aus dem Buch *Goethes Faust* vorlas und gleichzeitig aus einem scheinbar unerschöpflichen Born den Kommentar darlegte, den er vollkommen beherrschte. Es war Sommer und man stand tagsüber in kleineren oder größeren Gruppen auf dem weiten, sandigen Platz, der von Baracken umgeben war. Jeden Morgen war Zählung, zu der der Steppenwolf persönlich erschien. Für ihn war diese Zeremonie eine Parade. Er verlangte, daß in einem Rechteck in mehreren Abteilungen angetreten würde. Für jede Abteilung hatte ein Offizier mit Ritterkreuz ihm zu rapportieren. Sein Betreten des Lagers war besonders wirkungsvoll gestaltet. Im Wachhäuschen am Tor stellte er erst den einen, dann den anderen Fuß auf einen Schemel und ein deutscher Soldat, der mit einem Kasten, gefüllt mit Bürste und selbstgemachter Stiefelwichse ständig im Häuschen warten mußte, putzte ihm die Stiefel. Wenn er aus dem Häuschen ins Lager trat, brüllte ein speziell hierzu eingeteilter Ritterkreuzträger: „Achtung!" Alle 4000 mußten daraufhin mit Blickwendung zum Häuschen stillstehen, wo sie gingen oder standen. Darauf rief der Steppenwolf: „Wolno!". Das mußte ein Dolmetscher übersetzen und zum Ritterkreuzträger gewandt: „Rührt euch" sagen. Letzterer brüllte daraufhin: „Rührt euch!", woraufhin die 4000 rührten und weitermachten. Der Steppenwolf durchschritt nun den Platz mit dem Ziel Schreibstube. Manchmal kam statt des Kommandanten auch sein Stellvertreter, ein kaukasischer Oberleutnant. Er betrat das Lager ohne Zeremonie. Einmal sagte er zu mir, Hitler habe ja nun den Krieg verloren und es krähe kein Hahn mehr nach ihm. Aber er habe gehört, daß Hitler eine gewisse Hochachtung vor dem kaukasischen Volk gehabt habe und ob ich das auch wüßte. Ich antwortete, daß ich von einem in München lebenden kaukasischen Dichter namens Robakidse gehört hätte, der ein Poem auf Hitler verfaßt haben sollte, was wohl auf ein vorhandenes beiderseitiges Interesse schließen lasse. Diese Geschichte hörte der Stellvertreter offensichtlich gern. Wenn er bei späteren Gelegenheiten das Lager betrat, suchte er zuerst mit den Augen so lange, bis er mich unter den 4000 fand. Dann schritt er schnurstracks auf mich zu, schüttelte mir die Hand, sah mir in die Augen, ohne ein einziges Wort zu verlieren.

Außer einigen begnadeten Klavierspierlern hatten wir noch drei oder vier Mann, die Musikinstrumente gerettet hatten, Geigen und Gitarren. Sie spielten zusammen und man hatte ihnen ein Zimmer neben der Schreibstube zur Verfügung gestellt. Zu ihrem Repertoire gehörte die Tanzweise „Rosamunde", ein in Prag im slawischen Geiste komponiertes Musikstück, das in Rußland während des Krieges bekannt und beliebt geworden war. Der Steppenwolf war in diese Melodie ganz verliebt. Wenn er nachts nicht schlafen konnte, betrat er ohne Zeremonie das Lager, ließ die Musikanten wecken, setzte sich im Vorraum vor der Schreibstube rittlings auf einen Stuhl und kommandierte: „dawaitja Rosamundir" (Mundir = Uniform). Er konnte nur militärisch denken. Es wurde nun Rosamunde gefiedelt. War die Musik zu Ende, des Steppenwolfs Seele aber noch nicht satt, kommandierte er vielleicht noch zwei, drei Mal: „Dawaitje jeschtscho ras Rosamundir". Endlich hatte er genug und ging schlafen.

Unter uns Gefangenen befand sich ein Hauptmann Jakobi aus Hamburg. Er war Gesangspädagoge. Er erzählte unter anderem, das er auf Einladung Oskar V. in Schweden gewesen war, um schwedische Studenchöre zu dirigieren und mit schwedischen Dirigenten über neue Wege des Gesangs zu diskutieren. Ich habe nie singen können, aber Jakobi faszinierte mich. Wir fanden uns in einer Gruppe von fünf oder sechs Mann zusammen und er übte mit uns Lieder mit fünf Stimmen im Polyphonsatz ein. Diese Übungen gehören zu meinen angenehmsten Erinnerungen aus der ganzen Zeit der Gefangenschaft. Leider dauerte die Freude aber nicht lang, denn es wurde eines Tages verkündet, daß Ansammlungen von mehr als vier Personen und gemeinsamer Gesang auf dem Lagerplatz verboten seien. Zuwiderhandlungen sollten streng geahndet werden. Es gingen auch Kontrollorgane auf dem Platz umher und wir mußten aufpassen, daß bei gemeinsamen Gesprächen die Gruppe nicht zu groß wurde. In den Gesprächen handelte es sich natürlich oft um unsere Lage. Bisher war die Wehrmacht unser Zuhause gewesen. Nun gab es die nicht mehr und es gab auch kein erkennbares Deutschland mehr. Wir fühlten uns in einem politischen Vakuum und beneideten die Engländer. Ein älterer Hauptmann hatte einen sehr schönen, kurzhaarigen Jagdhund, den er sehr liebte, mit in die Gefangenschaft genommen. Der Hund war beim Stöbern zwischen den Stacheldraht und den hohen Plankenzaun geraten und ein Posten hatte ihn vom Türmchen aus angeschossen. Ich kannte den Hauptmann gar nicht, bewog ihn aber, mir seinen kranken Hund anzuvertrauen, ging mit ihm ins Wachhäuschen und bat den Wachhabenden um einen Soldaten mit Gewehr. Mit dem ging ich außerhalb des Lagers hinter eine Scheune, hielt den Hund fest, sagte dem Soldaten, wohin er zielen sollte und es genügte ein Schuß.

Eines Tages mußte das ganze Lager zum Abmarsch antreten. Erst wurde man genau gezählt, dann öffnete sich das Lagertor; der Steppenwolf setzte sich mit seinem kleinen Wägelchen mit einem Pferd an die Spitze. Hinter seinem Wagen schritten die drei Violinspieler und fiedelten „Rosamunde". So durchschritten wir würdig das Tor und marschierten etwa 30 km weit ins Innere Kurlands. Unser Ziel war ein Landgut, das die Ritterschaft im vorigen Jahrhundert für eine Erziehungsanstalt gestiftet hatte. Die ziemlich umfangreichen Wirtschaftsgebäude waren als Gefangenenlager umfunktioniert worden. Es war ein warmer und sonniger Sommertag und der Marsch machte manchen zu schaffen, die in Ortskommandanturen oder Verpflegungsstellen eine sitzende Lebensweise geführt hatten. Vor mir ging ein österreichischer Hauptmann, den ich als sehr guten Zitherspieler und Sänger kannte. Er blieb beim Marschieren immer wieder zurück und geriet mir zwischen die Beine. Ich schob ihn zunächst immer wieder vorwärts auf Abstand, aber allmählich versagten meine Nerven und ich trat ihm heftig auf die Hacken. Soviel ich mich erinnern kann, war das das einzige Mal, daß ich einem Menschen mit Absicht etwas Böses getan habe. Die Tat tut mir noch heute leid. Sie war offenbar für uns beide ein Schock und der Getretene hat nachher versucht, sich zusammenzureißen. Seine Zither trug er im Rucksack immer mit sich.

In dem neuen Lager waren wir in den großen Wirtschaftsgebäuden auf Strohschütten untergebracht. Dort geschah es einmal, daß man uns auf dem Hof antreten ließ, während die Wachmannschaften das gesamte Gepäck durchwühlten und alles mitnahmen, was sie brauchen konnten. Dies war eine Sonderaktion, normal war die monatliche Filzung. Hierzu wurde Antreten mit Gepäck befohlen. Jeder Einzelne hatte seinen Sack oder Tornister vor sich auszuschütten. Diese Filzung war auch mit einer Leibesvisitation verbunden. Gewisse Gegenstände wie Messer wurden offiziell weggenommen. Zuweilen verschwand auch ein begehrter Artikel inoffiziell. Der Steppenwolf wurde durch den „Großfürsten" ersetzt. Der neue Lagerkommandant war ein blonder Gardeoberleutnant, der seinen Spitznamen wegen seines großfürstlichen Aussehens erhalten hatte. Eines Tages wurde ein junger deutscher Leutnant aufgegriffen, der einen Fluchtversuch gemacht hatte. Er wurde dem „Großfürsten" vorgeführt, der ein gedrechseltes Stuhlbein abbrach und den Ausreißer damit verprügelte. Sonst war er nicht bösartig. Der Ausreißer, dessen Namen ich vergessen habe, sah dem gefallenen Sohn von Erni Stackelberg zum Verwechseln ähnlich. Er war dienstlich nach Paggar gekommen, als Estland von deutschen Truppen besetzt war. Die Gutsleute hatten ihn zunächst für einen Stackelberg gehalten und dann ganz gerührt ausgerufen: „Aga täpselt meie krahviärra poeg!" (Aber genau der Sohn unseres Herrn Grafen).

Ich hatte ja Verständnis für den Ausreißer. Wir trugen uns wohl alle gelegentlich mit dem Gedanken auszureißen. Auch ich hatte meine stillen Pläne, die ich aber alle wieder verwarf. Wir diskutierten natürlich sehr häufig über diese Frage. Die Bewachung im ganzen Gebiet von Kurland war aber so lückenlos, daß bisher alle, die es versucht hatten, eingesammelt und in die Lager abgeliefert wurden. Von ihnen holte man sich dann die Informationen. In den Tagen um den 8. Mai, das Datum unserer Kapitulation, hatten sich viele, die sich gerade in Küstennähe befanden, auf Booten davongemacht und versucht, Schweden zu erreichen. Die Boote wurden von der sowjetischen Luftwaffe angegriffen, auch wenn es nur kleine Fischerboote waren, und zum großen Teil vernichtet.

Die nach Schweden Entkommenen wurden an die Sowjetunion ausgeliefert und zu Schiff nach Libau gebracht, obgleich das Ganze ein Bruch des Völkerrechts war. Den von der Halbinsel Hela und aus Kurland über die Ostsee Entkommenen war in Schweden der Status der Internierung zugesichert worden. Im Vertrauen auf dieses Versprechen hatten die Flüchtenden sich ins Internierungslager bringen lassen, anstatt innerhalb einer völkerrechtlich vorgeschriebenen Zeit die schwedische Anlaufstelle wieder zu verlassen und zum Beispiel nach Kiel weiterzustreben. Trotzdem habe ich auch später noch versucht, Kontakt mit lettischen Fischern zu bekommen, was mir aber nicht gelungen ist. Eine größere Zahl der aus Schweden Ausgelieferten habe ich in unserem ersten Lager kennengelernt. Es waren Deutsche, Letten, Esten. Sie erzählten unter anderem, wie man sie unter Gewaltanwendung im Bewußtsein, daß man sie in den Tod schickt, ausgeliefert habe. Eine ganz skandalöse Geschichte! Selbstmorde und Selbstverstümmelungen waren vorgekommen. Unter dieser Gruppe befand sich auch ein Lette namens Atwars-Eichhorn aus Riga. Er hatte, um dem gewaltsamen Abtransport auf einem sowjetischen Schiff zu entgehen, sich irgendeinen Schaden zugefügt und wurde in ein schwedisches Krankenhaus gebracht und auskuriert. Als er erkannte, daß die Behörden im Begriff waren, ihn an die Sowjetunion auszuliefern, brachte er das „Feueropfer", wie er es nannte. Er entzündete eine größere Menge Brennspiritus und hielt seine Hände in die Flammen, im Glauben, dadurch das Herz der schwedischen Behörden erweichen zu können, oder durch diese Tat mit Hilfe der Presse eine so große Publizität zu erlangen, daß die Öffentlichkeit für ihn eingetreten wäre. Es nutzte alles nichts. Seine Hände wurden unter Bewachung mit großer Behutsamkeit geheilt und er wurde ausgeliefert. Unter dieser Schwedengruppe befand sich ein junger Leutnant, der eine Fotografie bei sich trug, die in einem Internierungslager auf der Insel Gotland aufgenommen war. Auf dem Bilde war er selbst und Tante Wally Engelhardt zu sehen. Tante Wally war die Schwester meiner Patentante Coco Berg in Riga. Sie hatte sich am Anfang des 1. Weltkrieges besonders stark in der Hilfsorganisation für deutsche Kriegsgefangene eingesetzt und mußte mit einer Verschickung nach Sibirien rechnen. Sie war damals, 1915, zusammen mit dem schwedischen Konsul Ekstrand über Finnland nach Schweden ausgewichen und hat seitdem, bis zu ihrem Tode in Stockholm gelebt. 1945 besuchte sie die Internierungslager und kam auch nach Gotland. Sie versuchte eine geistige Betreuung, indem sie vor den Internierten deutsche Gedichte deklamierte. Ich habe später von dem ausgelieferten Internierten, der die interessante Fotografie bei sich trug, nie wieder etwas gehört und weiß nicht, wieviele dieser Ausgelieferten die Gefangenschaft überlebt haben und wer von ihnen entlassen worden ist.

In diesem Lager machte sich schon so etwas wie Hunger bemerkbar. Nachdem ich anfänglich in einer Massenunterkunft auf dem Dachboden einer großen Scheune gehaust hatte, geriet ich unter die Ärzte, denen man ein kleines Häuschen zugewiesen hatte. Sie waren z.T. in der Gesundheitsbetreuung eingesetzt, es gab so etwas wie eine Ambulanz. Das Niveau der Gespräche unterschied sich günstig vom allgemeinen Durchschnitt. Außer mir gab es dort noch einen Nicht-Mediziner, einen Sonderführer Link, Lehrer an einer Kunstschule in Hamburg. Er stammte aus Rußland und sprach Russisch wie seine Muttersprache. Soviel ich mich erinnere, war er bei der Heeresgruppe Nord bei der Abteilung 1c eingesetzt gewesen und mir wurde über ihn erzählt, daß er während des Krieges einem sowjetischen Kommandounternehmen, dem er anscheinend als Kontaktstelle gedient hatte, behilflich gewesen war. Eigentlich eine vollständig unvorstellbare Geschichte eines Verrats. Erklärbar nur, wenn man weiß, daß die sowjetische Spionage in ganz Deutschland und natürlich auch an der Front sehr intensiv tätig war. Nach dem Krieg ist die in Deutschland tätige Spionagezentrale „Rote Kapelle" besonders bekannt geworden. Ich stellte Link wegen des auf ihm lastenden Verdachts zur Rede und er antwortete nur: „Ja, warum denn nicht." Wir mußten also damit rechnen, daß Link im Lager einen Auftrag der Politführung, Tscheka, GPU, MWD, oder KGB oder wie man es nennen will hatte. Man mußte sich also vor ihm vorsehen. Er war offenbar ein hochbegabter Mensch von schillerndem Charakter, ein Maler von großem technischen Können, wofür er uns Beweise lieferte, und ein glänzender Kenner der Kunstgeschichte. Er hielt uns einen atemberaubenden Stegreifvortrag über Michelangelo. Daß er einen Auftrag zu haben schien, bestätigte sich mir in einem Lager in Riga, in dem ein Heimtransport vorbereitet wurde. Es handelte sich um den Abschub von arbeitsunfähigen Kriegsgefangenen. Er kam zu mir und teilte mir mit, daß Olaf Stackelberg auf der Liste stände und daß man sich Gedanken darüber mache, ob man seinen Namen auf der Liste stehen lassen oder streichen solle. Ich sang ein Loblied auf Olaf Stackelberg, der Rechtsanwalt in Pernau gewesen und sich immer durch sein vorurteilsloses Bemühen für die Zusammenarbeit der deutschen, estnischen und russischen Einwohner der Stadt eingesetzt habe. Daß schien Link zu überzeugen und Stackelberg wurde nicht gestrichen.

Mit ins Lager war auch ein Oberleutnant Hartmann eingeliefert worden, der im 1. Weltkrieg russischer Gardeoffizier gewesen war. Als ich einige Zeit später in einem Rigaer Lager irgendwas im Wachhäuschen zu tun hatte, saßen da Link und Hartmann auf einer Bank. Sie waren in einem Lastauto von irgendwo gekommen, durften das Lager nicht betreten und warteten auf einen Weitertransport nach irgendwo. Link löste seine Armbanduhr vom Handgelenk und sagte im wegwerfenden Ton: „Ich brauche sie sowieso nicht mehr." Ich nahm die Uhr in Empfang und antwortete, ich würde sie für ihn verwahren, bis wir uns vielleicht wiederträfen. Ich habe ihn nie wieder gesehen. 1984 hörte ich in Österreich, daß Link und Hartmann damals von den Sowjets erhängt worden seien. Ein rätselhafter Fall, dem nachzuspüren sinnlos wäre.

Wir staunten darüber, daß Offiziere eine andere und etwas reichlichere Lebensmittelzuteilung erhielten als Mannschaften, sie erhielten auch mehr Zigaretten. Da im Strandlager hauptsächlich Offiziere waren, wurde dort alles in einen Topf geworfen und die Verpflegung war etwas besser als am jetzigen Ort. Hier wurde eine Zeit lang das Offizierssessen in einem besonderen Topf gekocht. Zur Arbeit wurden in dieser Anfangszeit nur Mannschaften eingesetzt. Es handelte sich dabei hauptsächlich um Erntearbeiten. Eines Tages ließ uns der russische Lagerkommandant auf draußen aufgestellten Bänken Platz nehmen, setzte sich auf einen Stuhl vor uns in Positur und begann mit einer kleinen Schere, seine Nägel zu schneiden. Hierbei richtete er an uns folgende Ansprache: „Meine Herren Offiziere, es ist beschlossen worden, daß der von Ihnen bisher angenommene Status der Internierung nicht mehr gilt. Ab jetzt können Sie sich als Kriegsgefangene betrachten. Wenn auch manche von Ihnen vielleicht bald nach Hause geschickt werden, so müssen Sie sich doch auf eine Gefangenschaft von unbestimmter Zeit einstellen. Ich kann Ihnen nur den guten Rat geben, die Gefangenschaft von jetzt ab als Ihr wahres Zuhause zu betrachten." Damit entfernte er sich, die Nägel waren geschnitten, und wir blieben in sehr gedrückter Stimmung zurück.

12

Bald ging die Verwaltung der Gefangenenlager von der Armee in die Hände von Sicherheitsorganen über, die unter verschiedenen Tarnnamen wie „Grenztruppen" oder MWD (Innenministerium) auftraten. Damit waren wir dem Archipel Gulag angeschlossen. Es wehte spürbar ein anderer Wind. Ich wurde mit anderen zusammen in ein Lager gebracht, das im Gelände der Zementfabrik am linken Dünaufer, der Stadt Riga gegenüber angelegt worden war. Ich war also immer noch in einer völlig bekannten Gegend. Bei dieser Zementfabrik pflegten früher die kleinen Dünadampfer anzulegen. Als Kinder waren wir oft mit dem Vater zusammen dort an Land gegangen und hatten Wanderungen unternommen, wobei das klassizistische Höfchen Weißenhof, das unter hohen Bäumen in einer Wiesenlandschaft gemütlich dalag, ein Anziehungspunkt war. (Dort hatte ich als kleiner Junge meinen ersten Wiedehopf beobachtet.) Im Lagergelände gab es einen erhöhten Punkt, von dem aus man über die etwa 1 km breite Düna hinweg das wunderschöne Panorama der Stadt vor sich sah. Einmal trat ich auf diese Erhöhung, um meine Geburtsstadt zu betrachten. Sie wirkte ebenso fern und unerreichbar wie eine Fatamorgana. Neben mich stellte sich der aus Riga stammende Pastor Treulieb und versenkte sich in den gleichen Anblick. Er sagte nur das eine Wort: „Traumhaft", und wir gingen stumm in unsere Unterkunft zurück.

Im Lager der Zementfabrik war ich nicht lange. Ich habe in und um Riga noch eine ganze Reihe von Lagern und das Zentralgefängnis kennengelernt. Die Reihenfolge kann ich nicht mehr mit Sicherheit angeben. Das Lager Kaiserwald war ein sogenanntes Hauptlager und verfügte dementsprechend über eine große Lazarettbaracke mit einem ganzen Stab von russischen Ärzten und Ärztinnen und auch einigen deutschen Ärzten, darunter den sehr geschätzten Dr. Haferland aus Hamburg. Einmal ließ mich der Chefarzt rufen und fragte mich, ob ich bereit sei, ihm englischen Unterricht zu geben. Ich habe das dann regelmäßig getan. Während des Unterrichts tranken wir Tee mit Zucker. Das Bewußtsein, daß sowohl der Tee, als auch der Zucker von der Krankenzuteilung genommen sein mußten, störte mich nicht. Der Chefarzt war als Jude sehr sprachbegabt und intellektuell sehr interessiert. Seine ärztlichen Fähigkeiten wurden nicht nur von den deutschen, sondern auch von den russischen Medizinern für sehr gering gehalten. Es war ihm, und das gehört zum sowjetischen System, in erster Linie daran gelegen, durch eine Reduzierung der Sterbefälle Prämien zu verdienen. Kranke aus dem Lager, und auch aus anderen zur gleichen Verwaltung gehörenden Lagern, wurden ins Lazarett gebracht. Der Chefarzt bekam eine Prämie, wenn nicht mehr als so-und-soviel in einem Monat starben. Wenn gegen Ende des Monats das Soll annähernd erfüllt war, wurde er nervös und verlegte Sterbende in ein Rigaer Lazarett. Sie wurden auf einem Lastauto fortgebracht und starben manchmal schon unterwegs. Die im Lager Verstorbenen wurden nachts auf einen Karren mit einem Pferd davor geladen und zu einem mir unbekannten Massengrab gefahren. Es war streng verboten, über die Verstorbenen eine Liste zu führen. Einer, bei dem bei der Filzung ein Zettel mit Namen von Verstorbenen gefunden wurde, wurde im Einzeltransport aus dem Lager entfernt. Im Lazarett war ein deutscher Arzt eingesetzt, um Leichen zu sezieren. Er macht das mit einem Küchenmesser. Manchmal hatten die Gedärme einen papierartigen Charakter infolge des Hungers. Die Hungermangelerscheinungen wurde Dystrophie oder Eiweißmangelkrankheit (Besbelkowije) genannt. Den russischen Ärzten war diese Erscheinung sehr geläufig. Die deutschen Ärzte hatten auf diesem Gebiet noch keine Erfahrung. Man starb nicht an der Dystrophie als solcher, sondern der geschwächte Körper hatte keine Kraft mehr, Erkältungen oder Magenverstimmungen zu überwinden. Die bis aufs Äußerste geschwächten Menschen hatten manchmal keine Kraft und auch keine Lust mehr, tief durchzuatmen und bekamen dann leicht eine Lungenentzündung, an der sie starben. Durch den Englischunterricht beim Chefarzt ergab es sich, daß ich allmählich fast den ganzen Tag im Lazarett zubrachte. Ich assistierte als Fliegenjäger (die offene Latrine war auf dem Hof, gleich gegenüber dem OP-Fenster). Der Chefarzt hatte den fünf oder sechs russischen Ärzten befohlen, bei mir Deutschunterricht zu nehmen. Die machten gute Miene zum bösen Spiel und die Unterrichtsstunden waren ganz vergnüglich. Die russische Chefin der chirurgischen Abteilung wurde von den Landsern im Lager „die Dame" genannt. Sie war die Witwe eines im Kriege gefallenen Generals der MWD-Truppen und genoß infolgedessen große Privilegien. Sie war in hohen Rängen der Nomenklatura aufgewachsen und befreundet mit den Töchtern Stalins und anderer Größen. Man konnte sich mit ihr wie mit einem Menschen aus dem Westen unterhalten und sie hatte das Herz auf dem rechten Fleck. Obwohl sie Fachärztin für Chirurgie und Chefin der Abteilung war, assistierte sie bei Dr. Haferland, dessen Überlegenheit sie neidlos anerkannte. Dank ihrer Privilegien hatte sie offenbar mehr Macht, als sie gehabt hätte, wenn sie nur Chefin der chirurgischen Abteilung gewesen wäre. Eines Tages ließ der Lagerkommandant zwei, in deutsche Uniformen gesteckte Leichen, von denen ein schrecklicher Geruch ausging, in das Lager beim Tor hinlegen und ließ durch Befehl bekanntgeben, daß alle Lagerinsassen aus den Baracken kommen und an den Leichen vorbeidefilieren sollten. Hierzu wurde die Parole ausgegeben: „So machen wir es mit jedem, der einen Fluchtversuch unternimmt." Ich sagte es der Dame, die hell empört war und zum Kommandanten eilte. Die Leichen wurden gleich danach fortgebracht und das Defilee fand nicht statt.

Im Lager war ein Berliner, der von Zeit zu Zeit zu mir kam, um mir die Karten zu legen. Er las aus seinen Karten immer das Gleiche, daß meine Familie lebte (sie lebte ja auch!) und daß neben Hillo immer eine alte Dame auftauchte, die ihr mit gutem Rat zur Seite stand. Dieser Mann, ein ungelernter Arbeiter, litt in beiden Augen am Star und war fast blind. In der Gefangenschaft konnte man nichts für ihn tun, nicht einmal eine bessere Brille für ihn beschaffen.

Lydie Iwanowna, die Dame sollte als Ärztin einen Heimtransport begleiten, der gerade zusammengestellt wurde. Ich führte ihr den Halbblinden vor und sie veranlaßte, daß er auf die Liste gesetzt wurde. Als sie einige Wochen später zurückkehrte, teilte sie mir mit Bedauern mit, daß sie leider meinen Schützling nicht bis an die Grenze habe bringen können, weil der Zug irgendwo geteilt worden sei. Sie sei mit der glücklichen Hälfte an die Grenze gefahren, der Rest, bei dem sich der Halbblinde befand, sei in östlicher Richtung umdirigiert worden. So hatte sich unser Versuch, ihm zu helfen, möglicherweise ins Gegenteil verkehrt. Ich mußte nun auf meinen Kartenleger verzichten, der mir immer wieder Mut gemacht hatte. Ich hatte ihm, offen gesagt, immer mißtraut, weil er immer das gleiche Ergebnis aus seinen Karten herauslas, er aber erklärte mir genau, wie er zwingend immer wieder zur gleichen Auslegung kam: Es erschienen wirklich immer wieder gleichwertige Karten. Wenn er kam und mir die Karten legte, war es für mich in dieser nachrichtenlosen Zeit wie ein kleiner Trost. Man hängt sich eben an solche Mätzchen.

Jetzt fingen die „Blauen" erstmals an, sich für mich zu interessieren. Ich wurde immer wieder zu Verhören abgeholt. Daß wir sie die „Blauen" nannten, hing wohl mit ihrer Uniform zusammen, einer Litze an der Mütze oder so. Sie waren die Gruppe derer, die das Ganze in der Hand hatten; heute würde man sagen KGB (Kommissariat für Staatssicherheit). Außer diesen grundsätzlich unangenehmen Leuten gab es noch die etwas harmlosere Kategorie der sogenannten Politoffiziere, deren Aufgabe mehr auf dem Gebiet der geistigen Betreuung und Umerziehung lag. Die Politoffiziere waren im Rigaer Gebiet häufig Juden aus dem baltischen Raum, die Deutsch verstanden und sprachen, und denen die Mentalität westlicher Menschen nicht fremd war. Die Verhöre verliefen im Allgemeinen nach einem Schema. Es wurde mit Großeltern und Eltern angefangen und jedesmal viel Zeit mit diesen Präliminarien vergeudet. Ich wurde über meine Tätigkeit während des Krieges ausgefragt und habe von vornherein alle Fragen offen beantwortet. Ich hatte ja selbst während des Krieges als 1c-Mitarbeiter fast täglich Vernehmungen von Gefangenen durchgeführt. Wir führten darüber Buch und ich erinnere mich, daß unsere Abteilung, zu der auch Werner Winter gehört hatte, ungefähr 1500 Gefangene befragt hat. Bei unseren Befragungen handelte es sich nur darum, die Wahrheit zu ergründen, und niemals darum, sie für einen Zweck zu verbiegen. Auf sowjetischer Seite stand das Bemühen um die Erfassung der Wahrheit nicht an erster Stelle. Die „Ingenieure der Seele", wie sie sich selbst nannten, waren einem bösen Prinzip verpflichtet und nur daran interessiert, Negatives zu finden. Ich kann mir vorstellen, daß Menschen, die in die Klauen der Gestapo oder ähnlicher Organe gerieten, dieselbe Erfahrung gemacht haben. Für mich war die erste Bekanntschaft mit dieser finsteren Welt eine schwere Belastung; ich habe Jahre gebraucht, um diesen Abgesandten der Hölle gegenüber die nötige Gelassenheit zu bewahren. Zu Foltermethoden kam es mir gegenüber nicht. In Fällen, wo sich die Vernehmenden von Schlägen Erfolg versprechen konnten, wurde geschlagen, aber nur mit Stöcken oder Stuhlbeinen oder was gerade zur Verfügung stand. Der Chef der Vernehmungsabteilung soll es besonders auf Brillenträger abgesehen haben. Als Auftakt einer Bastonade zerschlug er erst einmal gezielt die Brille.

Von diesem Lager „Kaiserwald" aus kam ich erst einmal in zwei verschiedene Torflager. Das erste war in einem Villenort Preedaine, auf Deutsch Kiefernhalt, das der Kette der Rigaschen Strandorte vorgelagert ist. In diesem Lager waren etwa 1000 Mann. Im Torfstich waren große Maschinen eingesetzt. In der Maschine wird der Torf zerkleinert. Ein oder zwei Mann hielten Holzplatten darunter, auf die jeweils ein nasser Torfkuchen fiel. Jeder Torfkuchen wog 25 Kilo. Die Träger, zu denen ich zählte, mußten den Torfkuchen zum Trocknen auf einer Fläche, auf den

Boden klatschen und das Brett für einen neuen Einsatz zurückbringen. Je mehr Torfkuchen auf der Fläche lagen, desto weiter wurde der Weg, den man zurückzulegen hatte. Ich machte die Strecke hinwärts im Laufschritt, um die 25 Kilo nicht unnütz lange tragen zu müssen. Zurück ging ich mit dem leeren Brett entsprechend langsamer, um den allgemeinen Rhythmus einzuhalten. Letzteres war sehr wichtig, denn wenn zu schnell abgenommen wurde, stellte man die Maschine auf schnelleren Ausstoß um. Es ging überall um die Erfüllung und möglicherweise Übererfüllung der Norm. Wenn der Torf gefroren war, wurden wir anders eingesetzt, z.B. beim Verlegen von Eisenbahnschienen oder beim Betonieren einer gesprengten Brücke. Auch Waldarbeit kam vor. Zu diesen Arbeiten wurde man einige Stationen mit der Bahn befördert. Das Lagerdasein war nach heutigen Maßstäben ziemlich hart. Um 6:00 Uhr war Wecken, dann bekam man eine Wassersuppe und ein Stück Brot, das mit sehr viel Wasser in einer Blechform gebacken war und wie saurer Pudding schmeckte. Um 7:00 Uhr Abmarsch zur Arbeit. Ein Mann mit einer gewaltigen Stimme rief beim Lagertor die Arbeitskommandos zum Antreten auf. Jede Gruppe hatte ihren eigenen Namen, wie „Torfstich", „Schienenbau" usw. Eines der Arbeitskommandos führte den berüchtigten Namen „Gulag". Ich höre das Wort noch während ich dies hier erzähle. Der Ausrufer übertraf einen Muezzin. Man wurde, wie immer, innerhalb und außerhalb des Lagers gezählt und vor dem Abmarsch nach verbotenen Dingen abgetastet. Dann marschierte man im Stockfinstern mit knurrendem Magen, aber durch den Schlaf doch verhältnismäßig erfrischt, los bis zur Station. Auf diesen Märschen wurden oft Hungergespräche geführt. Ein Rechtsanwalt aus Essen reihte sich häufig neben mir ein und wir sprachen über Speisen, die wir früher einmal gegessen hatten. Er träumte von den Rindsrouladen seiner Mutter. Sie enthielten je ein Stück Speck und ein Stück Salzgurke und wurden mit Spinat serviert. Als Gegenleistung erzählte ich ihm von einer baltischen Speise, die „Komm morgen wieder" genannt wird. Hackfleisch, gegart, dann in einem Pfannkuchen eingeschlagen und in einer Pfanne mit Butter goldgelb gebräunt. Dazu Bouillon in Tassen. Am Tage, nachdem ich ihm diese Speise und ihren Geschmack genüßlich geschildert hatte, reihte er sich wieder zum Abmarsch neben mich ein und begann die Unterhaltung mit folgenden Worten: „Ich habe mir nachts vor dem Einschlafen unser gestriges Gespräch nochmal überlegt und bin zu der Überzeugung gekommen, daß Ihre *Komm morgen wieder* doch noch besser sind als die Rouladen meiner Mutter."

Ein anderer Jurist, der im Zivilberuf Syndikus der Schokoladenfabrik Mauxion war, marschierte auch manchmal neben mir und versuchte, obwohl er offenbar mehr litt als die meisten, Hungergespräche zu vermeiden. Er rekapitulierte das Gesellschaftsrecht, um seinen und unseren Geist aufzufrischen. Wir begannen mit der OHG, GmbH und AG.

Mit wenigen Ausnahmen froren wir alle ganz jämmerlich. Wenn irgend möglich, wurde am Arbeitsplatz ein offenes Feuer gemacht, um das man im Kreise herumstand und die Hände zum Erwärmen vor sich hinstrecke. Der russische Arbeitsleiter trug einen ganz gewöhnlichen leichten Wintermantel und Fingerhandschuhe. Er schien nicht zu frieren. Als die Verwaltung damit begann, Arbeitslöhne auszuzahlen, konnte die Lohnabrechnung so gestaltet werden, daß Spezialisten und besonders fleißigen Leuten weit über 100% Normerfüllung gutgeschrieben wurde. Sie erhielten dann einen Lohn ausgezahlt; auf diese Weise kamen Rubel unter die Gefangenen. Manchmal sammelten Kameraden Geld und baten mich, in der Umgebung Eßbares einzutauschen. Ich ließ mir vom Postenführer einen Wachsoldaten mitgeben und ging von Haus zu Haus. Es waren keine richtigen Bauern sondern wahrscheinlich Ackerbürger. Ich konnte ja lettisch sprechen, denn ich hatte im Kurlandkessel Unterricht genommen. In allen Häusern, in die ich mit einem Fächer aus Rubelscheinen eintrat, wurde ich sehr freundlich empfangen. Alle weigerten sich, Geld von mir anzunehmen, aber meist erhielt ich dick mit Schmalz beschmiertes Brot und wurde auch mal auf eine Tasse „Muckefuck" eingeladen. Der Wachsoldat stand in der Tür und bekam nichts. Draußen, außer Sichtweite, entschädigte ich dann meinen Begleiter mit Schmalzbrot. Nachdem ich mehrerer Male erfolgreich solche Rundwanderungen gemacht hatte, sagte mir eines Tages der Postenführer, er hätte mich nun mehrmals sammeln lassen, ich sollte mich jetzt erkenntlich zeigen und für das Wachpersonal ein anständiges Frühstück organisieren. Ich fragte den Postenführer, ob das ein Vorschlag oder ein Befehl sei. Er sagte, es sie ein Befehl. Ich machte mich also auf den Weg, wieder mit Posten, und nun kam mir die Kenntnis des Lettischen in besonderer Weise zugut, das der Posten natürlich nicht verstand. In jedem Haus sagte ich, daß ich diesmal nicht für meine Kameraden sondern für die Wachmannschaft unterwegs sei: So gingen wir von Haus zu Haus und wurden überall freundlich abgewiesen. Bei diesen Gängen habe ich nie auch nur einen Moment gefroren. Diese Art der Nahrungsmittelbeschaffung war hiermit beendet, aber es gab einen Schwarzhändler, bei dem ich manchmal mit bei Kameraden eingesammeltem Geld einkaufen konnte. Unser Arbeitskommando wartete dann solange vor dem Haus. Es gab bei diesem Mann gutes Brot zu kaufen, im Gegensatz zu dem ganz miserablen Lagerbrot, von dem man immer Sodbrennen bekam. Manchmal hatte der Händler Öl. Einmal gelang es mir auch, selbst Öl zu machen. Wir arbeiteten gerade auf dem Eise der Aa und ich erhielt von lettischen Fischern einen Eimer voll Stichlinge. Wenn man die Stichlinge mit Wasser kocht, schwimmt an der Oberfläche eine dicke Ölschicht, die man in Flaschen oder leere Büchsen umfüllen kann.

In dem Torflager waren 16 Offiziere, die alle in einem Raum auf Pritschen wohnten. Ich hatte neben meinem Schlafplatz meinen Brotbeutel aufgehängt, in dem sich meine Flasche mit Stichlingsöl befand. Einer von uns hieß Geißler und war neben seinem Beruf zu Hause Predikant. Von Zeit zu Zeit erlaubte man ihm, Gottesdienste zu veranstalten, obwohl die Lagerleitung ausgesprochen sowjethörig war und der sogenannten „Antifa" angehörte. Eines Tages fiel mir auf, daß das Stichlingsöl weniger geworden war. Um sicher zu sein, macht ich einen Bleistiftstrich auf der Flasche und es ließ sich klar beweisen, daß der Inhalt jeden Tag weniger wurde. Der einzige, der von uns 16 tagsüber im Lager blieb, war Geißler. Er sagte aber, er habe nichts von dem Öl getrunken. Ich war dafür, ihm den Übergriff zu verzeihen, wenn er nur den Mundraub zugab. Meine Kameraden bestanden aber darauf, ihn ins Kreuzverhör zu nehmen und ihn, nachdem er sich die Wahrheit in ganz kleinen Schritten hatte abpressen lassen (er hatte jeden Tag einen Schluck genommen), der deutschen Lagerleitung zu melden. Zur Strafe wurde er zur Reinigung der Latrine kommandiert.

Das Lager hatte eine Kulturgruppe, die auf einigen Instrumenten Musik machte und auch kleine Sketche aufführte. Auf der Bühne erschien eine hagere, bleiche Gestalt, in ein weißes Gespenstergewand gehüllt, aus dem sichtbar eine Flasche hervorlugte. Der Conferencier fragte die Erscheinung: „Nanu, was bist Du für einer?" und das Gespenst antwortete mit hohler Stimme: „Ich bin ein Geißler." „Und was hast Du denn da in der Flasche?" „Von Rosen-Likör", antwortete das Gespenst. So machte man sich über den Kameraden unbarmherzig lustig, der dem Hunger nicht hatte widerstehen können. Seine Gottesdienste schliefen ein, er war ja auf der Kanzel nicht mehr vorstellbar. Ich habe ein unangenehmes Gefühl, wenn ich an diesen Mann denke. Er ist sicherlich jämmerlich zu Grunde gegangen.

Die kurländische Aa fließt an den Rigaer Strandorten entlang, bis sie in die Düna mündet. Einmal hatten wir unseren Arbeitsplatz am rechten Ufer der Aa und sahen auf der anderen Seite des Flusses ein Haus, das mich sehr stark an das Haus in der Raiffeisenallee in Posen erinnerte, in dem ich Hillo und die Kinder verlassen hatte, in dem sie aber nicht mehr lebten. Wir nannten es das Schützelputzhäuschen und unter diesem Namen wurde das Haus auf der anderen Seite des Flusses auch einigen meiner Kameraden bekannt. Es knüpften sich daran Gespräche über das Zuhause. Jeden Morgen, wenn wir an diesem Arbeitsplatz anlangten und ich über den Fluß blickte, fühlte ich mich wie verzaubert und sah Hillo und die Kinder aus dem Hause in den Garten treten. Das war im Jahr 1946.

Auf den Märschen zur Arbeit beschränkte sich die Unterhaltung mit meinen Nebenmännern nicht auf Hungergespräche, also Betrachtungen über das, was man früher gegessen hatte. Eine interessante Beschäftigung war, sich Themen für Doktorarbeiten zu erfinden. Hierbei kam es darauf an, sich lohnende Themen auszudenken, die voraussichtlich noch nie erarbeitet worden waren. Einmal hatten wir die Vorarbeiten für die Wiederherstellung einer gesprengten Eisenbahnbrücke zu machen. Um die Fundamente betonieren zu können, mußte zunächst die Baugrube entwässert werden. Da ständig Wasser nachsickerte, mußte man den ganzen Tag eine Handpumpe betätigen. Die Betonarbeiten und die dazu gehörenden Zimmererarbeiten wurden von besonders tüchtigen oder handwerklich dafür geeigneten Leuten gemacht, zu denen der Essener Anwalt, der „Rouladenschwärmer" und ich nicht gehörten. Da wir beide immer froren, übernahmen wir die Handpumpe. Das hatte den Vorteil, daß wir einander gegenüberstanden und genauso schnell pumpen konnten, daß wir einigermaßen warm blieben. Wichtig war, daß das Wasser floß, daß wir uns nicht überstrengten und uns dabei gut unterhalten konnten. Diese Beschäftigung konnten wir ganz gut acht Stunden lang durchhalten. Die Arbeit wurde durch eine Stunde Mittagspause unterbrochen, in der man Wassersuppe aus Blechschüsseln oder Konservenbüchsen genoß. Von dieser Baustelle fuhr man, wenn es dunkelte, mit der Eisenbahn bis in die Nähe des Lagers zurück. Nach dreizehn Stunden Abwesenheit sahen die Kameraden grün und erschöpft aus. Mich selbst konnte ich nicht sehen. Ein keckes, sympathisches Mädchen in einer bunten Livree und einem Bauchladen ging im Zuge umher und verkaufte irgendwelche Kleinlichkeiten. Sie bildete mit ihren frischen Farben einen sehr krassen Gegensatz zu uns selbst. Manchmal kaufte man irgendwas, einfach weil sie uns gefiel! In unserem isolierten Dasein war das Auftauchen eines solchen Paradiesvogels eine Sensation.

Einmal arbeiteten wir auf dem Eise der Aa, um für irgendwelche Zwecke Eis zu gewinnen. Einer meiner Kameraden hatte mit einer Brechstange ein Loch gemacht. Die Brechstange war seinen Händen entglitten und versunken. Ich sah sie auf dem sandigen Grunde liegen und versuchte, sie mit einem Bootshaken festzukriegen und anzuheben. Hierbei rutschte ich ins Wasser und blieb mit den Ellenbogen und Armen am Eisrand hängen. Wenn man die Technik nicht beherrscht, ist es schwer, vorwärts herauszukommen, weil das Wasser über den Rand schwappt und das Eis schlüpfrig macht. Ein russischer Major, der gerade unsere Wachmannschaft kommandierte, trat herzu und reichte mir lachend eine helfende Hand. Ich schüttete das Wasser aus meinen Filzstiefeln, drückte die Fußlappen aus und zog sie wieder an. Der Major sagte mir, da ich naß sei, sollte ich allein ins Lager zurückgehen und im Wachhäuschen am Tor irgendeine Botschaft von ihm ausrichten. Es war eine halbe Stunde vor Arbeitsschluß. Ich machte mich auf den Weg durch einen Kieferwald, und die schon früher gemachte Erfahrung bestätigte sich: Als nicht eingesperrter und nicht bewachter Mensch fror ich nicht, obwohl ich naß war und um mich herum Schnee lag. Theoretisch hätte ich ja nun fliehen können, aber wohin? Naß, wie ich war, wäre ich bald erfroren, wenn ich versucht hätte, draußen zu übernachten. Ich dehnte aber diesen Ausflug in die Pseudofreiheit so lange wie möglich aus. Ich richtete dem Wachhabenden die Botschaft des Majors aus und ging trotz des Geschreis der gesamten Wache zurück in den Wald. Ich traf das Arbeitskommando schon auf dem Rückmarsch und schloß mich ihm an. Als ich nun wieder in Reih und Glied marschierte, beschlich mich doch ein Gefühl des Fröstelns. Da hatte ich wieder den Beweis dafür, daß Frieren nicht nur, aber teilweise, psychologische Gründe hat.

In diesem Lager machten mir Hämorrhoiden sehr zu schaffen. Ich fragte den deutschen Lagerarzt, der sonderbarerweise D. Kosack hieß, ob man ohne Medikamente etwas dagegen tun könne. Er sagte, man könne jeden Morgen mit bloßem Oberkörper draußen bestimmte Freiübungen machen und sich dann mit Schnee abreiben. Ich befolgte seinen Rat und machte die vorgeschriebenen Übungen, bevor der Ausrufer seine Stimme erschallen ließ. Der Erfolg stellte sich sehr bald ein und die Hämorrhoiden sind nie wieder gekommen.

Aus diesem Lager nahe der Ostseeküste wurde ich eines Tages in ein anderes Torflager bei Olai verlegt. Warum diese Verlegungen, das habe ich nie begriffen. Ich bin ja nicht sehr weit gekommen, aber andere sind auf diese Weise bis nach Kamtschatka gekommen. In manchen Fällen konnte ich beobachten, daß Gefangene getrennt wurden, die miteinander keinen Kontakt haben sollten. So wurde ich einmal aus dem Ural in ein anderes verlegt und traf im Wachhäuschen des anderen Lagers meinen letzten Chef Major Marve, 1c unseres Stabes in Kurland, der auf Abtransport in das soeben von mir verlassene Lager wartete. Aus solchen kleinen Regiefehlern konnte man manchmal seine Schlüsse ziehen. Im Großen und Ganzen aber blieb das häufige Hin- und Hergeschiebe von Gefangenen ein Rätsel. Verhältnismäßig häufig geschah es auch, daß Einzelne, die schon einem Heimtransport zugeteilt waren, wieder aus dem Zug herausgeholt wurden. Das war dann das wachsame Auge der KGB. So kehrte einmal in Riga ein netter junger Mann, der ganz in meiner Nähe seinen Schlafplatz gehabt hatte, vom Heimtransport zurück und sagte mir, scheinbar fröhlich, „Pech muß man haben". Eine halbe Stunde später fand man ihn – erhängt.

13

Das Leben in dem neuen Torflager schien mir noch etwas härter zu sein als in dem vorigen. Organisation und Verpflegung waren aber etwas besser. Ich war nicht lange da, denn eines Tages hieß es: „v. Rosen mit Sachen ans Tor!" Außer mir fanden sich dort noch sechs andere ein, die ich nicht kannte. Wir wurden, wie üblich, nach verbotenen Dingen betastet und bestiegen die Ladefläche eines Lastautos. Mit uns fuhr der jüdische Politoffizier des Lagers, ein umgänglicher Mann. Das Auto nahm seinen Kurs auf Riga, überquerte die Dünabrücke und lud dann in verschiedenen Lagern je ein oder zwei Mann ab, bis ich zuletzt allein übrig blieb. Das Auto bog dann in die Mühlenstraße und Matthäistraße ein und fuhr in Richtung auf die Moskauer Vorstadt. Dieser Weg war mir aus dem Jahr 1919, als wir unserer Mutter Essen ins Gefängnis brachten, sehr genau bekannt. Ich wandte mich an den Politoffizier und sagte: „Ich sehe schon, Sie bringen mich ins Zentralgefängnis." Er gab eine ausweichende Antwort. Das Auto hielt vor derselben Baumgruppe, unter der ich mit Vater und meinen beiden Brüdern gesessen hatte, während Mutter eingesargt wurde. Da saß ich nun wieder, von einem Soldaten bewacht, während der Politoffizier hineinging, um die nötigen Formalitäten zu erledigen. Bei der Einlieferung mußte ich meinen Ehering und meinen Siegelring gegen Quittung abliefern. Erstaunlicherweise erhielt ich sie bei Verlassen des Gefängnisses ein halbes Jahr später zurück. Sie wurden mir im GPU-Gefängnis in Leningrad 1950 abermals abgenommen. Als ich diesen Ort nach einem Vierteljahr verließ, erhielt ich sie nicht zurück. Vier Jahre später habe ich dann in regelmäßigen Abständen an die Gefängnisverwaltung geschrieben und die Ringe zurückverlangt. 1955 hatte ich die sowjetischen Behörden in ausreichendem Maße ermüdet und eines Tages wurden mir die Ringe zum allgemeinen Erstaunen übergeben.

Wenn man in ein Gefängnis eingeliefert wird, legt man zuerst den Koffer oder Rucksack sowie alle Kleider, die man am Leibe hat, auf einen Untersuchungstisch. Jede Naht und jede Tasche wird untersucht, Hosenträger, Gürtel und Schnürsenkel werden abgenommen und beim Gepäck verwahrt. In diesem Fall wurde mir allerdings ein Sack gelassen, in dem sich eine große Schachtel Zigaretten befand. Zunächst kam ich mit einer größeren Zahl von Neuankömmlingen in einen leeren Raum mit Zementfußboden. Es waren da unter anderem ein höherer lettischer

Beamter, ein lettischer Schiffsreeder, ein junger estnischer Partisan – ein sogenannter „Waldbruder" – und auch einige verwegen wirkende russische Kriminelle, die im sowjetischen Jargon „Blatnoi" genannt wurden. Bei meinem Eintritt begrüßte ich die Anwesenden in mehreren Sprachen und legte mich irgendwo auf den Zementboden, um mir einen Schlafplatz zu sichern. Dann bot ich aus meiner Riesenschachtel Zigaretten an und machte mich den Anwesenden bekannt. Der Beamte und der Schiffsreeder sprachen deutsch, als wäre es ihre Muttersprache. Der Reeder war tief niedergeschlagen und sagte: „Da hat man ein Leben lang ein Geschäft und eine Handelsflotte aufgebaut und so ist das Ende!" Der Beamte warnte mich vor den Blatnois, die ganz gefährliche und unberechenbare Typen seien. In der Nacht schlief ich mit dem Kopf auf dem Sack mit der Zigarettenschachtel. Am Morgen zog mich der lettische Beamte in eine verhältnismäßig menschenleere Ecke und flüsterte mir ins Ohr, der Anführer der Blatnois hätte, während ich schlief, die Zigarettenschachtel unter meinen Kopf herausgezogen und an sich genommen. Ich sollte aber nur ja nichts sagen, denn die Rache dieser Typen sei fürchterlich und sie hätten immer, trotz aller Filzungen, Rasierklingen und ähnliche Vergeltungsvollzugsinstrumente bei sich. Mich traf der Verlust nicht schwer, denn ich hatte mich, im Protest gegen die Rauchsucht der Kameraden, von Zigaretten unabhängig gemacht. Die Blatnoigruppe rauchte mit Vergnügen. Ihr Anführer trat auf mich zu und bot mir zwischen zwei Fingern eine Zigarette an. Ich sagte: „Spasibo!" (Danke). Er antwortete: „Warum sagen sie Danke? Es sind doch ihre Zigaretten!" Damit wandte er sich einigen anderen Favoriten zu und teilte großmutig aus freier Hand aus seinem großen Vorrat je eine Zigarette aus, die er gewissermaßen aus der Luft hervorzauberte. Die Schachtel blieb unsichtbar.

Meine nächste Station war ein großer Raum mit Etagenpritschen, mit etwa 40 Insassen. Ein junger, blonder Este – ein Waldbruder (Partisan oder Freiheitskämpfer) – begrüßte mich sogleich und lud mich ein, die freie Koje neben ihm zu beziehen. Im Verlauf unserer Gespräche begeisterte er sich für den Gedanken, daß wir beide vielleicht entlassen würden und zusammen zu seinen Kameraden zurück in den Wald gehen könnten, denn seiner Gruppe fehle ein Offizier. In diesem Raum saßen verschiedene Nationalitäten zusammen, die meisten waren Letten. Auch meine beiden Freunde von der ersten Nacht, der Beamte und der Schiffsreeder, befanden sich unter ihnen. Der Beamte war von den Blatnois nicht geplündert worden und bot mir jeden Morgen aus seinen

Vorräten eine Zigarette an. Keiner von den Anwesenden, außer dem Waldbruder, wußte, warum er im Gefängnis saß. Und um diese Frage drehten sich die meisten Gespräche. Alle meinten, daß ihre Festnahme nur auf einem Fehler beruhen könne und daß sie bald wieder frei gelassen werden würden. Meine beiden lettischen Freunde, die mit mir Deutsch sprachen, sahen klarer und beurteilten ihre Lage mit großem Pessimismus. Nach etwa zwei Monaten wurde ich in eine Einzelzelle verlegt, in der ich aber nur vorübergehend allein war. Meist waren wir zu zweit. Längere Zeit teilte ich die Zelle mit einem Nahrungsmittelchemiker und doppeltem Doktor aus Winsen a. d. Luhe. Mit ihm entspannen sich außerordentlich gute und faszinierende Gespräche. Wir bekamen fast nichts zu essen und wurden immer weniger. Und da es ihm an Gelehrsamkeit nicht gebrach, konnte er mir mit wissenschaftlicher Genauigkeit vorrechnen, wie lange ein Mensch unter diesen Umständen überleben könne. Eines Tages brach er in der Zelle zusammen. Da ich gleich drauf zu meiner ersten Vernehmung geführt wurde, machte ich dem KGB-Offizier Vorhaltungen und sagte, wenn das Regime so weitergehen solle, könne es wohl nicht mehr lange dauern; mein Zellenkamerad hätte bereits einen Schwächekollaps gehabt. Am nächsten Tag wurde der Chemiker abgeholt und ich blieb zunächst allein. Einmal täglich wurde man zum Spaziergang von 20 Minuten auf den Gefängnishof geführt. Dort war die sogenannte „Torte" im Bau: in der Mitte ein Beobachtungsturm, bemannt mit einem Posten mit Maschinenpistole. Um den Turm herum die Tortensegmente, jedes für die Bewohner einer Zelle bestimmt. Die hohen Planken, die die Segmente gegeneinander abgrenzen sollten, waren aber noch nicht da, so daß das Ganze ein durchsichtiges Grippe war. Jedes Segment hatte jedoch schon eine Tür, die sorgfältig verschlossen wurde. Innen konnte man die ganze Torte mit allen Spaziergängern überblicken. Man durfte nicht stehen bleiben und nicht in das Nachbarsegment hineinsprechen. Der Posten auf dem Mittelturm konnte aber nicht rundherum alles unter Kontrolle halten und immer, wenn er einem Segment den Rücken zuwandte, ging man mit den Insassen des Nachbarsegments parallel an der Querplanke entlang und tauschte Nachrichten aus. Auf diese Weise erfuhr ich z.B., daß mein Chemikerfreund, dem ich so nachgetrauert hatte, ein Spitzel war. Ich halte es nicht für ausgeschlossen, daß der vorzüglich gespielte Schwächeanfall mit seinen Auftraggebern verabredet war. Später habe ich das Gerücht bestätigt gefunden, der interessante Chemiker wechselte tatsächlich von Zelle zu Zelle und wurde mit der Zeit nicht nur von deutschen Kriegsgefangenen, die im Gefängnis saßen, sondern auch von

Letten immer wieder als Spitzel erkannt. Welche genauen Aufträge er in Bezug auf meine Person hatte, weiß ich nicht. Ich hatte längst schon in Lagern bei Befragungen Angaben über meine Tätigkeit während des Krieges gemacht und bewahrte keine Geheimnisse, die ein Spitzel mir hätte entlocken können. Er kann also dem Vernehmungsoffizier über mich nicht mehr erzählt haben, als der schon wußte.

Da fällt mir noch ein Gespräch im offenen Tortensegment ein. In der Nebenabteilung befand sich ebenfalls ein einsamer Mann mit glühenden Augen, sofort als Georgier zu erkennen. Ich stellte ihm die übliche Frage, mit der man Gespräche einleitete: „Bist du schon verurteilt?" „Ja." „Wieviel Jahre?" „25". „Wofür?" „Weißt du was ein Komissar ist?" „Ja." „Ich habe zwei Stück totgeschlagen." Da mein interessanter Gesprächspartner mich verlassen hatte, wollte ich Bücher aus der Bibliothek haben, was aber strikt abgelehnt wurde. Auf meine Frage, ob ich eine Bibel haben könnte, gab es nur ein kurzes „njet".

Das Essen bestand aus Wassersuppe und einem größeren Stück puddingartigen Schwarzbrotes. Das Brot wurde morgens für den ganzen Tag ausgeteilt. Dazu gab es einen Becher heißes Wasser. Russen pflegten das Brot sofort aufzuessen, Deutsche versuchten es über den ganzen Tag zu verteilen. Es gab unter den deutschen Kriegsgefangenen im Gefängnis sogar einen Spinner, der morgens aus dem Brot kleine Figürchen knetete, Menschlein, Häschen, Elefanten und Fabeltiere, und diese Menagerie dann im Laufe des Tages in strenger Disziplin und mit großem Vergnügen verzehrte. Die Folgen einer solchen Ernährung sind recht verschieden. Menschen mit einem reichlichen Unterhautfettgewebe mögen es ein halbes Jahr aushalten. Mein an und für sich nicht sehr üppiges Fett, das in den Lagern schon stark abgenommen hatte, war in drei Monaten verbraucht. Man hat dann kein Gesäß mehr (die letzte Reserve). Die Haut spannt sich ohne Abpolsterung über das Gerippe und die Venen hängen wie Trauben an den Waden. Der Nahrungsinstinkt wird aber äußerst geschärft. Wenn morgens das Puddingbrot 200 Meter weit auf einem Rollwagen in den Korridor geschoben wurde, roch ich es sofort und fühlte mich in dieser Beziehung den Tieren sehr verwandt. Manchmal hatte ich beim Gehen das Gefühl zu schweben. Trotzdem trieb mir die Anstrengung beim Übertreten der Türschwelle den Schweiß auf die Stirn. Die Schwellen überschritt man entweder, wenn man zellenweise in den Klo-Waschraum geführt wurde, oder wenn es nachts zur Vernehmung ging. Man kann sich fragen, warum gerade nachts? Ich nehme an, daß es eine der Folter benachbarte Repressalie war.

Ich hatte mehrere Monate teils allein, teils in Gesellschaft in der Zelle gesessen, ohne zu wissen warum. Jede Zellentür eines Gefängnisses hat ein Guckloch, durch das die auf dem Korridor patrouillierenden Wachen hineinschauen können. Wenn ich z.B., um mich beweglich zu halten, Freiübungen machte, öffnete der Posten die Tür und kommandierte: „Prekratje sanimatsa gimnastikoi!" (Aufhören mit gymnastischen Übungen!) Die Augen der Wachen erkannte ich daran, daß die Klappe ganz vorsichtig und ohne jedes Geräusch zur Seite geschoben wurde und ein Auge mich längere Zeit beobachtete. Später habe ich mir überlegt, daß es sich um KGB-Offiziere handelte, die nachsehen kamen, ob ich schon schwach genug sei, um zum Verhör geholt zu werden. Hänsel und Gretel mußten die Finger durch die Tür stecken, damit die Hexe sehen konnte, ob sie schon fett genug waren, um gebraten zu werden. In meinem Fall war es umgekehrt.

Abends um 10:00 Uhr durfte man sich hinlegen und versank in einen erquickenden Schlaf der Erschöpfung. Aus diesem wurde man dann nachts um 2:00 Uhr geweckt und durch endlose Korridore und viele vergitterte Zwischentüren zu einem kleinen Vernehmungszimmer geführt. Da saß der Quälgeist an einem Tisch. Ich setzte mich ihm gegenüber, aber in sicherem Abstand auf einen eisernen Hocker, der am Fußboden festgeschraubt war. So ein Verhör pflegte einige Stunden zu dauern. Allein das Vorwort nahm recht viel Zeit, denn man mußte nicht nur Namen, Vaternamen, Geburtsdatum, sondern auch das gleiche für die Eltern mit Ortsangaben, Beruf etc. angeben. Ich hatte wenig Neues zu erzählen, denn im Wesentlichen hatte ich schon längst für mein Gefühl ausreichende Angaben über meine Tätigkeit während des Rußlandfeldzuges gemacht. Jetzt wurde ich aber doch mit einem neuen Gedanken konfrontiert. In stundenlangen Verhören pirschte sich der Befrager an meine Tätigkeit als Vernehmungsoffizier im Keller des Stroganoffschen Schloßes Wolyschew heran. Ein russischer kriegsgefangener Partisan, der als Freiwilliger vor der Tür zum Keller Wache gestanden hatte und den ich sehr gut kannte, hatte Folgendes schriftlich über mich berichtet: Ich hätte zwei gefangene Partisanen in mein Vernehmungszimmer führen lassen und sie, ungerührt durch ihr Schreien und Stöhnen, so lange mit einem Schlagwerk zu blutigen Klumpen gehauen, bis sie meine Fragen über das von Partisanen beherrschte Gebiet beantwortet hätten. Dann hätte ich die beiden blutenden Invaliden am Wachposten vorbei zu einem Flugzeug geführt und sei mit ihnen über das mich interessierende Gebiet geflogen, um die Richtigkeit der Angaben zu überprüfen, die sie mir gemacht hatten. Wie solche Phantasien von den Tschekisten bzw. KGB-Leuten in einen armen Wlassowsoldaten hinein und wieder herausgebeutelt werden, ist bekannt. Dem Bericht lagen folgende Tatsachen zugrunde: Der Landrat und Kreisleiter der NSDAP des Kreises Altburgund (Danzig Westpreußen) war als Reserveoffizier Oberleutnant. Er brauchte, um allen Anforderungen zu genügen, einen vorübergehenden Einsatz, was man im Parteijaron „Frontbewährung" nannte. Er ließ sich zu diesem Zweck beurlauben und geriet zu unserem Stabe, der nicht an der äußersten Frontlinie lag. Was sollte man mit ihm anfangen? Im Kasino war er ganz gern gelitten und wußte amüsant von seinem paradiesischen Leben im Kreise Altburgund mit Treibjagden, Schnitzeljagden und Festen zu erzählen. Während seiner Gastrolle bei uns, hatte die 16. Armee uns für einige Tage einen Fieseler Storch zur Verfügung gestellt. Der tatendurstige Landrat wurde als Beobachter mit dem Storch über Partisanengebiet geschickt. Das Flugzeug wurde aber vom Boden aus mit Gewehrfeuer attackiert, worauf der Kreisleiter sofort umkehren ließ. Er war durch massive Feindeinwirkung an der Ausführung seines Auftrages verhindert worden. Zu seiner Ehre konnte der Pilot an einem Flügel einen Einschuss entdecken. Am folgenden Tag verfaßte die Personalabteilung einen lobenden Bericht über den kriegerischen Einsatz der Kreisleiters und schickte den Landrat nach Hause. Er hatte seine Frontbewährung, die nicht ganz zum EK 1 reichte, bestanden. Es gibt keinen Zweifel, daß man diese Geschichte des fliegenden Landrats und Kreisleiters dem in meiner Sache befragten Wachsoldaten suggeriert hat.

Diese Geschichte ist mir noch ungezählte Male bei ungezählten Verhören aufgetischt worden.

Eine andere Frage, die den Vernehmer und mich stundenlang beschäftigte: „Was hing bei Ihnen an der Wand?" Ich antwortete, „Landkarten" und konnte auch in meiner Erinnerung nichts anderes an der Wand sehen. Nachdem ich zum vielleicht 20. Male auf die gleiche Frage die gleiche Antwort gegeben hatte, ging dem Vernehmer die Geduld aus. Mit einem triumphierenden Blick sagte er: „Nun gut, ich werde Ihnen helfen. An Ihrer Wand hing eine Peitsche." Er hatte recht. In dem Zimmer wohnte der Schreiber Blum aus Aachen, dem ich meine Berichte in die Maschine diktierte. Über dem Sofa, auf dem er schlief, hatte er eine Hundepeitsche mit Karabiner aufgehängt, die zu einem sehr freundlichem Schäferhund gehörte, den er von einer abziehenden litauischen Truppe hatte. Nachträglich fiel mir ein, wie dumm ich war, die Peitsche, die ich nie beachtet hatte, dort hängen zu lassen; denn es wurde den russischen Soldaten erzählt, daß sie von Hunden zerfleischt und gepeitscht wurden, und daß man ihnen aus dem Rücken Riemen schneiden würde, falls sie sich in deutsche Gefangenschaft begeben sollten. Nachträglich konnte ich mir vorstellen, daß jeder Gefangene, der zu mir gebracht wurde, als Erstes die Peitsche an der Wand gesehen haben mag, die ich selbst nie bemerkt hatte. Vielleicht lag auch der Schäferhund als zusätzliche Bedrohung unterm Tisch. Das hat aber offenbar niemand berichtet, denn über den Hund bin ich nie befragt worden. Daß ich ihn jetzt, um die Peitsche zu erklären, aus meiner Erinnerung hervorholte, war uninteressant. Nach solchen Fragestunden kam man erschöpft in die Zelle zurück und konnte noch einige Stunden schlafen.

Eines Tages oder Nachts wurde ich wieder aus der Zelle geholt und im Vernehmungszimmer mit einem alten Bekannten, dem Maler Axel Sponholz, konfrontiert. Der Vernehmungsoffizier, ein Oberstleutnant des KGB, überschüttete mich mit einer auswendig gelernten Anklagerede auf Sponholz und behauptete, er habe mit dem Maschinengewehr Sowjetmenschen niedergemäht. Die Vorstellung von Sponholz, einem ganz vergeistigten, zartgebauten Mann hinter einem Maschinengewehr war ganz absurd. Ich sagte dem Oberstleutnant, er solle sich doch Sponholz ganz genau ansehen, dann würde er die Unsinnigkeit der Geschichte selber einsehen. Zufällig wisse ich aber, daß der Kriegseinsatz meines Bekannten im Stabe der 18. Armee darin bestanden habe, Bilder zu malen und mit dem Generalfeldmarschall Karten zu spielen. Der Oberstleutnant geriet in große Wut und ließ mich abführen. Sponholz blieb zurück. Er war im Zivilberuf Konservator des Wallraff-Richards-Museums in Köln, wohin er 1955 zurückgekehrt ist.

Manchmal ging es in der Zelle auch recht kurzweilig zu. Eine Zeitlang hatte ich die Gesellschaft von drei oder vier Kameraden, von denen der eine das Talent besaß, ganze Romane, die er früher gelesen hatte, ausführlich und dabei spannend zu erzählen. Dieses literarische Zwischenspiel dauerte jedoch nicht lange. Dann wurde ich eines Tages wieder zu einer Gegenüberstellung geführt, auf Russisch „Otschnaja Stawka". Der gleiche Oberstleutnant zeigte sich diesmal wesentlich freundlicher und sagte mit einer einladenden Handbewegung: „Begrüßen Sie Ihren Bekannten." Mir gegenüber stand Boris Epinatjew aus Reval, der, ebenso wie ich, über die Dolmetscherkompanie zur Wehrmacht gekommen war. Hillo und ich waren beide gut mit ihm bekannt. Unter solchen sonderbaren Umständen ist es allerdings nicht leicht, Wiedersehensfreude ungehemmt zu äußern. Auch dieses Zusammentreffen war nur kurz. Ich kann mich nicht erinnern, daß wir überhaupt Worte gewechselt hätten und ich weiß auch nicht, ob ich Epinatjew mit Handschlag begrüßt habe, während der KGB-Mann dabeistand und uns genau beobachtete. An einem der folgenden Tage öffnete sich die Zellentür und Epinatjew trat ein. Wir haben dann wochenlang die Zelle geteilt und uns anfangs sehr gut unterhalten. Wir gingen z.B. im Geiste in Reval spazieren und betrachteten fast jedes einzelne Haus. Er war dort geboren und kannte die Stadt infolgedessen noch besser als ich. Sein Ernährungszustand schien etwas besser zu sein als der meine. Zu meinem Erstaunen konnte ich an mir selbst die Beobachtung machen, daß ich im äußersten Stadium des Hungers einem Tier immer ähnlicher wurde. Nicht nur, was die unvorstellbare Verfeinerung der Witterung anbelangte, sondern auch das vollkommene Verschwinden des Ekels. Ich hatte einen ausgeprägten Vitaminhunger und pflückte auf dem Spaziergang in der „Torte", oder auf dem Wege zu ihr, spärlich am Wege wachsende Grashalme und Kräuter, die ich spülte, wenn wir zum Waschen geführt wurden und dann mit Genuß verzehrte. Einmal fand ich auf dem Gefängnishof ein zweifellos von einem Letten achtlos weggeworfenes Apfelherz. Ich bückte mich blitzschnell und steckte es in die Tasche, um es später ebenso wie die Gräser zu reinigen. Es war das Herz eines rotstrahligen Apfels, einer Sorte, die im ganzen Baltikum, besonders aber in Kurland und im Dünagebiet ein unvergleichliches Aroma besitzt (gibt es nicht bei der Edeka!). Ich habe dann in der Zelle das fremde Apfelherz geradezu mit Andacht verzehrt. Ich erinnere mich noch heute deutlich an dieses größte Apfelerlebnis meines Lebens.

Es waren jetzt etwa fünf Monate seit meiner Ankunft im Gefängnis vergangen. Epinatjew war nicht ganz so abgemagert wie ich und schien auch keinen Heißhunger nach Vitaminen zu verspüren. Aber seine Nerven waren stark lädiert. Als ich einmal nachts die Decke zurückschlug, empfand er das als einen Affront, da ihm der entstehende Luftzug unerträglich schien. Er erklärte mir mit eisiger Stimme, ich sei nicht allein im Zimmer (Zimmer!). Von da an sprach er nicht mehr mit mir. Das dauerte vielleicht zwei Wochen. Dann wurden wir zwei Schweiger eines Tages zum 20 Minuten Spaziergang geführt und gingen schweigend nebeneinander im Tortendreieck herum. Plötzlich zeigte er nach unten und sagte: „Da ist ein Kleeblatt!" Und tatsächlich wuchs im Schutz des Plankenzaunes ein Kleepflänzchen. Als wir wieder daran vorbeikamen, bückte ich mich rasch und steckte einige Stängel in die Tasche. Damit war der Bann gebrochen und wir konnten uns wieder unterhalten, als ob nichts gewesen wäre. Bald darauf zeigten sich einige schwarze Punkte auf Epinatjeffs Bauch. Nach unserer damaligen Kenntnis war das ein Anzeichen von Skorbut, einer Vitaminmangelkrankheit, die im russisch-japanischen Krieg 1905 zuerst entdeckt worden ist. Als ich bald darauf wieder eines Nachts zum Oberstleutnant geführt wurde, ließ ich ihn erst gar nicht mit seinen Fragen beginnen, sondern überfiel ihn mit einem Wortschwall, ähnlich seiner eigenen Ansprache an Axel Sponholz, und wies ihn auf das Verwerfliche seiner Praxis hin, uns auszuhungern, um uns vielleicht gefügiger zu machen. Er würde jedenfalls nicht mehr lange mit mir das Vergnügen haben und mit Epinatjew auch nicht, denn der habe schon schwarze Punkte auf dem Bauch, und der Oberstleutnant wisse wohl, was das bedeute. Meine Rede schien ihn nachdenklich zu stimmen. Ein oder zwei Tage später wurden wir aus der Zelle in die sogenannte „Genesendenabteilung" verlegt.

Bevor ich von dieser neuen Unterkunft erzähle, möchte ich noch auf den Mann, einen deutschen Kriegsgefangenen, zurückkommen, der jeden Morgen Männchen, Weiblein, Kühe und Schafe aus seinem Brot knetete und sie dann nach einem genauen Plan im Lauf des Tages verspeiste, ganz im Gegensatz zu den Russen, die ihr Brot sofort aufaßen, wenn sie es bekamen. Ich tat etwas Ähnliches, wie der Mann mit den Figürchen. Irgendwo fand ich eine stehengelassene Tonschüssel. Das Brot brökelte ich am Morgen dort hinein, tat einen Fingerhut voll Zucker dazu, den ich seit einiger Zeit morgens zu bekommen pflegte, und rührte das Ganze mit etwas Wasser stundenlang, bis es schaumig wurde. Die ganze Zeit hatte ich den Genuß eines sehr angenehmen Duftes, der, je länger ich rührte, umso fruchtiger wurde. Schließlich aß ich diese Götterspeise auf.

Die sogenannte Genesendenabteilung war ein großer Raum mit etwa 40 Betten (keine Etagenbetten). An der Tür stand die „Parascha", eine große Tonne mit Tragestangen, die einmal täglich ausgeleert wurde. Gleich beim Eintreten wurde ich von einem jungen russischen Offizier mit kriminellem Einschlag empfangen. Er erkannte mich sofort als Deutschen und sagte zu mir auf Russisch: „Dolojitje kapitanu" (Melden Sie sich beim Hauptmann). Dabei zeigte er auf Axel Sponholz, der auf seiner Bettkante saß. Außer Sponholz, Epinatjew und mir, die wir sehr mager waren, machten alle anderen durchaus keinen schwächlichen Eindruck. Es waren meist Russen, aber auch einige Letten und ein Jude aus Reval namens Toddy Zeider. Ich belegte das Bett zwischen Sponholz und Zeider. Letzterer schien in ungewöhnlich guter Verfassung zu sein und sprang über eine Bank, wenn er es eilig hatte, zu seiner Koje zu kommen, während ich selbst kaum hinübersteigen konnte. Vom Russen wurde er gehänselt und „Itzig" (Jid) genannt. Er hatte in Reval Tanzmusik gemacht, war 1941 vor dem deutschen Vormarsch nach Moskau geflohen, und hatte auch dort mit einer Gruppe von Musikanten sich unter dem Namen Teddy Bernd über Wasser gehalten. Unter anderem hatten sie den bereits erwähnten Schlager „Rosamunde" gespielt. Nach dem Kriege war er nach Reval zurückgekehrt und hatte dort noch sein Wanderer-Fahrrad, auf das er sehr stolz war, vorgefunden. Auf diesem Fahrrad war er jetzt Richtung Süden gefahren, um in Königsberg Noten zu organisieren. Unterwegs dorthin, in der Nähe von Riga, hatte er bei einer Frau übernachtet, die ihn anzeigte, weil er sie angeblich bestohlen oder betrogen hatte. Er war noch nicht verurteilt und sah diesem Ereignis mit Zuversicht entgegen. Erstens besaß er einen Jagdschein von Dr. Friedenthal in Seewald bei Reval, auf dem ihm seine Unzurechnungsfähigkeit attestiert wurde. Falls er aber doch wieder alles Recht 10 Jahr Straflager bekommen sollte, würde es ihm auch dort immer gut gehen, denn er würde nicht lange ein gewöhnlicher Sträfling sein, sondern würde sehr bald entweder die Verpflegungsausgabe oder die Kleiderkammer übernehmen. Natürlich spielte er auch mit dem Gedanken, bei passender Gelegenheit aus der Sowjetunion zu entkommen. Ich sagte ihm, er könne doch vielleicht einmal in die Lage kommen, einen ausländischen Paß und vielleicht auch einen neuen Namen zu brauchen. Er war sofort hellwach. Ich sagte ihm, Ausweispapiere zu beschaffen sei am problemlosesten im Hafen von Malmö. Er versuchte nun, sich diesen Namen fest einzuprägen. Mitten in der Nacht wachte er auf, stieß mich an und flüsterte in mein Ohr: „Malmö". Dann schlief er beruhigt ein. Er besaß einen Kamm und hatte auch etwas längere Haare, die er damit in Ordnung halten konnte, während die meisten von uns kurzgeschoren waren. Hauptsächlich benutzte er aber seinen Kamm für edlere Zwecke. Neben ihm liegend brauchte ich ihm nur zu sagen: „Teddy, Bajazzo!" und sofort blies er auf dem Kamm die schönsten Arien.

In der Genesendenabteilung war ein lettischer Bauer, der schon einige Zeit im Gefängnis gesessen hatte, ohne daß seine Angehörigen wußten, wo er war. Sicher war er kein Analphabet, aber er gehörte offenbar zu den Menschen, die sich mit Papierkram schlecht auskennen. Teddy hatte diese Situation schnell erfaßt und wußte auch, daß ich in meinem Sack einen Bogen Papier hatte. Er erbat sich diesen Bogen und setzte für seinen lettischen Freund einen Brief auf, den er einem Wachposten zur

Weiterleitung übergab. Nach etwa 10 Tagen geschah das große Wunder: Für seinen Schützling war ein Freßpaket abgegeben worden. Teddy nahm sofort das Paket in Verwaltung. Für sich selbst berechnete er eine sehr bedeutende Kommission und er verfügte nunmehr über Vorräte an Brot, Butter und Speck. Für das zu Verfügung gestellte Papier wurde ich mit einer reichlichen Portion selbstangebautem Tabaks belohnt. Sponholz besaß eine Pfeife und wir rauchten beide mit Genuß. Auch für den Bauern war noch genügend übriggeblieben und Teddy half ihm auch, seinen Lebensmittelvorrat so zu verwahren, daß er ihm nicht gleich gestohlen wurde und er viele Tage davon zehren konnte. Nachdem nun die lettischen Angehörigen des Bauern wußten, wo er war, wurden regelmäßig an jedem Lebensmittelabgabetag Pakete für ihn abgegeben. Der Bauer war nun wohl versorgt und vollkommen abhängig von Teddy, ohne den er keinen Schritt mehr tun konnte.

Einer der Zimmergenossen war ein Richter aus Leningrad, ein gesetzter Herr mit Bauch. Eines Tages erhielt er ein ungewöhnlich großes Lebensmittelpaket. Es war üblich, daß die Empfänger solcher Gaben mindestens ihre Nachbarn an ihrem Glücke teilhaben ließen. Er aber wollte alles für sich behalten und würgte wahllos Brot, Käse, Äpfel und Wurst herunter. Die Jugendlichen einer Blatnoisgruppe machten sich einzeln nacheinander an ihn heran. Er aber hob beschwörend seine Hände und erklärte immer wieder, kauend und schluckend: „Njet, njet, ich kann nichts abgeben!" Er muß eine furchtbare Nacht gehabt haben. Stöhnend lag er im Bett, weil er sich übergefressen hatte. Am nächsten Morgen saß er aufrecht auf seinem Lager, krümmte sich und stöhnte. Sein Paket aber war fort. Trotz seines Bauchgrimmens muß er in der Nacht eingeschlafen sein und die jungen Spezialisten hatten alles, was er nicht hatte aufessen können, unter ihm weggezogen, ohne daß er etwas gemerkt hatte. Die Strafe der Blatnois wurde allgemein als gerecht empfunden.

Der Aufenthalt in diesem Raum dauerte für mich viele Wochen. Ob ich in dieser Zeit noch zu Vernehmungen gerufen wurde, weiß ich nicht mehr. Bei den Verhören schien es in der Hauptsache darauf anzukommen, welche sowjetischen Vertrauensleute ich für die Zeit nach dem Kriege in die Pflicht genommen hatte, damit sie im Falle eines neuen Krieges wieder zu Verfügung stehen würden. Ich konnte ihnen ihren Wunsch nicht erfüllen, sie haben mich aber mit großer Hartnäckigkeit 10 Jahre lang danach gefragt.

14

Eines Tages wurde ich „mit Sachen" (*s weschtschami*) herausgerufen, was eine Verlegung in eine andere Zelle oder Abtransport nach „werweißwohin" bedeuten konnte. Mein Hauptquälgeist, nicht der Oberstleutnant, sondern ein urbaner Mann in Zivil, der sich Sledowatl (Untersuchungsrichter) nannte, nahm mich in der Rezeption in Empfang und sorgte gegen den Protest der Gefängnisbeamten, die an der langen Theke saßen, dafür, daß mir mein Siegelring und mein Ehering zurückgegeben wurden. Draußen durfte ich die Plattform eines Lastautos erklettern und dachte: „Wie schaffe ich das?" Aber es gelang. Die Fahrt ging die gleichen, mir wohlbekannten Straßen entlang, die ich als Kind oft gelaufen war, wenn ich zusammen mit dem Vater und den Brüdern Essen zu meiner inhaftierten Mutter gebracht hatte. Es war die gleiche Strecke, auf der wir mit einem Handkarren den Sarg meiner Mutter zum Friedhof transportiert hatten. Alle diese Erinnerungen stürmten auf mich ein, als ich zum Gefangenenlager Weidendam gefahren wurde, im Gelände des Güterbahnhofs, etwa dort, wo 1918 der aus Sibirien zurückgekehrte Zug mit den verschleppten Herren der estländischen Ritterschaft angekommen war. Mir wurde ein Platz in einer Baracke zugewiesen, ein Raum von etwa 30 Meter Länge mit zwei durchlaufenden Pritschen in zwei Etagen, in der Mitte die Stallgasse. Jeder Mann hatte schätzungsweise 45 cm Platz, so daß man bequem auf dem Rücken liegen konnte. Früher war es oft weniger komfortabel gewesen, so daß man nur auf der Seite liegen konnte und ein Herumwälzen nur möglich war, wenn alle das Gleiche taten. Es war Nachmittag, einige Arbeitskommandos waren zurückgekehrt und lagen bereits auf ihren Pritschen. Mir ist ein junger Mann erinnerlich, der nicht wie seine Nachbarn flach lag, sondern den Oberkörper aufgerichtet hatte und mit einem gequälten Gesichtsausdruck unablässig Verbeugungen machte, weil das Sodbrennen ihn so sehr quälte. Ich wurde an den Richter aus Leningrad erinnert. Nachdem ich meinen Sack auf meinen Platz gelegt und mich mit meinen Nachbarn bekannt gemacht hatte, begab ich mich hinaus, um das Lager zu erkunden. Auf der Hauptlagertraße begegnete mir ein alter Bekannter, Fritz Baschek aus Prag, ein großer Architekt. „Mensch, Rosen, das ist aber nett! Aber wie siehst Du aus! Komm doch zu mir in einer Stunde in das kleine Ziegelhäuschen zum Abendessen." Ich hatte eine Stunde Zeit und betrat die nächstgelegene Baracke. Sie war von außen ungewöhnlich schön angestrichen und der Vorraum, den man zunächst betrat, strahlte von Lack und Farben. Es stand da sogar ein Spieltisch, eine Art Billard, mit flachen Steinen. Es hatte im Lager einen sozialistischen Schönheitswettbewerb gegeben. Diese Baracke hatte den ersten Preis gewonnen und der jüdische KGB-Offizier für geistige Betreuung und Umerziehung hatte, wie mir später erzählt wurde, den mir unvergeßlichen Ausspruch getan: „Außen Glanz und innen Scheiße". Auch hier eine Stallgasse, die ich nun betrat. Zu beiden Seiten durchlaufende Pritschen in zwei Etagen wie in meiner Baracke. Die Bewohner waren von der Arbeit zurückgekehrt, viele schliefen schon. Einer auf der oberen Etage las ein Buch, richtete sich, als ich näher kam, auf und sagte: „Na, Sie haben aba och schon bessa ausjesehn!" Es war Günther Spiegel aus Berlin, den ich schon 1945 in irgendeinem Lager getroffen hatte. Es war nun Zeit für mich, zum Abendessen in die Villa Blaschek zu gehen, einem kleinen, zum Güterbahnhof gehörenden Häuschen, das man dem Lagerarchitekten zur Verfügung gestellt hatte. Alles, was es im Lager zu bauen oder auszubessern gab, stand unter seiner Regie. Material wurde nicht geliefert, sondern mußte organisiert werden. Neben dem Lagereingang hatte Blaschek einen eleganten runden Frisörsalon gebaut. Sicher in der ganzen Sowjetunion ein Unikat. Jeder Mann wurde einmal in der Woche rasiert und die Haare wurden kurzgeschoren, denn sie durften nicht länger als 1 cm sein. Da Blaschek ein sehr tüchtiger Architekt war, war er den sowjetischen Mächtigen des Lagers, wie auch der ganzen Gruppe in und um Riga unentbehrlich. Viele von den Offizieren hatten private Neu- oder Umbauinteressen und das mußte Blaschek machen. Zu diesem Zweck war es notwendig, daß er das Lager verlassen durfte, wann er wollte. Man hatte ihm einen Zivilanzug aus Wolldecken und eine Mütze genäht und er besaß einen Propusk (Papierschein), der ihm alle Türen öffnete. Er war im besten Ernährungszustand und wo er in der Stadt auftrat, konnte man ihn mühelos als Bolschoi Natschalnik (großer Chef) erkennen. Für alle diese Arbeiten, an denen Moskau nicht beteiligt war, mußte das Material organisiert werden.

In dem kleinen Ziegelhause wohnte Blaschek zusammen mit seinem Burschen, einem jungen Westfalen, den die russische Lagerleitung ihm beigegeben hatte, damit er sich ganz seinen höheren Zwecken widmen konnte. Blaschek nahm auch nicht an der allgemeinen Wassersuppe teil, sondern der Bursche kochte für ihn. Ich wurde auf einen Pfannkuchen mit viel Fett und Zucker eingeladen, der sich riesig groß über den ganzen Teller ausdehnte, und eine Kruke Bohnenkaffee mit Milch und Zucker stand für mich bereit. Ich aß ein Eckchen von dem Pfannkuchen und nippte am Kaffee, dann wurde mir mehr als übel und ich hatte gerade noch Zeit, Blaschek zu sagen, ich fühlte mich nicht ganz wohl und mußte ins Freie. Die beiden Gastgeber waren verwundert und enttäuscht. Ich steckte mir alle Finger in den Hals und versuchte, das Pfannkuchenstückchen wieder loszuwerden, dann irrte ich die ganze Nacht im Lager umher und dachte, mein letztes Stündlein wäre gekommen. Als es schon tagte, fand ich auf dem Erdboden vor der Rampe hinter der Küche eine kleine Kartoffel, die beim Ausladen vom Lastauto gefallen war. Ich hob sie auf und aß sie. Ich erinnere mich noch heute an den frischen Geschmack der rohen Kartoffel, die für mich die beste Medizin war. Ich fühlte mich mit einem Schlage besser.

Früh um 8:00 Uhr war Gesundheitsbesichtigung. Eine sowjetische Ärztin und ein KGB-Offizier zur Kontrolle nahmen die Prüfung ab. Man wurde, je nach körperlichem Zustand, in die Arbeitsfähigkeitskategorien 1, 2 oder 3 eingeteilt. Man stand mit entblößtem Oberkörper Schlange und rückte ziemlich schnell vor. Jeder, der zur Ärztin vortrat, mußte die Arme hochheben damit der KGB-Offizier eine eventuelle Tätowierung in der Achselhöhle erkennen konnte. Das hätte die Zugehörigkeit zu einer SS- Formation bedeutet und der Betreffende wäre sofort ausgesondert worden. Als ich vor die Ärztin trat, erhob sie entsetzt die Hände und rief aus: „Bosche moi, hje wy byli?" (Um Gottes Willen, wo sind Sie gewesen?) Ich antwortete: „W tjuzmja". (Im Gefängnis) Sie riß sich zusammen, verbarg ihre Menschlichkeit hinter einer amtlichen Maske, und sagte mit Rücksicht auf ihren KGB-Nachbarn: „Nun natürlich, man muß eben aussagen". Dann verkündete sie kraft ihrer medizinischen Autorität: „Njemedlenno poloschitj!" (Sofort hinlegen). Das bedeutete Einweisung in das Krankenrevier des Lagers. Nachdem sie ihr Urteil gesprochen hatte, wandte sie sich wortlos an ihren Nachbarn, der zustimmend nickte. Wenn ich ein ganz Fremder gewesen wäre, hätte die Ärztin vielleicht nicht so emotional reagiert, aber wahrscheinlich nicht anders entschieden. Sie kannte mich vom Lager Kaiserwald, wo der Chefarzt allen dort tätigen sowjetischen Ärzten befohlen hatte, bei mir deutschen Unterricht zu nehmen. Ich hatte sie in „Pidgeondeutsch" unterrichtet, das ist Deutsch ohne Grammatik. Ich wurde nun in das Krankenrevier des Lagers eingewiesen und konnte mich in ein weißbezogenes Bett legen. Ich kam mir vor wie eine Filmdiva. Deutsche Krankenpfleger (Kriegsgefangene, die hierzu eingeteilt waren) umsorgten mich auf eine mir unvergeßlich nette Art. Der Küchenchef des Lagers erschien auf Befehl und erkundigte sich nach meinen Wünschen. Natürlich waren da Grenzen und ich konnte mir nicht mehr wünschen als vielleicht statt einer Wassersuppe ein paar Pellkartoffeln. Jeden Morgen kam der deutsche Chefarzt des Reviers, ein Oberfeldarzt (Generalsrang), in der Wehrmacht ein großer Mediziner, an mein Bett und untersuchte mich auf Herz und Nieren. Im Lager erzählte man sich infolge des Besuches des Küchenchefs „Rosen kratzt ab, denn er bekommt schon Wunschkost". Langweilig hatte ich es nicht, denn ich hatte kranke Kameraden im gleichen Raum. Man brachte mir Bücher aus der Lagerbibliothek und ich konnte auch Besuche von Freunden und Bekannten empfangen. Ich hatte bereits vor meiner Einlieferung ins Gefängnis Nachrichten von Hillo empfangen und wußte, daß sie und die Kinder nicht mehr in Vorarlberg, sondern in Stockholm waren. Hillo hatte es mir durch die Blume zu verstehen gegeben. Die Sowjets durften das nicht wissen. Offiziell war meine Familie in Hameln bei meiner Cousine Lucy Shilling, wohin ich meine Karten adressierte, und auch Hillos Antwortkarten wurden in Hameln abgesandt. Wir erhielten schätzungsweise seit Ende 1946 jeden Monat eine Postkarte des sowjetischen Roten Kreuzes und Roten Halbmondes mit Rückantwort. Da die Karten mindestens zwei Zensuren (im Lager und in Moskau) zu passieren hatten, war ihre Laufzeit recht lang, wenn sie überhaupt ankamen. Ich war gegen Ende August 1947 im Krankenrevier, konnte mir einige Buntstifte organisieren und zeichnete, im Bett sitzend eine Weihnachtskarte mit einem Christbaum und allen fünf Kindern und Jan Grundström auf Dalapferden reitend. Die Karte gelangte über Hameln nach Stockholm und ist noch erhalten.

Ich möchte mich jetzt Günther Spiegel zuwenden, der mich bei meinem ersten Gang durch die prämierte Baracke angesprochen hatte. Er arbeitete in der Rigaer Schwellen-Anstalt im Akkord, war außerordentlich leistungsfähig und verdiente verhältnismäßig viele Rubel. Mit diesen konnte er sich zusätzlich Lebensmittel verschaffen, so daß es ihm möglich war, sich immer in der Arbeitsgruppe 1, der höchsten Stufe der Fitness zu erhalten. Nach der Arbeit, am Abend des 1. September 1947, erschien er völlig unerwartet mit einer Flasche Wodka und einer Rolle Alber-Biskuit an meinem Bett, um mit mir Geburtstag zu feiern. Wenn ich es mir heute überlege, bewundere ich ihn dafür, daß er nicht Pfannkuchen mitbrachte, sondern leichte Kekse, die mir ausgezeichnet bekamen und merkwürdigerweise auch der Wodka. Ich glaube, wir haben im Laufe eines langen Abends die ganze Flasche mit dieser ungewöhnlichen

Sakuska geleert und uns ausgezeichnet unterhalten. Ich werde Günther Spiegel diesen Besuch nie vergessen. Er hatte sich einen Termin gesetzt, bis zu dem er bereit war, in der Gefangenschaft auszuhalten. Danach wollte er, koste was es wolle, fliehen. Später habe ich ihn aus den Augen verloren. Er wurde entweder zu einem Heimtransport eingeteilt oder in ein anderes Lager versetzt. Ich habe ihn bis heute nicht wiedergefunden.

Eines Tages erschien an meinem Bett ein KGB-Oberst aus dem Rigaer Innenministerium, musterte mich sehr genau und fragte mich: „Wy bolnoi?" (Sind Sie krank?) Ich antwortete, nein, ich bin nur schwach. Er sagte darauf: „Nu, ja wam ustroju objed!" (Nun, ich werde Ihnen ein Mittagessen besorgen) Dann entfernte er sich und um die Mittagszeit erschien ein Abgesandter der Küche und brachte mir eine Schale voll Pellkartoffeln. Da ich alle im Lager befindlichen Dolmetscher kannte, die teilweise auch Zugang zu Dschungeltrommeln hatten, erfuhr ich Folgendes: In Leningrad seien die meisten Angehörigen des Stabes, zu dem ich während des Krieges gehört hatte, zusammengezogen worden, um gemeinsam verhört oder einander gegenübergestellt zu werden. Man hätte auch mich dorthin bringen wollen, die Ärztin hätte aber ihre ganze medizinische Autorität in die Waagschale geworfen und erklärt, daß ich nicht transportfähig sei. Die Erschütterungen eines Lastautos beim Überqueren von Hindernissen, wie etwa eines Schienenüberganges, oder das Rütteln der Eisenbahn, könnten mir das Lebenslicht ausblasen. So erklärte sich der Kontrollbesuch des Obersten aus dem Innenministerium.

Meine Entlassung aus dem Gefängnis kam mir vor wie eine Neugeburt. Gleich nach meiner Ankunft im Lager müssen Karten ausgeteilt worden sein, denn ich erinnere mich, daß ich an Hillo schrieb: „Heute ist mein Geburtstag". Da ich diese Behauptung aber wegen der Zensur nicht überzeugend erklären konnte, muß sie wohl in Verwirrung geraten sein oder an meinem Verstande gezweifelt haben. Nach sechs Wochen der Krankenhauspflege hatte ich mich recht gut erholt. Das Gerippe war wieder gepolstert und die Adern an den Beinen waren nicht mehr zu sehen. Ich durfte schon hinausgehen und kleine Spaziergänge im Lager machen. Nach einigen Gängen fühlte ich mich ganz normal und hatte das Bedürfnis, ein wenig Trab zu laufen. Zu meinem großen Erstaunen war mir das aber nicht möglich, weil das eine Bein am Boden schleifte. Dagegen habe ich dann ganz konsequent trainiert. Erst konnte ich einen Schritt machen, dann täglich einen Schritt mehr, und schließlich gelang es mir, der ganzen Länge einer Baracke entlangzutraben. Ich zog wieder in meine frühere Baracke, wurde noch nicht zur Arbeit eingeteilt, sondern erhielt eine Beschäftigung in der Wäscherei, wo ich zwei sehr unterhaltsame Kameraden hatte, der jüngere aus Harzburg und der ältere aus Riga. Eines Tages ließ die Ärztin mich rufen und teilte mir mit, daß sie mich arbeitsfähig schreiben würde, weil es jetzt darauf ankäme, die Muskeln wieder aufzubauen (*Teper pora raswiwatj myschzy*). Ich kam zu einem Arbeitskommando im Hafengebiet an der Heringswrake, eine Gegend, in der ich als Junge oft herumgestrolcht war. Der deutsche Kommandoführer war gebeten worden, mir eine leichte Arbeit zuzuweisen. Ich sollte mit einem Kameraden 3 m lange Betonpfähle auf der Schulter tragen. Für ihn schien es eine leichte Arbeit zu sein, aber ich japste nach Luft, als ob ich schweres Asthma hätte, und das Herz schlug mir im Halse. Aber immerhin habe ich einige Pfeiler überlebt. Dann teilte der Kommandoführer, um den angeblichen Asthmatiker zu schonen, mich ein, um Dachpappenrollen auf ein Baugerüst hochzutragen. Die Wirkung war ähnlich wie bei den Betonpfählen, aber ich war allein für mich, konnte das Tempo drosseln und hielt bis zum Abend durch. Die Ärztin hatte recht gehabt, Muskeln und Organe ergänzten sich wieder, bis ich mich ganz normal fühlte. Von da an bin ich bei den Gesundheitsbesichtigungen immer nur in die Arbeitsgruppe 3 eingestuft worden. In dieser Gruppe war man nicht Maurer, Zimmermann, Schlosser, Anstreicher oder dergleichen, sondern bekam nur primitivere Arbeiten, Erde bewegen oder Handlangern, Zement mischen und ähnliches. Da war kein Geld zu verdienen. Trotzdem habe ich aber immer Geld gehabt. Am Anfang, als ich noch nicht zur Arbeit eingesetzt wurde, also im ersten Jahr der Gefangenschaft, durch Zigarettenverkauf, weil ich wenig rauchte, später durch meine Tätigkeit als Normierer (Normirowschtischik). Der Normierer ist verantwortlich für die Lohnabrechnung eines Arbeitskommandos. Da der Normierer unmittelbar mit dem russischen oder russisch-sprechenden Objektleiter zusammenarbeiten mußte, eigneten sich für diese Tätigkeit besonders die früheren Dolmetscher. Mir wurde bald eine solche Arbeit angetragen und ich bin auf vielen Objekten in Riga und auch später im Ural Normirowschtschik gewesen. In der Sowjetunion sind alle denkbaren Arbeiten in einem Buch normiert, aus diesem Buch ist zu ersehen, wieviel Arbeit für eine Arbeitsnorm (100%) geleistet werden muß, z.B. wieviele Ziegel ein Maurer in der Stunde vermauern muß, um die Norm von 100% zu erfüllen. Die Normen werden von Zeit zu Zeit erhöht, wenn nämlich sogenannte Stachanowarbeiter beweisen, daß man es auch schneller machen kann. Infolgedessen sind sie sehr unpopulär. Da die Kriegsgefangenen im Allgemeinen unter ungünstigen Verhältnissen arbeiteten (wenige und schlechte Maschinen), war es normalerweise – Ausnahmen gibt es immer – durch ehrliche Leistung nicht möglich, die Norm zu erfüllen. Geld gab es erst, wenn die Norm übererfüllt wurde. In einem Arbeitskommando von etwa 100 Mann mußte man mit den fünf oder zehn Tüchtigsten vereinbaren, daß man ihnen eine Arbeitsleistung von etwa 125% gutschreibt. Den 90 anderen schreibt man entsprechend weniger gut, aber doch so, daß es nicht auffällt. Am wenigsten Prozente schreibt man den Schwachen von der Gruppe 3 gut, von denen nicht viel erwartet werden kann. Das Ganze ist ein Rechenexempel. Mit den Spitzenkräften, die ja von der Gesamtheit der übrigen Mannschaft Prozente geschenkt bekommen, bespricht man, daß sie einen Teil ihres Lohnes für die Kameraden abgeben, was immer gutwillig getan wurde, weil ohne die Rechenkunststücke des Normierers niemand was bekäme. Ich war kein guter Normierer, weil mir das System, bei dem es weniger auf die Leistung als auf den Schein ankam, so unsympathisch war. Ich machte mir deshalb nicht die Mühe, jedem einzelnen Mann individuell erlogene Prozente auszurechnen, sondern ich berechnete gleichmäßig der Mehrzahl 20-30% und den fünf Besten, unter die ich mich einmal sogar selbst gesetzt habe, 130%. Das ging lange Zeit gut, bis es schließlich doch einmal auffiel und es zu einem großen Krach kam.

Als ich im Lager eines Nachmittags am Tor vorüberging, wurde gerade ein Kriegsgefangener mit einem LKW gebracht, der die typische wächserne Gesichtsfarbe hatte, an der ich erkannte, daß er aus dem Gefängnis kam. Er betrat das Lager in vorbildlicher Haltung. Es war der Oberst von Tarbuk aus Wien. Seit meiner Zeit im Lagerlazarett hatte ich gute Beziehungen zur Küche und ich besorgte dem Neuankömmling eine Schale mit dicker Suppe, obwohl es nicht Essenszeit war. Die Suppe war von besserer Qualität, als was man allgemein zu essen bekam, und stammte wahrscheinlich aus der Reserve, die die Köche für sich selbst und ihre Freunde abteilten. Tarbuk hatte nicht so lange wie ich im Gefängnis gesessen und hatte auch nicht so radikalen Hunger gelitten. Abgesehen von seiner Gesichtsfarbe war er körperlich einigermaßen imstande. Ich besorgte ihm einen Schlafplatz. In der Folge wurden wir Freunde und sind es bis heute geblieben. Jede Baracke hatte ein bis zwei Kopfstuben, an denen vorbei man die Stallgasse betrat. In den Kopfstuben wohnten die Privilegierten des Lagers (heute könnte man sie vielleicht die Nomenklatura nennen). Selbstverständlich der deutsche Lagerleiter und sein Gehilfe, der deutsche Arbeitseinsatzleiter, verschiedene andere

Lagerdienste und Personen, von denen man nicht genau wußte warum, und Mitglieder des Büros Antifa. Die Antifa rekrutierte sich aus ehemaligen 150 prozentigen Nationalsozialisten, Kommunisten und hellen Burschen, die immer spüren, wo der Wind weht und die immer bestrebt sind, mit dem Rücken an die Wand zu kommen. Die Aufgabe der Antifa war geistige Betreuung und Umerziehung. Das Büro arbeitete natürlich eng zusammen mit der sowjetischen Lagerführung, insbesondere mit dem für geistige Betreuung eingesetzten KGB-Offizier Schmul Abramowitsch. Die Angehörigen der Antifa galten nicht als honorige Leute. Man wußte es natürlich nicht genau, aber man setzte wohl mit Recht bei ihnen voraus, daß sie auf zwei Schultern trugen. Sie waren aber nicht nur Befehlsempfänger, die die Wünsche derjenigen zu erfüllen suchten, von denen ihre Privilegien kamen, sondern sie erfüllten gleichzeitig auch gewissenhaft ihnen übertragene Aufgaben, die im allgemeinen Kameradeninteresse lagen, wie zum Beispiel die Verwaltung der Lagerbibliothek oder den Betrieb des Lagerkinos. Das Kino war gleichzeitig mit dem Verschönerungswettbewerb des Lagers eingerichtet worden. Es gab einen Saal mit sechs Reihen und eine Bühne. Auf der Bühne wurde gelegentlich Theater oder Musik gespielt. Von Zeit zu Zeit gab es Filmvorführungen. Gezeigt wurden z.T. sehr gute sowjetrussische Filme, z.T. auch deutsche Filme, die in dem Berliner oder Babelsberger Filmmuseum erbeutet worden waren. Ich wurde von der Antifa gebeten, die russischen Filme simultan zu übersetzen, wozu für mich ein Lautsprecher montiert wurde. Später wurden die russischen Filme mir zuerst vorgeführt, was mir die spätere Übersetzung erleichterte. Zudem konnte ich im Voraus im Lagerfunk eine Inhaltsangabe des bevorstehenden Filmes geben, was den Zuschauern das Verständnis noch mehr erleichterte, als nur eine gleichzeitige Übersetzung. Eines Tages wurde eine sehr gute filmische Darstellung einer bekannten Erzählung von Puschkin gezeigt. Ich kannte die Erzählung, ließ mir auch den Film vorführen und gab sodann im Lagerfunk eine kurze Inhaltsangabe. Ein junger Gutsbesitzer wird von korrupten Steuerrevisoren derart zur Verzweiflung gebracht, daß er durchdreht, in den Wald geht, eine Räuberbande bildet und mit ihr brandschatzend durch die Lande zieht. Anschließend übersetzte ich den Film vor dem versammelten Auditorium. Auf der darauffolgenden monatlichen Besprechung der Antifa, des deutschen Lagerleiters und andere Dienste unter Vorsitz des Betreuungsoffiziers, erhob sich ein Antifamann und führte, wie mir berichtet wurde, etwa Folgendes aus: „Ich möchte darauf hinweisen, daß die Übersetzung der Filme durch den Kameraden v. Rosen für das ganze Lager eine große Bereicherung ist und ich trete dafür ein, daß das auch in Zukunft so weiter gemacht werden kann." Darauf rief Schmul Abramowitsch aus: „Rosen nich, Rosen nich!" Er wurde gefragt, warum nicht. „Er übersetzt falsch. Er hat gesagt, der Gutsbesitzer grindete eine Reiberband. Er hatte aber missen gesagt haben, der Gutsbesitzer grindete eine Partisanenabteilung". Damit war meine Filmkarriere beendet.

Eine der Kopfstuben stand leer. Kurt Tarbuk kam auf eine gute Idee. Unter Berufung auf die Bestimmung, daß Offiziere eigentlich gesondert untergebracht werden sollten, bat er um die Erlaubnis, zur Erholung diese leere Stube zu beziehen. Die Stube hatte drei Bettstellen und er lud Rudi Hutzel und mich ein, ihm bei seinem Kuraufenthalt Gesellschaft zu leisten. Wir verbrachten dort einige gemütliche Wochen. Ich hatte den Beiden von meiner im Gefängnis erfundenen Brotspeise erzählt. Im Verhältnis zu damals ging es uns jetzt sehr viel besser. Wir wollten nun versuchen, ob das zu Schaum gerührte Brot mit einer Prise Zucker wirklich so gut schmeckt oder ob das nur eine Hungerphantasie von mir war. Wir rührten also stundenlang und mit großer Ausdauer und verzehrten dann das Ergebnis unseres Fleißes mit Genuß. Die Speise erwies sich als wirklich gut. Wir haben aber den Versuch nicht wiederholt, weil wir nicht bereit waren, die ganze Freizeit daran zu verschwenden.

Ich war als Normierer bei einem Arbeitskommando beschäftigt, das die Aufgabe hatte, im weitläufigen Gelände des Sportvereins am Stintsee ein neues Yachtclubhaus zu bauen. Das Gelände, das alte Clubhaus und der daran anschließende Kaiserwald waren mir aus Kindertagen wohl vertraut. Es wurde Winter und ich schlug mein Hauptquartier im alten Clubhaus vor dem Kamin auf. Ich saß in einem Schafspelz am Sofatisch, der mit Bauzeichnungen und Lohnabrechnungen bedeckt war. Der Bauleiter war ein lettischer Ingenieur, mit dem ich Russisch sprach. An der Tür stand ein Sowjetsoldat mit Schafspelz und Maschinenpistole, nur um mich zu bewachen. Nachdem das Fundament gegossen und isoliert war, begannen die Maurerarbeiten. Nachdem einige Reihen Ziegel vermauert waren, fragte ich den Bauleiter, ob für das Haus eine Zentralheizung vorgesehen sei, was er bejahte. „Müssen die Heizkörper in Nischen unter den Fenstern angebracht werden?" Er bejahte auch das. Ich sagte, in zwei Tagen würden wir mit den Mauern so hoch kommen, daß die Nischen ausgespart werden müßten. In der Bauzeichnung seien die Nischen offenbar vergessen worden. Er sagte, wir dürften nur so mauern, wie es auf der Zeichnung steht. Ich schlug ihm vor, beim Ministerium anzurufen und von der vorgesetzten Behörde die Pläne besichtigen zu lassen. Er sagte, er könne sich das nicht erlauben, aber wenn ich durchaus wollte, sollte ich doch selbst anrufen. Ich ging ans Telefon und wählte die Nummer des Innenministeriums. Der Wachposten protestierte lauthals, weil es Gefangenen verboten sei zu telefonieren. Trotz seines Geschreies drang ich durch bis zum Sportdezernat (alles auf Russisch) und bekam einen zuständigen Ingenieur, der zu kommen versprach. In einigen Stunden war er da und ich erklärte ihm die Situation. Er sagte Folgendes: „Wir vom Ministerium der lettischen Sowjetrepublik haben nicht das Recht, in Moskau bestätigte Pläne zu ändern. Wir könnten die Baupläne nur mit einem Berichtigungsantrag nach Moskau schicken und dann dauert es acht Monate, bis sie zurückkommen. Das Haus muß also laut Plan ohne Nischen fertiggestellt werden und später einmal, wenn das Material für die Zentralheizung geliefert worden ist, wird man die Nischen ausmeißeln." (Daran kann man sehen, wie nötig eine Perestroika ist.) Einer unserer Maurer, ein junger Bauer, hatte die Ambition, besonders schnell zu arbeiten. Er wurde von der Antifa und vom sowjetischen Betreuungsoffizier entsprechend ermuntert und es wurde beschlossen, ihn als Stachanoffarbeiter hochzustilisieren. Dazu gehörte eine Anmeldung bei den entsprechenden Behörden in Riga, und durch diese vermutlich auch in Moskau, und eine Mitteilung an die Presse. Eine großer Mauerabschnitt am Clubhaus war für diesen Zweck ausersehen. Zehn Tage vor dem Tag X wurden schon die Ziegelsteine längs der zu errichtenden Mauer aufgeschichtet, die nötigen Zementsäcke, Sand, Kalk und eine größere Mischtrommel wurden rechtzeitig in Position gebracht. Nun sollte ein Mann in acht Stunden die ganze Mauer errichten. Er bekam 16 Handlager, die teils mit Schaufeln vor dem Maurer her die Mörtelunterlage schütteten. Andere Handlager standen so, daß sie dem Maurer die Ziegel zureichen konnten, ohne dabei einen Schritt gehen zu müssen. Ein Handlanger assistierte ständig neben dem Maurer und hielt ihm ein Tablett mit Mörtel bequem hin, so daß er seine Kelle ein wenig eintauchen konnte und dem Ziegel die letzte Weihe geben, bevor Handlanger ihn setzten. Der Maurer brauchte nur jeden Ziegel einzeln zu berühren und bis zum Anschlag heranzuschieben. Die Mauer wuchs mit großer Geschwindigkeit. Nach der Mittagspause, in der warme Suppe gegeben wurde, ging es in demselben Tempo weiter. Um den Stachanoffmann anzufeuern, bei dem jetzt Ermüdungserscheinungen in Rechnung gestellt werden mußten, erschien auf einem Sandhaufen neben der Baustelle eine Blaskapelle und spielte anfeuernde Märsche bis Feierabend. Das Wunder war geschehen. Die Mauer stand da, zwar etwas wellig aber doch gut genug, um nicht wieder abgerissen werden zu müssen. Ein neuer Rekord konnte in der Presse der lettischen Sowjetrepublik gefeiert werden. Meine Aufgabe war nun, die Lohnabrechnung entsprechend zu gestalten. Ich studierte das Normenbuch, maß die geleisteten Kubikmeter und rechnete hin und her, daß mir der Kopf rauchte. Zu meiner Rettung erschien der sowjetische Obernormierer, ein „alter Hase". Er sagte mir: „Machen Sie sich keine unnütze Mühe, schreiben Sie ihm 1.200%." Alle anderen, die sich ja auch angestrengt hatten, bekamen dementsprechend weniger, denn mehr als 100% im Durchschnitt gibt es nicht zu verteilen. Der Obernomierer hatte das richtige sowjetische Augenmaß. Am Abend im Lager gab es noch eine feierliche Siegerehrung. Zum Abschluß dieser Geschichte möchte ich noch darauf hinweisen, daß Kriegsgefangene in Estland und Lettland nie sabotierten, sondern immer versuchten, so ehrlich zu arbeiten, wie es die Verhältnisse gestatteten. Man sagte sich, daß die Häuser oder was auch immer vielleicht einmal den Esten oder Letten gehören würden. Auf russischem Gebiet war das anders. Man machte den üblen Pfusch mit und hätte sich nichts dabei gedacht, ein Haus laut Plan ohne Heizungsnischen zu bauen.

In der Nähe des Tores war die Schreibstube und der Dienstraum des deutschen Lagerleiters. Dort war auch die Funkanlage installiert worden. In jeder Baracke befand sich ein Lautsprecher für Durchsagen und Musik. Von der Musik erinnere ich mich noch des Walzers von Faust und Gretchen von Gounod. Es war eine der wenigen Platten und sie wurde bis zum Überdruss zu Gehör gebracht. Die Ansagen erfolgten in sächsischer Mundart. Jeden Tag hatte irgendjemand Geburtstag und wurde im Lagerfunk auf Sächsisch beglückwünscht: „Wir winschen Ihnen eine baldische Heimfahrt." Die Landser sagten: „Wir wollen keine baldisch Heimfahrt, wir wollen nach Hause." Auch ich habe einige Male im Lagerfunk gesprochen, weniger sächsisch als baltisch. Ich war gebeten worden, vor Filmvorführungen eine Zusammenfassung des Films, der mir vorher gezeigt wurde, über den Lagerfunk zu erzählen, damit es den Zuschauern leichter wurde zu folgen. Einmal stand ich mit Hauptmann Mann, im Zivilberuf Reichsbankdirektor, an einem Fenster der Baracke. Wir hatten ein interessantes Gespräch, das ich mit der Bemerkung beendete, daß ich gleich nach vorne zum Tor gehen müsse, denn ich werde gleich im Lagerfunk sprechen. Mann sah mich entgeistert an und fragte, was ich denn da zu sprechen habe. Ich antwortete, mich selbst als

Antifabonzen aufspielend, ich würde mich an die 1000 Kameraden im Lager mit der Ermahnung wenden, daß wir alle nicht vergessen sollten, der Sowjetunion dankbar zu sein für alles Gute, das sie an uns getan hat. Als ich mit dieser Rede anfing, blickte Mann mir in die Augen; während ich sprach, wandte er sich langsam von mir ab, bis er mir den Rücken zukehrte, so daß er mir seine Mißbilligung im abgekehrten Zustand mitteilte. „Ich verstehe Sie nicht. Ich habe immer auf einem Herrenstandpunkt gestanden!" Als ich ihm dann den wirklichen Sachverhalt erklärte, drehte er sich erleichtert wieder zurück.

Die mangelnde Ernährung im Lager führte zu einer deutlichen Avitaminose. Die Lagerleitung schickte Arbeitskommandos unter Bewachung in den Kaiserwald die große Mengen von Kieferzweigen ins Lager zu bringen hatten. Dort wurden die Zweige in großen Holzbottichen mit riesigen Stampfern bearbeitet. Der Saft wurde der Nahrung zugefügt.

Eine Zeitlang war offenbar über mich eine Lagersperre verhängt. Ich wurde zur Arbeit eingeteilt. Dann trat ich früh um 7:00 Uhr am Tor an, wo das Arbeitskommando gezählt und von den Bewachern auf verbotene Dinge betastet wurde. Jedesmal, wenn der Postenführer zu mir kam, wies er mit dem Zeigefinger auf mich und befahl: „Zurück!" Ich mußte also zurück ins Lager. Der deutsche Lagerführer und der Arbeitseinsatzleiter wußten nichts. Ich ließ mich beim russischen Politführer melden und fragte, was das merkwürdige Benehmen des Postenführers zu bedeuten habe. Er erklärte, ihm sei nichts bekannt, er habe keinen entsprechenden Befehl gegeben. Es läge nichts gegen mich vor. Ich könne zur Arbeit gehen. Es blieb aber beim Alten: Ich wurde am Tor jeden Morgen zurückgewiesen. Dann wurde ich eines Tages aufgerufen „mit Sachen" (*s weschtschami*) am Tor zu erscheinen. Kurzer Abschied von den Freunden. Die Reise war nicht weit, ich kam ins Lager „am Andreashafen". Das war 1949.

Seit 1947 war die Verpflegungslage in den Lagern etwas besser geworden, was offenbar daran lag, daß sich die Verhältnisse in der Sowjetunion etwas gebessert hatten. Die Verpflegungssätze waren zwar unverändert die gleichen, aber im Gegensatz zu früher wurde nicht mehr ganz so viel gestohlen. Natürlich war man trotzdem immer hungrig und sehr viele litten an der Dystrophie genannten Eiweißmangelkrankheit. Da es inzwischen möglich geworden war, auf die bereits beschriebene Art mit fleißiger Arbeit, wenn auch mit unlauteren Mitteln, Rubel zu verdienen, kam Geld ins Lager, das zwar nicht allen, aber doch einem beträchtlichen

Teil der Lagerinsassen zugute kam. Das Geld wurde selbstverständlich für zusätzliche Nahrungsmittel verwendet. Als wir einmal von der Arbeit ins Lager kamen, hatte man bei der Kantine ein Faß Rigaer Märzenbier und eine Tonne mit Milch aufgestellt. Ich hatte seit Jahren keine Milch mehr gesehen und war ganz elektrisiert vom Anblick der Tonne. In der Baracke ergriff ich mein Kochgeschirr und eilte hinaus, um noch einen halben Liter zu erwischen. Als ich an der Kopfstube vorbeikam, sah mich ein sehr netter Münchner, der dort wohnte ohne ein Antifabonze zu sein. Er rief: „Du gehst gerade, bring mir doch bitte einen halben Liter mit!" Damit reicht er mir sein Kochgeschirr. Ich werde nie den entsetzten und angewiderten Ausdruck des Münchners vergessen, als er gierig nach seinem Kochgeschirr griff und hineinschaute. Er hatte mit Bier gerechnet und fand Milch. Mein ganzes Sinnen stand nach Milch und ich war froh für ihn und mich je einen halben Liter zu ergattern. Aber sein Wunsch konnte zum Glück auch noch erfüllt werden.

Manche Arbeitsstellen in Riga sind mir unvergeßlich. Das total ausgebrannte lettische Außenministerium, ein sehr schönes, fünfstöckiges Gebäude, das der Augenarzt Dr. Bergholz vor dem ersten Weltkrieg errichtet hatte, sollte wiederhergestellt werden. Es standen fast nur die Außenmauern. Als erstes kam ein Dach drauf, dann wurde der Außenputz erneuert. Es wurden Fenster eingesetzt. Die Fassade wurde fotografiert und in der Zeitung veröffentlicht. Das Gebäude war fristgerecht fertig geworden, was bedeutet, daß die Verantwortlichen ihre Prämie bekamen. Daß man innen ungehindert vom Keller bis zum Dach schauen konnte, war von außen nicht erkennbar.

Viel hatte ich auf dem Dach der Rigaer Post zu tun. Sie liegt am Rande der Altstadt in einem Gürtel von Grünanlagen. Die nächste Nachbarschaft war das große Gebäude des ehemaligen Rigaer Stadttheaters. Nach der Altstadtseite zu war der nächste Nachbar der Dom. Die gewaltige Höhe seines Daches ließ sich nur von hier oben ermessen. Wenn ich als kleiner Junge, auf dem Domplatz stehend, hinaufgeschaut hatte, war mir das nie zu Bewußtsein gekommen und ich staunte immer wieder darüber, wie man im Mittelalter so etwas Riesiges hatte bauen können.

Auch an einen Neubau im Mühlgraben erinnere ich mich. Das Innere wurde im Rohbau fertiggestellt. Dann wurden in großer Eile die Fassade mit Eingangstür und Fenstern vollendet, einige Linden vor die Tür gesetzt, fotografiert und in der Presse veröffentlicht, unter Hinweis auf die fristgerechte Fertigstellung. Dann wurde die sozialistische Zusammenarbeit gefeiert. Die Verantwortlichen bekamen ihre Prämien und waren gut gelaunt.

Eines Tages wurden in das Lager einige ältere Stabsoffiziere eingeliefert. Sie machten alle einen etwas hilflosen und weltfremden Eindruck. Vielleicht kamen sie aus einem Lager, in dem sie nur unter sich gewesen waren und nicht gearbeitet hatten. Einer von ihnen kam zu mir, redete mich beim Namen an und sagte, er sei ganz unglücklich, denn sein Messer hätte man ihm bei der Filzung abgenommen. Auch sein Löffel sei fort. Ob ich ihm da nicht helfen könne. Messer waren selbstverständlich im Lager streng verboten und wurden bei regelmäßigen Filzungen immer wieder weggenommen. Die meisten Kameraden hatten auch wirklich keine. Ein Löffel war leicht zu beschaffen. Ich ging zur Antifa und sagte: „Ihr habt doch alles. Sicher habt ihr einen Löffel übrig. Da ist ein Neuer, der hat keinen." Ich bekam sofort das Gewünschte. Am nächsten Morgen marschierte ich zur Arbeit in Richtung Hafenzug vor dem Ordensschloß und der Altstadt. Ich hatte mein Unterbewußtsein auf ein Messer einprogrammiert. Auf einem in Griffhöhe befindlichem Fensterbrett lag ein verrostetes Küchenmesser, das ich blitzschnell ergriff und mitten vor meinen Bauch steckte. Ich kam damit trotz Filzung ins Lager, putzte es mit Sand blank und übergab es dem hocherfreuten Kameraden, dessen Namen ich leider vergessen habe.

15

Inzwischen befinden wir uns im Jahre 1949. Die Sowjetregierung hatte verlautbaren lassen, daß die deutschen Kriegsgefangenen bis zum Ende dieses Jahres entlassen werden sollten. Es wurden auch immer wieder Transporte zusammengestellt und ein jeder dachte natürlich „wann komme ich dran?" Die Zweifel an der Glaubwürdigkeit der Versicherungen waren groß. Eines Tages wurden alle Lagerinsassen auf den Platz befohlen, dort hielt der sowjetische Lagerkommandant eine Ansprache. Er teilte mit, daß in einigen Tagen eine Anzahl weiblicher Gefangenen eintreffen würde und er mahnte uns alle, die Neuankömmlinge anständig zu behandeln und ihnen mit der gebotenen Zurückhaltung zu begegnen. Diese Nachricht gab natürlich eine Menge Gesprächsstoff und man vermutete mit Recht, daß es sich um eine Maßnahme im Zuge der Heimtransporte handeln müsse. Einige Tage später befand ich mich zufällig in der Nähe des Lager-Tores, als es geöffnet wurde und die Erwarteten, eine größere Gruppe jüngerer Frauen und Mädchen hereinmarschierten. An der Spitze gingen mehrere Frauen, die Kinderwagen vor sich herschoben. Sie wirkten nicht wie eine geschlagene Armee. Sie schritten hocherhobenen Hauptes, sahen nicht verhungert, sondern verhältnismäßig frisch aus. Ihre Haare waren besser gepflegt als die Haare der Frauen, die wir sonst zu sehen bekamen, und sie waren im Gegensatz zu uns, die wir größtenteils uraltes, verschlissenes Wattezeug anhatten, verhältnismäßig ordentlich gekleidet. Vermutlich waren sie für die bevorstehende Heimreise neu ausstaffiert worden. Am Abend veranstaltete das Büro Antifa, verstärkt um Angehörige der sogenannten Lagerprominenz, einen Tanzabend. Natürlich ganz ohne uns gewöhnliche Gefangene. Es war damit eine neue Wirklichkeit in das Lager eingezogen, die uns „nur" Kriegsgefangene unfaßbar und schwer verständlich erschien. Die Frauen schienen mit den Privilegierten, der Nomenklatura des Lagers, sehr gut zu harmonieren. Vermutlich hatten sie sich das schwere Schicksal der Gefangenschaft auch in anderen Lagern in Anlehnung an die gleiche Menschengruppe erleichtern können. Am folgenden Tag sah ich mehrere der Frauen beim Lagerfrisör, wo sie ihre Locken auffrischen ließen und ausgesucht zuvorkommend behandelt wurden. Sie unterhielten sich völlig unbeschwert über den Tanzabend, machten witzige Bemerkungen über diesen und jenen der Teilnehmer und schienen durchaus in ihrem Element zu schwimmen.

Selbstverständlich wurden sie überall, auch von der Küche, verwöhnt und das Lager bemühte sich, auch den Kleinkindern geeignetes Essen zur Verfügung zu stellen.

Ich habe hier den Lagerfrisör erwähnt. In allen Lagern, in denen ich gewesen bin, wurde jeder Gefangene einmal in der Woche rasiert. Der Kopf wurde, je nachdem wie schnell das Haupthaar wuchs, alle zwei oder drei Monate kahlgeschoren.

16

Einige Zeit nach diesem Ereignis brauchte ich nicht mehr über Heimtransporte nachzudenken. Ich wurde als Einzelner „mit Sachen" ans Lagertor gerufen, was eine Verlegung bedeutete. Zwei Wachsoldaten mit Maschinenpistolen nahmen mich in Empfang. Ich fuhr, wahrscheinlich auf einem Lastauto, bis in die Nähe eines Rigaer Bahnhofgeländes. Dort dirigierten mich die beiden, mit ihren Maschinenpistolen im Anschlag, über viele Eisenbahnschienen bis zu einigen abgestellten Waggons. Ich ging vor den beiden Soldaten her und wurde aufgefordert, die Hände auf den Rücken zu legen. Bei einem der Waggons angekommen, wurde ich der dortigen Wachmannschaft übergeben. Die beiden Zerberusse hatten ihre Pflicht getan und verabschiedeten sich nicht unfreundlich. Der Waggon war ein sogenannter „Stolypin". Diese Wagen dienen dem Transport von Gefangenen zwischen den verschiedenen Gefängnissen von Riga bis Wladiwostok oder Kamtschatka. Die Abteile sind durch starke Gitter voneinander getrennt und werden durch Gitterwände und Gittertüren zum Gang zu verschlossen. In jedem Abteil sind drei oder sechs Pritschen übereinander. Der Waggon war angenehmerweise sehr sauber. Ich bekam zur Begrüßung ein Glas heißen schwarzen Tee und kann mich heute noch an diesen lang entbehrten Genuß genau erinnern. Wenn ich von einer Tasse Tetley absehe, die ich bei großer Hitze in Delphi getrunken habe, war dies der denkwürdigste Tee, den ich in meinem Leben getrunken habe.

Die Fahrt ging ohne viel Aufenthalt durch Wald und Einöde. Ich war allein in meinem Käfig und bekam auch etwas zu essen, was sehr viel besser schmeckte als die Gefangenenkost. Ich vermutete, daß die Wachmannschaft mir aus Bequemlichkeit von ihrem eigenen Essen was abgetreten hatte, da ich der einzige Reisende war. Der Zug hielt abseits von einer Endstation. Ich konnte die goldene Kuppel der Isaakskathedrale erkennen und wußte, daß ich auf dem baltischen Bahnhof in Petersburg/Leningrad war. Wachleute führten mich ungesehen über Schienen und eine Böschung hinab zu einer dort diskret wartenden „Grünen Minna", die aber nicht grün, sondern schwarz war und auf Russisch „tschorny woron" (schwarzer Rabe) genannt wird. Der „Schwarze Rabe" ist ein geschlossener Lieferwagen ohne Seitenfenster. Innen ist ein durchgehender Raum mit zwei Bänken. Man betritt das Vehikel durch die hintere Klapptür, in der sich ein Guckloch befindet. An der linken

Wand neben der Klapptür, befindet sich ein kleiner Käfig, in dem der Wachmann mit seiner Maschinenpistole sitzt. Der Käfig hat die Aufgabe, den Wachmann vor Tätlichkeiten der Passagiere zu schützen und ihm bei sehr großer Enge doch noch einen Handlungsfreiraum zu gewähren. Wir fuhren durch das mir unbekannte Leningrad. Ich konnte durch das Guckloch nur Häuser bis zur Höhe des zweiten Stockwerkes sehen. Dort hörten gewöhnlich die Dachrinnen auf und von da an lief ein braunes Rostband bis unten an der Wand entlang. Nach einiger Zeit standen wir still; als wir wieder anfuhren konnte ich erkennen, daß sich ein großes eisernes Tor für den „Schwarzen Raben" geöffnet hatte, das unmittelbar nach unserer Durchfahrt wieder schloß. Wir hielten vor einem Eingang, die Klapptür wurde geöffnet und ich betrat unter Bewachung die Rezeption eines Gefängnisses. Später erfuhr ich, daß es sich um das berühmte Tscheka- oder GPU- oder NKWD- oder MWD- oder KGB-Gefängnis in der Gorochwaja (Erbsenstraße) handelte. Wie Leningrader mir gesagt haben, vermied man es am liebsten, durch die Erbsenstraße zu gehen und Leningrader Frauen gingen nur mit zitternden Knien an dem Gebäude mit dem schwarzen Stahltor vorbei. Trotzdem aber war der Empfang keineswegs unfreundlich. Wie üblich mußte ich alle meine Kleider auf einen langen Tisch legen und daneben mein Gepäck, das aus einem ehemaligen Rucksack bestand. Die Leningrader sind auch heute noch, ebenso wie ihre Vorfahren, die Petersburger, ausgesprochen urbane Leute. Der Mann, der meine Sachen zu untersuchen hatte, war weder gehässig noch kurz angebunden. Er durchwühlte nicht nur alle Taschen, er befühlte auch alle Nähte genauestens, auch die Nähte von Hemd und Unterhose. Er unterzog die Stiefel einer genauen Prüfung und schüttete dann den Inhalt meines Rucksacks auf den Tisch. Nach den vielen Filzungen in den verschiedenen Lagern war mein Gepäck recht spärlich. Aber auf dem Tisch schien es mir doch ein eindrucksvoller Haufen zu sein und ich fragte den Untersucher, ob alle Deutschen im Gefängnis so viel Gepäck hätten wie ich. Er antwortete: „Ja, alle, und manchmal noch viel mehr." Ich wußte also, daß es sich um eine Großmaßnahme handeln müsse, und daß vermutlich viele andere Kriegsgefangene sich in der gleichen Lage befanden wie ich. Nach erfolgter Untersuchung konnte ich mich wieder anziehen und wurde in eine Art Telefonzelle gesetzt und eingeschlossen. Nach einiger Zeit öffnete sich die Tür und jemand reichte mir eine Portion Bratkartoffeln, wie ich sie seit undenklichen Zeiten nicht mehr gegessen hatte und ich dachte, wenn das so weitergeht, kann es ja nicht so schlimm sein. Der freundliche Mann hatte mir bei der Untersuchung Siegelring und Trauring abgenommen. Ich hatte darüber eine Quittung erhalten. Der Rucksack mit meinen Sachen wurde ebenfalls verwahrt. Einige Zeit später wurde ich durch endlose Korridore mit vergitterten Toren, die immer wieder auf und zugeschlossen wurden, in eine vergitterte Zelle gebracht, in der sich zwei Pritschen, eine an die Wand geschraubte kleine eiserne Tischplatte mit darüber hängender elektrischer Birne und zwei an den Fußboden geschraubte eiserne Hocker befanden. Ein Fenster war hoch oben, es war etwas Himmel zu sehen. In der Ecke neben der Tür stand ein Spülklosett, ein großer Luxus, der mir sagte, daß ich mich in einem bevorzugten Gefängnis befand. Ich blieb nicht allein, sondern hatte nacheinander eine Anzahl von Zellengenossen, manchmal einen, manchmal aber auch zwei oder drei. Typisch war, daß alle neu eingelieferten Sowjetbürger nicht wußten, warum sie ins Gefängnis kamen. Alle sagten übereinstimmend, daß es sich um ein Mißverständnis handeln müsse, das schnell aufgeklärt werden würde, und daß sie bestimmt in wenigen Tagen wieder frei sein würden. Diese Ahnungslosigkeit wunderte mich sehr, da ich wußte, daß es in Sowjetrußland kaum eine Familie gibt, von der nicht mindestens ein Mitglied mit Gefängnissen, Verschickungen oder Schlimmerem Bekanntschaft gemacht hat.

Die Zellentür öffnete sich und ein elegant gekleideter, wohlaussehender Mann trat ein. Ich dachte, es sei vielleicht der Gefängnisdirektor, der sich nach meinen Wünschen erkundigen wollte. Aber zu meinem Erstaunen wurde die Zellentür hinter ihm zugeschlagen und abgeschlossen. Er war ein Ukrainer. Er befand sich am Ende des Krieges in Deutschland. Aus einem amerikanischen Lager wurde eine Anzahl von *displaced persons* in das südliche Holland ausgeliehen, um in einer Kohlengrube im Limburger Land zu arbeiten. Es ging allen dort sehr gut, er wollte aber nach Amerika. Da man jedoch eine ganze Gruppe von den Amerikanern geliehen hatte, konnte man nicht einen von ihnen nach Amerika fahren lassen, denn man verantwortete eine bestimmte Zahl, die man quittiert hatte. Der Ukrainer verweigerte daraufhin die Arbeit und da man nicht wußte, was man mit ihm machen sollte, sperrte man ihn in ein Gefängnis. Dort hatte er ein herrliches Leben. Nach einiger Zeit erhielt er den Besuch des sowjetrussischen Konsuls aus Rotterdam, eines sehr wohlwollenden und behutsamen Herren. Der Konsul erzählte ihm, daß die Sowjetunion den Krieg glorreich gewonnen habe, daß alle Schäden des Krieges längst repariert seien, daß in der Sowjetunion alles blühe und gedeihe und daß man es nicht nötig habe, Sowjetbürgern, die durch die Verhältnisse ins Ausland geraten seien, ihre eventuellen Irrtümer übel zu nehmen. Alles das gehörte der Vergangenheit an und die Devise laute heute: „Schwamm drüber". Alle seien willkommen, in den Schoß von Mutter Rußland zurückzukehren und am fröhlichen Wiederaufbau teilzunehmen. Der Konsul besuchte den Ukrainer immer wieder im Gefängnis, erzählte ihm, daß seine alte Mutter in Kiew große Sehnsucht nach ihm habe, und daß er sie sicher doch gerne wiedersehen würde, bevor er, wenn er nun wirklich wolle, nach Amerika ginge. Schließlich gelang es dem Konsul, das Heimweh des Ukrainers in solchem Maße anzufachen, daß er bereit war, sich von Rotterdam aus mit einem sowjetischen Schiff nach Leningrad bringen zu lassen. Die holländischen Behörden machten ihm hierbei gar keine Schwierigkeiten. In Leningrad wurde er in ein gutes Hotel gebracht. Dort erschienen bei ihm drei freundliche Herren in Zivil, die ihn zu seiner Heimkehr beglückwünschten und erklärten, es müßten noch einige Formalitäten erledigt werden, denn er brauche ja einen Paß, ehe er zu seiner Mutter nach Kiew weiterreisen könne. Sie würden ihm gerne hierbei behilflich sein, es sei am besten, wenn er gleich mit ihnen aufs Amt käme; dort würde sich alles Weitere schnell finden. Hocherfreut setzte er sich mit den drei freundlichen Herren in einen schwarzen PKW und wurde, genau wie ich, durch das schwarze eiserne Tor in der Erbsenstraße ins Gefängnis gebracht. Beim ersten Verhör sollte er sagen, was für Spionageaufträge er hätte. Er sagte nur immer das Gleiche, nämlich, daß der russische Konsul in Rotterdam ihm versprochen habe, daß er seine Mutter besuchen könne. Der Untersuchungsrichter hatte hierfür nur Hohngelächter: „Sie werden mir doch nicht weismachen wollen, daß Sie freiwillig aus Holland hierher kommen! Also bitte, was haben Sie für einen Auftrag?" Der Ukrainer war nicht lange mit mir in der Zelle. Sein Nachfolger war ein Leningrader Industriemanager, Wassili Ilitsch Pitschuroff. Er war eine sehr angenehme Gesellschaft und es fehlte uns nie an Gesprächsstoff. Seine Geschichte war folgende: Er war schon als Knabe in der Revolution von 1917 mit dabei und wurde Mitglied der Kommunistischen Partei, sobald sein Alter den Beitritt erlaubte. Als leitende Kraft in einem Kombinat der Maschinenindustrie Leningrads spielte er offenbar eine Rolle. Er hatte in seiner Eigenschaft als Fabrikdirektor auch die ganze Belagerungszeit miterlebt, stand in der Nomenklatura aber so hoch, daß er nicht den ganz großen Hunger zu spüren bekam. Als ganz alter Parteigenosse war er auch Abgeordneter im Leningrader Stadtsowjet. Dort sollte eines Tages ein Mitglied der Kommunistischen Partei in den Vorstand gewählt werden. Der

Versammlungsleiter stellte fest, daß der Mann für die Wahl vorgeschlagen worden sei. Bevor er abstimmen ließ, mußte er, der demokratischen Regel gehorchend, die übliche Frage stellen: „Wer ist dafür und wer ist dagegen?" Wassili Ilitsch stand auf und sagte: „Genossen, Ihr könnt selbstverständlich wählen, wen ihr wollt, aber wenn ihr meine persönliche Ansicht wissen wollt, so sage ich, das ich nicht für ihn stimmen werde, denn er ist mir als Schweinehund bekannt." Man ließ ihm noch Zeit, nach Hause zu fahren, dann wurde er in die Erbsenstraße geholt. Da er weder gestohlen, noch spioniert, noch ein Patentgeheimnis verraten hatte, konnte man ihm nicht so leicht einen Prozeß machen. Er hatte nur auf einer Versammlung vom demokratischen Recht Gebrauch gemacht, das in der Verfassung garantiert ist (und um das Gorbatschow sich heute bemüht). Für solche Fälle gab es die sogenannte Troika, ein aus drei Personen bestehendes Gericht in Moskau, das einen Angeklagten nie zu sehen bekam, sondern ausschließlich nach schriftlichen Unterlagen sein Urteil sprach. Die Troika verurteilte fast immer zu zehn Jahren Straflager und hatte die Möglichkeit, nach Ablauf dieser Zeit noch einmal zehn Jahre zu verfügen, wenn der Betreffende weiterhin als störend empfunden werden konnte. Wassili Ilitsch gehörte zu den Russen, die ausnahmsweise genau wußten, warum sie im Gefängnis saßen und was sie weiterhin zu erwarten hatten. Er zweifelte nicht an einem Troika Urteil und daß er zehn Jahre oder mehr in Sibirien in einem Strafarbeitslager zubringen werde. Trotzdem war er aber gar nicht niedergeschlagen. Wir haben viel zusammen gelacht. Er erzählte mir fantastische Geschichten aus seinem Privatleben und auch von seiner Arbeit. So erklärte er mir z.B., wie man es in der Sowjetunion macht, eine Maschine, beispielsweise eine Pumpe zu entwickeln. Zuerst wird in Moskau im Ministerium ein Bedarf ermittelt. Dann versucht man auf dem Wege über die sowjetischen Auslandsvertretungen herauszufinden, wo die beste Pumpe der Welt, die sich für den vorgesehenen Zweck eignet, hergestellt wird. In dem Falle, den er mir erklärte, stellte man fest, daß die beste Pumpe in Schweden bei der Firma Flygt zu haben war. Dann erhielt die sowjetische Botschaft in Stockholm den Auftrag, ein Exemplar der Pumpe zu kaufen und nach Leningrad zu schicken. Dort wurde die Pumpe genau nachgebaut, auf ihre Arbeitstauglichkeit geprüft und dann in großen Mengen für die gesamte Sowjetunion in Serienfertigung hergestellt. Von außen glich sie allerdings nicht dem Original. Die schwedische Pumpe war verchromt und bot einen schönen und blitzenden Anblick. Darauf kam es aber nicht an. Die raue Oberfläche wurde einfach mit einer beliebigen Lackfarbe besprüht. Wichtig war nur, daß die Pumpe ihren Zweck erfüllte.

Die Frau von Wassili Ilitsch war Mathematik- und Deutschlehrerin. Offenbar genoß sie weiterhin die ihr durch ihren Mann zustehenden Privilegien, denn er befand sich ja zunächst in Untersuchungshaft und hatte seine Qualifikation als Genosse noch nicht eingebüßt (*Towarischtsch*). Ein oder zweimal die Woche durften Angehörige im Gefängnis Lebensmittelpakete abgeben. Er bekam immer weiße Brötchen, Butter und schwarzen Kaviar, alles Dinge, von denen gewöhnliche Sterbliche in Leningrad gar nicht träumen konnten. Die Mengen waren so reichlich bemessen, daß Wassili Ilitsch sie nicht bewältigen konnte und er teilte bereitwillig mit mir. Da er ein gastfreier Russe war, hätte er auch mit mir geteilt, wenn es weniger wäre. Das normale Essen im Gefängnis schien ihm verständlicherweise nicht zuzusagen. Die Kohlsuppe stank gewöhnlich wie Silofutter. Einmal wurde das Essen hereingebracht und er sagte anerkennend, man könne die Verpflegung in diesem Hause eigentlich nur loben, aber das sei ja auch nicht verwunderlich, wenn man bedenke, was für illustre Menschen dort eingesperrt würden. Nach dieser Rede nahm er seine Schale und kippte das Silofutter ins Klo. Ich konnte mir eine solche Abstinenz nicht leisten, weil ich schon zu ausgehungert war.

Es kamen noch viele andere Zellengenossen, die zum Teil auch recht unterhaltend waren. Ich will es aber bei den zwei Erwähnten bewenden lassen. Ich habe ein halbes Jahr in diesem Gefängnis gesessen, wurde natürlich auch zu Vernehmungen geführt und auch immer wieder gefragt, wer denn meine Vertrauensleute wären, die ich in Rußland zurückgelassen hätte. Mir schien aber, daß die Vernehmungen nicht mit dem gleichen Nachdruck geführt wurden wie im Zentralgefängnis von Riga, wo der äußerste Grad von Hunger anscheinend bewußt als eine Torturmaßnahme eingesetzt wurde. Darüber hinaus habe ich persönlich keine Tortur erlebt, wenn sie auch ab und zu angedroht wurde. Eines Tages wurde ich durch endlose Korridore in einen ganz anderen Teil des KGB-Zentrums in der Erbsenstraße geführt und kam in das große, helle und verhältnismäßig luxuriös möblierte Kabinett eines anscheinend recht hohen Würdenträgers dieser Branche. Auf seinem Schreibtisch lag ein dicker Stoß Papiere. Mein Untersuchungsrichter saß als ganz kleines Würstchen dabei und wartete ab, welche mich belastenden Dokumente sein hoher Vorgesetzter aus dem Haufen auslesen würde. Der nahm lässig ein Papier nach dem anderen und verwarf die meisten. Eine ganz geringe

Menge, vielleicht zwei oder drei, wählte er aus, wobei ich aus seinen Gebärden zu verstehen glaubte, daß er bei sich selber dachte: „Na ja, das mag ausreichen." Eines von diesen Papieren ist mir noch erinnerlich, denn es hat mir 25 Jahre „Straflager wegen Grausamkeit" eingebracht. Die Geschichte war mir ungezählte Male, sowohl im Zentralgefängnis in Riga, als auch im Leningrader Gefängnis vorgehalten worden. Ich berichtete jedes Mal, was wirklich geschehen war (nachzulesen in meinen Aufzeichnungen über die Zeit im Rigaer Zentralgefängnis).

Ich hatte den Eindruck, daß man im Raume von Wolyschewo, wo der Stab besonders lange gelegen hatte, die ganze Bevölkerung über mich befragt hatte. Daher der große Stoß von Protokollen, die aber mit wenigen Ausnahmen kein besonderes Material gegen mich enthielten.

Im Ganzen war ich im Leningrader Gefängnis sechs Monate. Eines Tages schien das gegen mich gesammelte Material genügend vorbereitet zu sein. Aus der Einzel- beziehungsweise Zweierzelle, in der wir auch zu viert gewesen waren, wurde ich in einen großen Raum verlegt, in dem sich etwa dreißig Russen verschiedenen Alters und verschiedener Bildungsgrade befanden. Der Raum war sehr groß, man schlief auf einer durchgehenden Holzpritsche, die an einer Wand entlang verlief. Es ist immer interessant, Menschen im Gefängnis kennenzulernen. Es schien mir der einzige Ort zu sein, an dem man in der Sowjetunion vielleicht die Wahrheit zu hören bekam. In diesem Falle um so mehr, als das gegenseitige Aushorchen kaum möglich war, wenn dreißig Mann gleichzeitig redeten. In diesem Gefängnis befanden sich nur oder fast nur politische Häftlinge, so daß man sich in guter Gesellschaft fühlte. Ich wurde mit Lebensromanen bekannt, die Solschenizyn hätte schreiben können. Auf einem großen Tisch lagen verschiedene Bücher, darunter Nietzsches *Zarathustra*, und eine russische Geologie, ein Lehrbuch, das ich mit Interesse durchlas. An demselben Tische saß man auch und diskutierte. Es war die Zeit des Koreakrieges. Ein Offizier der Staatssicherheit, der sich auch unter den Häftlingen befand, sagte mir: „Wenn wir in diesem Kriege (Koreakrieg) gewinnen, dann ist ohne Zweifel der nächste Schritt das Ruhrgebiet." An demselben Tisch pflegten wir auch die stinkende Silosuppe zu essen. Jeden Tag wurde man zwanzig Minuten auf den Hof gelassen. Dort war eine große Spaziergeh-Torte mit hohen Betonzwischenwänden und einem Beobachtungsturm in der Mitte. Jedes Segment hatte von außen eine verschließbare Eingangstür. Da wir dreißig Mann in einem Raum waren, konnte man uns alle in ein Segment pferchen, wo man an den Betonwänden in Dreiecksform immer in der Runde ging. Man versuchte durch Klopfzeichen oder Rufe, die aber natürlich Proteste vom Turm hervorriefen zu erfahren, wer zu beiden Seiten unsere Nachbarn waren. Manchmal war es nur ein Mann, wenn er aus einer Einzelzelle kam. Trotz der Dürftigkeit solcher Informationen ließ sich doch ein Nachrichtenmosaik erstellen, so daß man immer etwas mehr wußte, als man wissen sollte. Einmal bin ich nicht auf den Spaziergang mitgegangen, sondern wegen einer fürchterlichen Migräne allein in der Zelle zurückgeblieben. Diese Kopfschmerzen überfielen mich ziemlich regelmäßig alle fünf oder sieben Tage. Die anwesenden Leningrader sagten mir, daß das in ihrer Heimatstadt gang und gäbe wäre. Sie behaupteten, es käme daher, daß Leningrad auf Pfählen in einem Sumpf erbaut sei. Ich war so elend, daß ich weder gehen, noch stehen konnte. Einmal hatte ich die Möglichkeit, um ärztlichen Beistand zu bitten. Es war ein besonderer Tag, an dem alle sich melden konnten, die sich krank fühlten. Ein großer Raum war mit Häftlingen gefüllt. Nach langem Warten erschienen eine Ärztin und eine Sanitäterin. Letztere trug einen Bauchladen mit Pülverchen in Papier. So kam das Paar auch zu mir und auf die Frage der Ärztin antwortete ich: „Straschnaja golownaja bolj (schreckliche Kopfschmerzen)". Sie antwortete: „Golownaja boj, eto tschebucha! (Kopfschmerzen? Lappalie!)". Damit griff sie aber doch in den Kasten ihrer Begleiterin und zog ein Pülverchen heraus, das mir wahrscheinlich auch geholfen hat.

Nachdem sechs Monate um waren, öffnete sich die Tür zum Korridor, ein Wachmann wurde sichtbar. Er bemühte sich ein Papier zu entziffern und stotterte dann hervor: „Bukwu na fä (Mit dem Buchstaben F) F, F….Fon." Meine dreißig Zellenkameraden brachen in ein schallendes Gelächter aus und der mir zunächst Stehende sagte, daß ich gemeint sei. Ich wurde in einen Sammelraum geführt, in dem sich viele deutsche Kameraden befanden. Dann wurden so viele von uns, wie hineingingen, in einen „Schwarzen Raben" gepfercht und durch Leningrad gefahren. Auf einem Hof wurden wir ausgeladen und in einen großen Kellerraum gebracht. Da waren viele Bankreihen in ansteigender Weise angebracht. In dem Raume saßen schätzungsweise hundert Angehörige der deutschen Wehrmacht. Man wurde einzeln oder auch zu zweit oder dritt herausgerufen. Nachdem der Erste zurückgebracht worden war, war es klar, daß wir uns im Tribunal befanden, wo am laufenden Band verurteilt wurde. Ich mußte ziemlich lange warten. Alle, die zurück kamen, berichteten, teilweise ganz gebrochen, daß sie 25 Jahre bekommen hätten. Ein Offizier mit einem langen Rauschebart stöhnte vor sich hin:

„Das erleb' ich nicht, das erleb' ich nicht". Der Letzte vor mir war Oberst Werner Richter (1a der Heeresgruppe Nord, ein *rocher de bronze*). Er machte keineswegs einen gebrochenen Eindruck, sondern kochte vor Empörung über die Gerichtsprozedur. Die Schweißperlen standen ihm auf der Stirn, weil er sich in seiner Schlußrede, die jeder Verurteilte halten durfte, so echauffiert hatte. Dann kam ich dran. Das Tribunal bestand aus einem Vorsitzenden und zwei Beisitzern. Der Vorsitzende im Majorsrang, die Beisitzer im Leutnantsrang. Außerdem befanden ich im Gerichtssaal außer mir noch die Dolmetscherin und mein Bewacher. Mir wurden die mir schon aus hundert Vernehmungen bekannten Taten zur Last gelegt, darunter auch die Geschichte mit dem Flugzeug. Der Vorsitzende fragte mich als erstes, ob ich die Dolmetscherin beanspruchen wolle, und ich sagte, ja, weil ich glaubte, dadurch vielleicht Zeit gewinnen zu können, um meine Antworten zu überlegen. Die Dolmetscherin rief aber ganz empört, daß sie nicht daran denke, mir beizustehen, so etwas käme überhaupt nicht in Frage, wenn einer so gut Russisch könne wie ich. „Und noch dazu mit diesem Akzent!", rief sie aus.

Ich glaube nicht, daß ich sehr gut Russisch spreche, aber vielleicht war mein nicht hinreichend proletarischer Akzent ihr unsympathisch. Ich erklärte oder widerlegte alles, was mir vorgeworfen wurde, wie ich es immer getan hatte. Da ich darin schon eingeübt war, brauchte ich keine Denkpausen und konnte gut auf die Dolmetscherin verzichten. Nach der Beweisaufnahme verschwanden die Richter zur Urteilsfindung in einem Nebenraum, wo sie etwa eine Zigarettenlänge verweilten. Nach meiner Überzeugung war das Urteil bereits vorher getippt, gestempelt und unterschrieben. Die Tür öffnete sich, die Richter traten feierlich ein, setzten sich an ihren Tisch und der Vorsitzende führte aus, daß ich mich der Grausamkeit und der Spionage schuldig gemacht hätte. Für jedes dieser Delikte hatte ich die Todesstrafe verdient. Da diese aber nicht zur Anwendung komme, wurde für jeden gekränkten Paragraphen auf 25 Jahre Arbeits-Besserungslager erkannt. Logischerweise galten 2 x 25 Jahre anstelle 2 x Todesstrafe nicht 50 Jahre. Die Gesamtstrafe wurde auf 25 Jahre zusammengezogen. Ich besitze eine Kopie meines Urteils. Darin sind zwei Paragraphen vermerkt. In meiner Erinnerung hat mich aber der Gerichtsvorsitzende 3 x zu 25 Jahren verurteilt, was ich aber nicht beweisen kann. Zum Abschluß eröffnete mir der Vorsitzende, daß es mein Recht sei, ein Schlußwort zu sprechen. Ich tat ihm den Gefallen und die Troika schien meine kurzen Ausführungen, in denen ich Vergleiche mit Inquisition und Hexenprozessen anstellte, mit Wohlwollen anzuhören.

Damit war die Vorstellung beendet und die Richter verließen den Saal. Ich wurde durch eine andere Tür hinausgeführt, die sich ganz in der Nähe des Endfensters des Korridors befand. Vor dem Fenster standen alle drei Tribunen und rauchten, offenbar auf den nächsten Delinquenten wartend. Als ich auf den Gang trat, wandten sich alle drei nach mir um. Mir kam die Situation sehr lächerlich vor, denn ich sah es ihnen an, daß das Ganze eine Farce war. Ich lachte ihnen ins Gesicht, was alle drei mit Gelächter quittierten. Es war somit zwischen uns eine Art Einverständnis hergestellt.

Aus dem Tribunalkeller kam ich, wieder mit einem „Schwarzen Raben", mit vielen Kameraden zusammen in das Frauengefängnis am Finnländischen Bahnhof. Dort waren wir zu elf Mann in einer Einzelzelle. Tagsüber wurden die Pritschen, je drei zusammengefügte Bretter, an den zwei Längswänden aufeinander gestapelt, so daß wir zu fünf, beziehungsweise sechs Mann einander gegenüber sitzen konnten. Nachts wurden die Pritschen auf den Fußboden gelegt, wir konnten uns aber nur in der 6/9 er Anordnung hinlegen, sonst reichte der Platz nicht. In diesem Gefängnis, einem alten Bau, war später Zentralheizung eingerichtet worden. Die Rohre liefen durch die Zellen und man konnte auf ihnen sehr gut „telefonieren". Als erstes mußte einer sich vor die Tür stellen, so daß das Guckloch verdeckt war. Dann schlug man mit irgendwas ans Heizungsrohr, um andere Zellen aufmerksam zu machen, daß man „sprechen" wollte. Dann stellte man ein Kochgeschirr mit dem Boden auf das Heizungsrohr und sprach hinein. Dann nahm man das Kochgeschirr weg und setzte einen Aluminiumbecher mit der Öffnung nach unten auf die Heizung und drückte ein Rohr an den Boden des Bechers, um die Antwort zu hören. So konnte man sich lange unterhalten, indem man immer für Rede und Antwort Kochgeschirr und Becher austauschte. Das System funktionierte über 12 Zellen hinweg und man verstand ebenso deutlich, wie in einem normalen Telefon. So erfuhren wir, daß am ganzen Korridor entlang, in allen Zellen, verurteilte Wehrmachtsangehörige saßen. Bei den Zwanzigminuten-Spaziergängen in der sogenannten Torte gelang es ebenfalls, einige Informationen zu erhalten, so daß wir von den Zuständen in Leningrad, sofern sie uns betrafen, einiges wußten.

Bei unseren Telefonaten wurden wir auch vor einem Spitzel gewarnt, einem Wehrmachtsangehörigen, der schon in mehreren Zellen gewesen und wieder herausgeholt worden war und den Auftrag haben sollte, über Gespräche in den Zellen zu berichten. Bald nach dieser Nachricht öffnete sich auch tatsächlich die Tür und der ungebetene Gast trat ein. Wir waren ihm gegenüber etwas zugeknöpft. Irgendwie gelangte das Gerücht zu uns, daß etwa die Hälfte aller in Leningrad zu 25 Jahren verurteilten deutschen Kriegsgefangenen plötzlich nach Hause geschickt worden seien. Der Justizapparat hatte offenbar sein Soll übererfüllt. Wie unsere Zelle von elf Mann schließlich aufgelöst wurde, kann ich mich nicht erinnern. Ich sehe mich aber eines Tages in einer Peresylka (Verschickungsgefängnis). Ich wurde in einen großen Raum geführt, in dem sich achtzig sowjetische Staatsangehörige befanden. Beim Eintreten grüßte ich laut auf Russisch, Deutsch, Estnisch und Lettisch. Zum Schlafen und Sitzen hatte man zwei durchgehende Pritschen in zwei Etagen. In der Mitte des Freiraumes stand ein langer Tisch. Ich ging an der rechten Pritsche entlang und entdeckte in der unteren Reihe eine Lücke. Daneben saß ein Russe mit einem langen Bart. Ich fragte ihn, ob ich neben ihm einziehen könnte und er lud mich freundlich dazu ein. Er war Starost eines Dorfes im besetzten Gebiet gewesen und war deshalb als Kollaborateur zu 25 Jahren verurteilt worden. Er war zwar nur ein Wochenstaroste (im besetzten Gebiet wechselten die Dorfältesten wöchentlich ab, so daß jeder einmal dran kam. Die Maßnahme war besonders in Gegenden mit starker Partisanentätigkeit üblich, man wollte auf diese Weise die Starosten möglichst nicht gefährden). Diese Rücksichtnahme der deutschen Kommandantur hatte ihm offenbar wenig genützt. Während ich mich mit diesem netten Mann unterhielt, erschienen zwei Esten bei mir, die sich als eine Abordnung der im Raum befindlichen 25 Esten ausgaben. Sie hatten den Auftrag, mich einzuladen, den letzten gerade eben frei gewordenen Platz am Ende der Pritsche zu belegen. Ich sagte ihnen, daß ich an und für sich gar nichts dagegen hätte, nur hätte ich soeben den Platz neben dem alten Starosten belegt und wollte ihn nicht kränken. Dem sei das ganz egal, meinten die Esten, ihnen dagegen käme es darauf an, die entstandene Lücke sofort zu schließen, denn jeden Moment könne sich die Tür öffnen um einen Russen, Letten oder sonstigen Sowjetmenschen einzulassen und die Esten wären dann nicht mehr unter sich. Ich bezog also den letzten Platz in der Estenreihe, neben mir lag ihr geistiges Oberhaupt, Professor Wörk aus Reval, dem sich alle freiwillig unterordneten. Er war Professor an der Technischen Hochschule und außerdem Direktor der Radiofabrik RET. Man hatte bei ihm Haussuchung gemacht und in seinem Bücherschrank ein Jahrbuch entdeckt, das in der Okkupationszeit gedruckt worden war, in dem sich möglicherweise auch Beiträge von

Hermann Peterson, genannt Penkala, befanden. Dieses Buch hatte man zum Anlaß genommen, den Professor als Kollaborateur zu verurteilen. Überall, wo ich in Gefängnissen mit Esten zusammengetroffen bin, pflegten sie jeden Abend gemeinsam zu singen. Die Lieder waren zum Teil estnische Kompositionen, zum Teil waren es deutsche Melodien mit estnischem Text. Solange ich in diesem Raum war, gelang es, die ununterbrochene estnische Reihe aufrecht zu erhalten. Es wurden jeden Tag einige von ihnen abtransportiert, es kamen aber auch täglich einige Neue, die die Lücken füllten. Besonders gut befreundet war ich – außer mit dem Professor Wörk – mit einem jungen Hauptmann, mit dem ich öfters ein Fitneßspiel spielte, das wir Duell nannten: man steht einander so dicht gegenüber, daß die Fußspitzen sich berühren und erhebt die Handflächen, die man leicht aneinander schlägt. Es kommt darauf an, gerade stehen zu bleiben. Wer zuerst zurücktritt, ist besiegt. Die Esten und Letten sind zwei Nationen, die sehr schlecht mit einander können. Unter achtzig Männern im Raum befanden sich auch recht viele Letten. Eines Tages kam wieder eine Abordnung der Esten zu mir und bat mich zu erkunden, ob ein Gerücht (z.B.: Amerikanische Flotte bei Gotland gesichtet. Mit baldiger Besetzung des Baltikums ist zu rechnen) lettischen Ursprungs sei. Wenn es von dieser Seite komme, wüßte man, was davon zu halten sei. Die beiden Esten meinten, ich könne ja mit den Letten sprechen, sie aber nicht. Tatsächlich war das Gerücht, wie ich erfuhr, von lettischen Neuzugängen mitgebracht worden und wurde infolgedessen von den Esten abgeschrieben.

In diesem Raum sind mir interessante Schicksale bekannt geworden. Man wandert zu zweit oder in Gruppen immer rechtsherum um den langen Tisch. Ich wechselte häufig meine Gesprächspartner. Außer Esten und Letten, vielen Russen, Litauern, einem jungen Tataren, war da auch ein 16- oder 17-jähriger Ostpreuße, der als Halbwüchsiger in oder bei Königsberg aufgegriffen worden war und seitdem einen großen Teil der Sowjetunion von Lagern und Gefängnissen aus kennengelernt hatte. Dieser junge Mann erfreute sich allgemeiner Beliebtheit und konnte sich auch auf Russisch verständigen. Er organisierte immer wieder sein Lieblingsspiel, das sich eines regen Zuspruchs erfreute: Der Vorderste einer langen Reihe bückt sich und muß erraten, wer ihn auf den Hintern geschlagen hat. Der Ostpreuße war Meister im Raten.

17

Eines Tages wurde ich „mit Sachen" herausgerufen. Das bedeutete Abtransport. Ich kam in einen größeren Raum, in dem schon viele warteten. Während in der achtziger Zelle nur Politische gewesen waren, befand ich mit jetzt in ausgesprochen gemischter Gesellschaft. Eine Gruppe von jüngeren Kriminellen, im Sowjetjargon „Blatnois" genannt, hatte es offenbar auf mich abgesehen. Sie näherten sich mir und ihr Sprecher stellte in herausforderndem Ton die Frage, wie viele Jahre ich hätte. Auf meine Antwort hin wollten sie wissen, wofür. Ich überlegte mir, daß es sinnlos sei, ihnen einen Vortrag darüber zu halten, daß der Justizapparat den Befehl bekommen habe, 20,000 Kriegsverbrecher zu fabrizieren und daß es sich also um eine politische Verurteilung handele. Ich holte tief Luft und sagte: „Na ja, da Ihr mich fragt will ich auch eine ehrliche Antwort geben. Ich habe während der Dauer des ganzen Krieges in Rußland mir jeden Morgen einen jungen Russen zum Frühstück braten lassen. Ich liebe eben so schrecklich, Menschenfleisch zu essen." Während ich das sagte, konnte ich beobachten, wie der Jüngste in der Gruppe zuerst, von Entsetzen gepackt, die Augen weit aufriß. Die Älteren zogen nur die Augenbrauen ein wenig hoch und genossen die Geschichte. Nachdem sie sich zurückgezogen und beraten hatten, behandelten sie mich mit äußerster Zuvorkommenheit. Offenbar waren sie „alte Hasen" und kannten genau die Verhältnisse in sowjetischen Gefängnissen. Der Sprecher der Blatnois trat wieder zu mir und sagte, es würde bald Brot und Zucker ausgegeben werden. Ich sollte genau aufpassen und mich nach vorne drängen, sobald die Luke sich öffnete, denn es gäbe genügend Spezialisten, die immer zuerst an der Luke seien und sich dann bemühten, noch ein zweites Mal etwas zu bekommen. Wer höflich wartete, bekäme oft gar nichts. Die Kriminellen schätzten mich offenbar, weil ich sie übertrumpft hatte. Sie halfen mir auch, einen günstigen Platz in der Anstehschlange zu erkämpfen. Ich erhielt zuerst einen Fingerhut voll Streuzucker, an einem langen Stiel durch die Luke in die hohle Hand gekippt, und bei erneutem Anstehen ein Stück Brot. Dann wurde ich mit vielen anderen in einen „Schwarzen Raben" gepackt, der die Größe eines Lieferwagens hat. Ich glaube, wir waren dreißig. Jetzt begriff ich auch, warum der Begleitsoldat seinen eigenen Käfig hatte. Er konnte nicht gequetscht werden. Der Sauerstoff war bald verbraucht und der Wachsoldat wurde aufgefordert, halten zu lassen und etwas zu lüften. Er ließ sich aber zunächst nicht beeindrucken. Wir japsten schon alle nach Luft und einer drohte umzukippen. Mit letzter Lunge stellten wir ein großes Geheul an und da endlich ließ der Wachsoldat halten. Die Tür öffnete sich und zwei ihr am nächsten eingeklemmte Gestalten fielen auf die Straße und rangen nach Luft. Nachdem sie wieder eingestiegen waren, ging die Fahrt weiter zu einem Eisenbahngleis, wo wir einen Stolypinwaggon bestiegen. Es war Abend. Ich saß in einem Gitterabteil mit etwa sechs Mann zusammen und es entspannen sich sogleich Gespräche. Neben mir saß ein Mann, der mir erzählte, daß sein Vater Kammerdiener bei Baron Fredericks gewesen sei. Fredericks war Minister des kaiserlichen Hauses und damit Vorgesetzter aller Zeremonienmeister und sonstiger Hofchargen. Er besaß ein Gut in Ingermanland. Ich meinte, er sei Finnland-Schwede gewesen. Der Sohn des Kammerdieners protestierte dagegen und sagte: „Nein, reinblütiger Deutscher." Auf dem Gut hätten die Fredericks im Familienkreise nur Deutsch oder Englisch gesprochen. Um diese Behauptung zu erhärten, erzählte er mir Folgendes: Im 1. Weltkrieg begab sich Nikolai II. an die Front. Er stand auf dem Feldherrenhügel, hinter ihm Baron Fredericks, neben ihm der riesige Oberkommandierende, Großfürst Nicolai Nikolaijewitsch, der als Deutschenfeind galt. Der Kaiser fragte seinen Onkel: „Wo steht der Feind?", der Oberkommandierende zeigte mit dem Daumen über die Schulter und antwortete: „Dort steht der Feind!" Später hat mir Alec Stackelberg, dessen Vater Zeremonienmeister war, noch folgende Geschichte erzählt: Fredericks war ein recht alter Mann und zur Zeit der russischen Revolution schon recht gaga. Er hatte von der Wirklichkeit kaum Kenntnis genommen und befand sich unbehelligt in seiner Wohnung in Petersburg. Seine Freunde beschlossen, ihn zu retten, brachten ihn auf einen nach Finnland gehenden Eisenbahnzug und ließen ihn in die Freiheit fahren. In Helsingfors auf dem Bahnhof wurde er von einer Abordnung empfangen, unter der sich auch der Exzeremonienmeister Rua Stackelberg befand. Fredericks war so wohlerzogen, daß er trotz seiner Geistesschwäche nie etwas Falsches sagte. Er begrüßte die Herren der Abordnung mit den Worten: „Übermitteln Sie bitte der Regierung des Landes, in dem wir uns befinden, meinen Dank für die freundliche Aufnahme."

Meine Fahrt dauerte viele Stunden. Die Zeit wurde mir aber nicht lang, denn die Unterhaltung ging angeregt weiter. In der Stadt Borowitschi, auf halbem Wege zwischen Petersburg und Moskau, wurde ich ausgeladen und in ein Gefängnis gebracht, von hier aber nach einigen

Stunden von zwei Soldaten abgeholt. Wir begaben uns im Fußmarsch zu einem Barackenlager in hügligem, hauptsächlich grasbewachsenem Gelände außerhalb der Stadt. In dem Lager befanden sich etwa 1000 deutsche Kriegsgefangene, die, wie ich, 25 Jahre bekommen hatten. Während vor der Verurteilung in den Gefangenenlagern die Antifa eine große Rolle gespielt hatte und man sich sehr bemüht hatte, die Gefangenen mit marxistischem Gedankengut zu infiltrieren, so war von alledem jetzt nichts mehr zu spüren. Wir waren alle zu „25 Jahre Besserungslager" verurteilt, doch wurde von russischer Seite gar kein Versuch gemacht, politisch auf uns einzuwirken. Das Verhältnis zwischen Offizieren und Mannschaft war ausgezeichnet. Durchweg herrschte ein anständiger Ton. Der deutsche Lagerkommandant war keine undurchsichtige Figur, sondern der Oberst von Tychowitz. Manchen der Kameraden kannte ich bereits aus dem Kriege oder aus früheren Lagern. Von diesem Lager aus arbeiteten einige Kommandos unter Tage in einem Kohlenbergwerk, in dem sehr primitive Verhältnisse geherrscht haben müssen. Ich habe aber das Bergwerk nicht persönlich kennengelernt, weil ich bei der Gesundheitsbesichtigung immer zu den Schwachen der Arbeitsgruppe 3 eingeteilt wurde. Ich habe nur auf Baustellen gearbeitet, meist Erdarbeiten, Betonmischen, Schubkarren-Schieben und dergleichen. Recht häufig war ich auch Normierer auf verschiedenen Bauobjekten. Es wurde einmal ein Haus mit vielen Wohnungen in mehreren Etagen aus Ziegeln gebaut. Eines Tages erschien außer unseren Maurern eine russische Maurerbrigade, die im sozialistischen Arbeitswettbewerb eine andere Maurerbrigade in einem ganz anderen Teil der Sowjetunion zum Wettkampf herausgefordert hatte. Am Abend bat mich der russische Arbeitsleiter, die Maurerleistung der russischen Brigade aufzumessen. Ich kletterte also mit Zollstock, Papier und Bleistift am Gerüst hoch und rechnete die geleisteten Kubikmeter aus. Hierbei kam ich mit den mutigen Wettkämpfern ins Gespräch und fragte sie, ob sie glaubten, die Konkurrenz gewinnen zu können. Sie antworteten, nein, das sei ihnen völlig egal, „die da oben denken sich was aus und wir machen halt; aber wer mehr Kubikmeter macht, interessiert uns nicht."

Die Stadt Borowitschi liegt nördlich der Waldaihöhen, der Wasserscheide zwischen den Flüssen Neva/Wolchow, Wolga, Dnjepr und Düna. Diese Wasserscheide, die früher die Wikinger benutzt haben, um ihre Boote aus einem Flußsystem in das andere zu rollen, muß eine ganz besondere Wirkung auf das Wetter haben. Die Wolken sehen anders aus als sonst und machen manchmal einen zerfetzten Eindruck. Im Sommer kann mitunter glühende Hitze herrschen, dann plötzlich eisige Kälte und dann wieder Hitze. Ich habe oft während der Arbeit mein Hemd viele Male an einem Tag aus und wieder angezogen und abwechselnd geschwitzt und wieder gefroren. Im Winter schien mir das Wetter gleichmäßiger zu sein. Eine im Sonnen- oder Mondlicht glitzernde Schneefläche bedeckte alles. Mir ist ein sonniger Sonntagvormittag unvergeßlich geblieben. Alle waren in den Baracken. Ich ging ganz alleine durch das weite Lagergelände. Der Schnee glitzerte in der Sonne und im Lautsprecher ertönte die aus Moskau übertragene Stimme der „Königin der Nacht". Diese Musik erschien mir wie ein Gruß aus dem Westen, aus der freien Welt, die wir in zunehmendem Maße als eine Einheit empfanden. Es war eine völlig verzauberte Minute. Die Stimme schien wirklich aus dem Äther zu kommen.

Eine große Sensation war, daß in diesem Lager die ersten Pakete eintrafen. Es waren aber nicht sehr viele. Mir scheint, daß von den 1950 abgesandten Paketen ein großer Teil unterwegs verschwunden ist. Nachdem die Gefängniszeit vorüber war, erhielt ich wieder im Monat eine Postkarte mit Rückantwort und die Postzustellung funktionierte fast lückenlos. Ich wußte also, daß Hillo und die Kinder in Schweden waren, obwohl das in der knappen Korrespondenz nicht erwähnt werden konnte. Solche Informationen mußten verschlüsselt geschrieben werden, weil man sonst Schwierigkeiten mit der Zensur und mit dem KGB erwarten konnte. In diesem Lager war ich etwa ein Jahr. Eines Tages wurden wir allesamt in einen Güterzug gesetzt und ostwärts transportiert. Die Waggons hatten Pritschen in zwei Etagen. Ich lag auf der oberen Etage, von der aus man durch ein winziges Fenster hinaussehen konnte. Wir überquerten die Wolga bei Nischninowgorod (Gorki), passierten Perm und fuhren dann recht lange durch den Ural, wo zunächst viel Laubwald zu sehen war. Schließlich hielt der Zug in einer langweiligen, leicht hügeligen Gegend mit kleinen Kiefern-Beständen. Mein Waggon war am Ende des Zuges. Die Türen wurden nacheinander geöffnet. Offenbar wurden wir ausgeladen, was daran zu merken war, daß ein Kamillenduft sich verbreitete, der mit der Zeit immer intensiver wurde. Als schließlich unsere Tür geöffnet wurde, schlug uns der Duft ungehemmt entgegen und wir kletterten hinunter auf eine Wiese. Je mehr Kamillen die Kameraden zertrampelten, desto stärker wurde der Duft. Es war ein Crescendo des Duftes. Auf der Kamillenwiese sah ich, das offenbar beide Borowitschilager in den Ural verbannt werden sollten, denn ich kannte nur etwa die Hälfte der Versammelten, die teils in den

Kamillen herumstanden, teils sich auch in Gruppen hingesetzt hatten. Einer war ohnmächtig geworden und unsere Ärzte bemühten sich um ihn. Ich schlenderte umher und erblickte den im Grase sitzenden berühmten Prinzen Lippe. Er war ein sehr netter Mensch, berühmt aber war er wegen seiner Hose, die es wert gewesen wäre, bedichtet zu werden, wie die Hosen des Herrn von Bredow. Wir alle hatten keine eigenen Hosen mehr, er aber hatte seine alten Reithosen mit Lederbesätzen verschiedenster Farben so geflickt, daß rundherum kein Stoff mehr zu sehen war.

Wir befanden uns im Gebiet von Swerdlowsk (Jekatarinenburg). Ich kam in das Lager Perwuralsk, das aus Baracken bestand, die Finnland als Reparationsleistung erstellt hatte. Diese Baracken zeichneten sich durch besonders gute Proportionen aus und waren angenehm anzusehen. Eines Tages wurde auf einem Freiraum innerhalb der Umzäunung ein Neubau in Angriff genommen, dessen Fundament auf eine unerklärliche Weise verschachtelt war. Ich fragte den sowjetischen Offizier, der die Aufsicht führte, was das denn werden sollte. Er gab aber ausweichende Antworten. Erst als auf den Fundamentschachteln Mauern errichtet wurden, und es erkennbar wurde, daß kleine Zellen entstanden, fingen wir an zu begreifen, daß es sich um einen Karzer handeln könnte. Aber auch auf meine direkte Frage, ob wir einen Karzer bauten und wozu, erhielt ich nur eine ausweichende Antwort. Man rechnete wahrscheinlich mit Arbeitsverweigerungen und wollte Schwierigkeiten aus dem Wege gehen. Später hat es sich gezeigt, daß in allen Lagern Karzer gebaut wurden.

Ich war in Perwuralsk nur drei Monate. Ich wurde von Kameraden überredet, ein Arbeitskommando zu übernehmen. Wir wurden mit Lastautos dorthin gefahren; gleichzeitig wurden Kreuzhacken, Brechstangen, Schaufeln und Spaten abgeladen, und wir standen vor einer riesigen Baugrube von der Größe eines Fußballplatzes und sollten sie vertiefen und ebnen. Der Anblick dieser Grube erschien mir ziemlich hoffnungslos, denn es fiel mir schwer, mir vorzustellen, wie es möglich sein sollte, mit der Hand ein solch riesiges Gelände zu gestalten. Aber die Methode war für uns nichts Neues und wir sagten uns immer, daß auch die Pyramiden von Sklaven von Hand gefertigt worden seien. Das Kommando bestand aus zwischen 50 und 100 Kameraden, die alle zuverlässig waren. Ich teilte unsere Gruppe in Grüppchen zu sieben Mann auf und verteilte sie in dem weiten Gelände. Von oben konnte man sie alle mit sehr unterschiedlichem Eifer hacken und kratzen sehen. Ich stand oben neben dem russischen Arbeitsleiter, der unseren Eifer nicht sehr vielversprechend fand. Bekanntlich haben Russen eine Vorliebe für lange Bärte. Tief unter uns stand in seiner Gruppe der Herr auf Friedrichsfelde mit seinem wallenden Bart, der ihn sehr betagt erscheinen ließ, und hielt sich an seinem Instrument fest. Von Zeit zu Zeit aber hackte, kratzte oder schaufelte er ein wenig. Das gefiel dem Arbeitsleiter. Er sagte anerkennend, man könne sehen, daß der Mann sehr alt sei, aber er bemühe sich und tue, was er könne. Damit war die Ehre unseres Kommandos gerettet. Nachdem es einige Tage so weiter gegangen war, wurde eines Vormittags ein einzelner Mann aus dem Lager nachgeliefert. Er meldete sich bei mir als Neuzugeteilter. Er war überhöflich und allgemein als Spitzel bekannt. Damit waren wir nicht mehr ganz unter uns. Viele von uns hatten große Angst vor Spitzeln. Seine Gegenwart war mir gewiß nicht sympathisch, aber ich konnte mir schwer vorstellen, was für Schnüffelaufgaben er wohl haben mochte und inwiefern er uns schaden könnte, abgesehen davon, das unsere Gespräche in seiner Gegenwart etwas gehemmt waren. Einige Tage nach dieser unerwünschten Vermehrung unseres Kommandos marschierten wir zu Fuß zum Lager zurück. Das Tor öffnete sich, alle gingen hinein, nur ich mußte draußen bleiben. Es erhob sich ein großer Protest unter den Kameraden, denn es war gerade Essensausgabe. Aber der Wachoffizier hatte offenbar strikte Order, mich nicht einzulassen. Er ließ mir die Suppe vor das Tor bringen und einer meiner Freunde, Heinrich Dechamps aus Aachen, packte meine Sachen und brachte mir meinen Rucksack. Nach einigen Stunden wurde ich aufgefordert, ein Lastauto zu besteigen, nicht ohne Bewachung natürlich. Die Fahrt ging durch ziemlich langweiliges, hügeliges Uralgelände bis zum Lager Rewda. Das war im Jahr 1951.

18

Ich wurde in das Lager eingelassen und mußte zunächst beim Wachhäuschen warten. Neben mir auf der Bank wartete auf Abtransport mein letzter direkter Vorgesetzter und 1c, Major Marve. Es war eine typische Fehlschaltung, offenbar sollten wir nicht zusammen in einem Lager sein. So hatten wir Gelegenheit, Erfahrungen auszutauschen und uns abzustimmen, genau das, was man durch die Maßnahme des Austausches von uns beiden hatte verhindern wollen. Marve wurde mit dem gleichen Lastauto, mit dem ich gekommen war, nach Perwuralsk gebracht.

Rewda war das letzte Lager auf meiner Wanderschaft durch die Sowjetunion. Es war ein altes Barackenlager aus der Zeit des 1. Weltkrieges und hatte schon damals deutsche Kriegsgefangene beherbergt. Es war zunächst nur mit Österreichern belegt worden, so daß alle von Gefangenen zu besetzenden Lagerämter und Dienste, wie deutscher Lagerführer, Arbeitseinsatzleiter, Kontaktmann zum Lagertor, Schreibstube, Schneiderei, Schuhmacherei, Wäscherei etc. in österreichischer Hand waren. Wie schon bisher war ich meist auf Baustellen, meist mit Erdarbeiten, aber auch mit Mauern und dergleichen beschäftigt. Die Österreicher, die etwa 50% der Lagerbelegung ausmachten, hatten eine ziemlich große musische Gruppe, die auch über einige Musikinstrumente verfügte. Unter den Musensöhnen waren die Wiener besonders stark vertreten. Sie hießen etwa Prohaska, Katschmarek und Skotschdopole. Sie hatten einen ausgezeichneten Dirigenten, Theo Weisenborn, der später Professor an der Musikhochschule in Salzburg wurde. Höhepunkt der musikalischen Bemühungen war die Aufführung von *Dreimäderlhaus*, und die sonderbaren, von Kriegsgefangenen dargestellten Mädchen sind mir noch heute erinnerlich.

Die Verpflegung war inzwischen etwas besser geworden. In der Suppe war wirklich etwas drin. Ich kann mich z.B. an Hirsesuppe mit Breicharakter erinnern. Trotzdem waren wir natürlich immer hungrig. Das, was uns in diesen letzten vier Jahren der Gefangenschaft bei leidlicher Gesundheit erhielt, und wahrscheinlich vielen das Leben gerettet hat, war die Paketaktion, die ab 1951 immer mehr in Gang kam. Durch die Bemühungen der „Arbeitsgemeinschaft Borowitschi" in Essen, gebildet von den vor der Verurteilung aus Borowitschi entlassenen Offizieren, geführt von Oberst v. Hinkeldey und Major v. Dressler, organisierten

Bischof Heckel mit dem Evangelischen Hilfswerk und die Caritas in Freiburg monatliche Paketsendungen an alle Kriegsgefangenen, deren Adressen bekannt waren. Ich habe auch einmal ein sogenanntes Dresslerpaket erhalten, denn die Arbeitsgemeinschaft in Essen sammelte ebenfalls Geld für die Betreuung der Kriegsgefangenen. Hillo ruinierte ihr schmales Budget durch regelmäßige Paketsendungen, die sie jedoch nicht aus Schweden abschicken durfte. Lucie Schilling in Hameln besorgte das in Hillos Auftrag. Cousine Lucie war unsere Postleitstelle. Ich hatte Hameln als meine Heimatadresse angegeben und schrieb alle monatlichen Rückantwortkarten auf Hillos Namen, Domeyerstr. 33 in Hameln. Hillo schickte die Antwortkarten im Brief nach Hameln, wo Lucie sie auf die Post gab. Russischerseits waren sowohl die Postkarten, als auch die Paketzustellungen so gut organisiert worden, daß fast alles ankam. Ein Rätsel bleibt, daß es einzelne Kameraden gab, die keine Post erhielten. Für sie wurde gesammelt oder ihre Freunde teilten ihren Paketreichtum mit ihnen.

Die Baracken, die ja schon im 1. Weltkrieg erstellt worden waren, hatten inzwischen Dampfheizung bekommen. Etwa 100 Mann schliefen in zwei Etagen in einem Raum, der eine halbe Baracke einnahm. Es gab einen Waschraum, der mir aber nicht mehr recht erinnerlich ist. Nach der Arbeit pflegte man sich dort zu reinigen. Es gab weder Läuse noch Wanzen. Einmal in der Woche wurde jeder rasiert, mit Ausnahme von Herrn Zänker, der einen langen Bart hatte. Er war Maler und hatte die Unbedachtheit begangen, ein heroisches Portrait in Öl von Hitler zu malen. Es war ein allgemein bekanntes Bild, das in Reproduktionen überall in Deutschland zu sehen war. Hitler trägt einen feldgrauen Militärmantel, dessen Kragen malerisch zur Hälfte hochgeschlagen ist, und eine Militärmütze auf dem Kopf. Zänker war nie Soldat gewesen und hatte seine Verurteilung zu 25 Jahren nur diesem Bild zu verdanken. Ich kannte ihn nicht persönlich, aber sein Bart ist mir noch erinnerlich.

In Rewda traf ich recht viele Bekannte und Freunde von früher und fand neue Freunde, zu denen vor allem Heinz Schulte-Ladbeck aus Bochum gehörte. Er ist leider, wie so viele, verhältnismäßig bald nach der Heimkehr gestorben. Er war ein sehr reger Geist und hatte schon in kurzer Zeit nach seinem Eintreffen im Lager Kontakte zu allen interessierten Leuten, die ich meist schon kannte, zum Teil aber auch erst durch ihn kennenlernte. Nach und nach fanden sich verschiedene kleine Gruppen zusammen, in denen Vorträge gehalten wurden. Es waren gewöhnlich fünf bis sechs Mann, die sich an solchen

Unternehmungen beteiligten. Der Gelehrteste von uns allen war Dr. Vogel, Lehrer am Collegium Alpinum im Engadin. Er konnte aus dem Stegreif über Literaturgeschichte, Mathematik, Physik und andere Fächer dozieren. Der Historiker, Prof. Maschke, sprach über Geschichte. Der Kunsthistoriker Bachmann, der bei Pinder in München studiert hatte, hielt hochinteressante Vorträge über Kunstgeschichte. Seine Glanzleistung war ein inspirierter Vortrag über den Impressionismus, der mir besonders im Gedächtnis haften geblieben ist. Bachmann saß auf einem Schemel unter dem einzigen Baum im Lager und hatte einige Kunstpostkarten als Demonstrationsobjekt. Wir waren nur die Zuhörer, Schulte-Ladbeck, Manfred Pleichinger und ich. Wenn ich von dieser einen, fast verzauberten Stunde absehe, war der interessanteste Kursus Otto Fricks Unterricht in Musiktheorie. Ich kannte Frick schon aus dem Ostseelager 1945. Er gehörte wie ich zur Zunft der Dolmetscher und war meistenteils als Normierer tätig gewesen, ein Fach, in dem ich nur ab und an hospitiert habe. Er hatte am Konservatorium in Tiflis Musik studiert, war ein begnadeter Musiker und Pianist, war in den Revolutionsjahren um 1918 mit seinen Eltern nach Deutschland gekommen, wo er unter anderem nach dem Tode Ramins eine Zeitlang Thomaskantor gewesen ist. Wir waren im Unterricht etwa acht Mann an einem länglichen Tisch. Frick demonstrierte alles auf einem Akkordeon, das vor ihm auf dem Tisch lag. Ich saß ihm gegenüber und machte ihm Wind, je nachdem, ob er nur einzelne Töne, oder den Septim Akkord oder Opernmotive demonstrierte. Ich habe Frick noch einmal in den siebziger Jahren auf einem Heimkehrer Treffen in Wasserburg gesehen, wo ich ihn auch mit Hillo bekannt machen konnte. Bald darauf ist er gestorben.

 Gottesdienst hatte es ganz am Anfang der Gefangenschaft, als wir noch unter der Regie der roten Armee waren, einige Male gegeben. Schon im Jahre 1945 übernahm das NKWD (früher Tscheka, dann KGB genannt) das gesamte Gefangenenwesen und seitdem waren Gottesdienste verboten. Pfarrer Krause, den ich schon seit Beginn der Gefangenschaft kannte und der in derselben Baracke mit mir seinen Platz hatte, organisierte einmal eine heimliche Gebetsstunde in einem stockfinsteren Raum, in dem ein winziges Flämmchen, das mit schwach durchscheinendem Material zugedeckt war, in der Art eines Glühwürmchens, einen ganz schwachen Schimmer sichtbar machte. Die ausgesuchten Teilnehmer wurden einzeln von einem evangelischen ungarischen Diakon abgeholt und an der Hand im Dunkeln an einen Platz geführt. Krause, ein nüchterner Geistlicher, verstand es diesen konspirativen Gottesdienst feierlich zu gestalten. Offenbar muß die Sache doch verpfiffen worden sein, denn Krause fragte nachher die Beteiligten, ob sie etwas darüber erzählt hätten. Ich kann nur von mir sagen, daß ich keinem meiner Freunde darüber berichtet habe.

Da ich wußte, daß Hillo und die Kinder in Schweden waren, hatte ich den Wunsch, etwas mehr Schwedisch zu lernen, als ich schon konnte. Eine gewisse Grundlage hatte ich, denn ich 1926 in Lübeck bei einer Schiffahrtsfirma anfing, wo ich immer wieder mit schwedischen Kapitänen zu tun hatte, hatte ich mir in Privatstunden etwas Grammatik und die wichtigsten Redensarten angeeignet. Durch Freunde wurde ich darauf aufmerksam gemacht, daß sich im Lager ein Österreicher, Walter Antoni aus Wien, befand, der fließend Schwedisch sprechen konnte. Ich suchte ihn auf und er war froh, auf einem seiner Lieblingsgebiete von mir gefordert zu werden. Er war in der Hungerzeit nach dem 1. Weltkrieg mit Hilfe in einer wohltätigen Organisation lange Zeit in Norwegen in einer Familie aufgenommen gewesen und beherrschte das Norwegische ausgezeichnet. Anschließend hatte er Schwedisch an der Wiener Universität studiert und war zudem Absolvent der Wiener Hochschule für Welthandel mit dem Titel Diplomkaufmann. Sein Gesicht war ganz zerhackt, nicht etwa durch Kriegseinwirkung, aber als eine Folge von Nahkampf, denn er war ein begeisterter Corps Student. Seine Burschenschaft in Wien war für ihn eine Welt für sich und er konnte immer noch mit größtem Engagement von seinen Erlebnissen in dieser anderen Wirklichkeit berichten, denen er auch noch im Nachhinein eine Aktualität zu geben verstand, als ob es sich um Kontroversen zwischen Reagan und Gorbatschow gehandelt hätte. Hillo, Bettina und ich haben seine Familie in Wien besucht. Dann ist er bald gestorben.

Der Unterricht begann damit, daß Antoni und ich am Abend, nach der Rückkehr von der Arbeit und nach dem Essen, im Lager von innen am Zaun entlang Runden drehten. Er sprach mit mir nur Schwedisch und mit der Zeit lernte ich zu verstehen, was er meinte. Dann fing ich an, kurze Fragen auf Schwedisch zu stellen, wie z.B. „Wie bitte?", „Wann war das?" und dergleichen. Nachdem auch diese Phase überwunden war, konnte ich mich in zunehmendem Maße auf Schwedisch unterhalten. Nachdem wir im Mündlichen so weit gekommen waren, stellte sich das Bedürfnis nach schwedischer Literatur ein, die es begreiflicherweise im Lager nicht gab. Nach der Devise „Hilf dir selbst" schrieb Antoni für mich mehrere Novellen und Kurzgeschichten in schwedischer Sprache von hoher literarischer Qualität. Er war ein sehr begabter Schriftsteller.

Außer Schwedisch hatte er auch Französisch an der Wiener Universität studiert. Ein junger Österreicher, der vor dem Schulabschluß zur Wehrmacht einberufen worden war und sich nun für den Fall einer eventuellen Entlassung aus der Gefangenschaft um seine mangelnde Bildung Sorgen machte, hatte Antoni gebeten, ihm die französische Grammatik beizubringen. Antoni hatte zu diesem Zweck, in Ermangelung von Lehrbüchern, selbst ein grammatisches System ersonnen, das viel leichter zu begreifen war, als alle einschlägigen Bücher. Seine Tabelle der unregelmäßigen Verben war das Werk eines Genies. Später habe ich ihn in Wien gefragt, ob er nicht die französische Grammatik rekonstruieren könne, denn er würde damit wahrscheinlich einen großen Erfolg haben. Er antwortete, er habe selber schon mal darüber nachgedacht. Es sei ihm aber im Berufsleben und bei den täglichen Anforderungen in Wien und in seiner Familie nicht mehr möglich, die notwendige Konzentration aufzubringen. Nur im Lagerleben habe man die vollkommene Freiheit so vollkommen abzuschalten, wie eine solche Arbeit es erfordere. Für den schwedischen Unterricht brauchte er keine Konzentration solchen Grades und auch nicht für seine Erzählungen aus der studentischen Welt. Wir hatten uns daran gewöhnt, nach dem Rundgang am Abend bis zum Zapfenstreich um 10:00 Uhr auf meinem Bett zu sitzen. Dabei wurde dann Deutsch und nicht mehr Schwedisch gesprochen. Wenn alle Zuhause waren, saßen wir also zu fünft in dem Geviert, denn die Betten waren, wie schon erwähnt, in zwei Etagen. Auch wenn keine schwedischen Runden gedreht wurden, war Antoni jeden Abend pünktlich zur Stelle und bohrte in der Nase ohne Zweifel ein nervöser Tick, den er in der seelischen Presse der Gefangenschaft erworben hatte. Dieser Tick wurde mir auf die Dauer unerträglich und ich sann auf Möglichkeiten, ihm den abzugewöhnen. Cousine Lucie in Hameln hatte einem Paket ein blütenweißes Schillingsches Taschentuch mit Krone beigefügt. Es war das einzige Stück, das ich besaß, und ich hoffte, ihn damit ausreichend beeindrucken zu können. Als er abends kam, überreichte ich ihm das Taschentuch. Er schaute es kurz an, dankte, steckte es in die Tasche und bohrte weiter in der Nase Es war ein totaler Mißerfolg!

Ein anderer Kamerad machte nach einiger Zeit Antoni den Platz auf meinem Bett streitig. Ich hatte ihn auf einer öden Arbeitsstelle im Winter kennengelernt, wo ich mich bereiterklärt hatte, mit Hilfe von Brettern und einer Säge einen Deckel herzustellen, der irgendein Loch zudecken sollte. Als ich die Säge ergriff, um mit der Arbeit zu beginnen, kam Erich Seifert herbeigeeilt, um mir zu helfen. Er war davon überzeugt, daß ich nicht zu sägen verstehen könnte. Ich ließ ihn gewähren und er machte mit verbissener Energie die nötigen Schnitte. Hierbei kamen wir ins Gespräch und seitdem saß er jeden Abend pünktlich auf meinem Bett, um mir aus seiner Vergangenheit zu erzählen und um ihm Probleme lösen zu helfen, die er im Falle seiner Entlassung aus der Gefangenschaft auf sich zukommen sah. Er war nie Soldat gewesen, da er zu Hause, in Sachsen, eine Fabrik hatte, die ursprünglich auf Spannfutter spezialisiert war. Im Kriege hatte der Betrieb Granaten gedreht und dadurch war Seifert unabkömmlich gewesen. Man hatte ihm eine größere Zahl von russischen Frauen als Arbeiter zugewiesen, die teilweise freiwillig nach Deutschland gekommen, teilweise wohl auch zwangsrekrutiert waren. Seifert hatte für diese Menschen auf seinem Gelände ein eigenes Haus gebaut, das alle modernen Bequemlichkeiten enthielt, einschließlich einer großen Küche, und er hatte sich bemüht, außer den Nahrungsmitteln, die man auf Karten bekam, zusätzliche Lebensmittel zu beschaffen, so daß die Arbeiterschaft gut ernährt war. Als die Rote Armee kam, wurde er verhaftet und, obwohl die russischen Frauen nur Gutes über ihn zu berichten wußten, als kapitalistischer Menschenschinder zu 25 Jahren verurteilt. Um nun nicht im Lagerleben zu vertrotteln, übte er mit mir jeden Abend die erhoffte Zukunft. Er konstruierte auf dem Papier Spannfutter und erklärte mir alles so genau, daß ich selbst beinahe eines hätte bauen können. Dann kam der Kontenrahmen dran und wir übten allabendlich die Buchführung eines gedachten Unternehmens. Er hat seine Pläne verwirklicht. Nach seiner Entlassung ließ er sich in Nürnberg nieder und gründete eine kleine Fabrik für die Herstellung großer Spannfutter in Einzelanfertigung. Das Geld für den Start wurde ihm von einer der großen Stahlfirmen des Ruhrgebietes vorgeschossen. Er hat das kleine Unternehmen 10-15 Jahre lang betrieben und ist dann gestorben. Er hatte schon im Ural was mit dem Herzen, wie mir schien. An einem Sonntag mußten wir ausrücken, was nicht die Regel war. Das Thermometer zeigte -34. Bei -35 blieb man im Lager. Bei großer Kälte ist die Luft ganz still und es steigt vom Schnee Dampf auf. An diesem Sonntag war der Schneedampf ein dichter Nebel geworden, der auch die Sonne unsichtbar machte. Aus dem Nebel tauchte ein Stacheldrahtzaun auf, in den wir einmarschierten. Kurz darauf erschien aus dem Nichts ein Schlitten, vollgepackt mit Kreuzhacken, Brechstangen, und Schaufeln. Der Kutscher warf das Arbeitsgerät klirrend in den Schnee und fuhr davon. Der Postenführer kannte mich schon aus einem früheren Lager und übergab mir das Kommando. Wir sollten Gräben ziehen, die wahrscheinlich für ein Fundament gedacht waren. Wir verteilten uns im Nebel und fingen an zu hacken und zu pickeln. Bei jedem Schlag mit der Kreuzhacke oder mit der Brechstange lösten sich aber nur kleine Splitter des gefrorenen Bodens. Einige suchten herumliegende Holzstücke und legten Feuer an, um den Boden aufzutauen. Sie kamen aber auch nicht viel weiter und so standen die Meisten mit wenig Hoffnung und noch weniger Interesse herum, hielten sich an ihrem Werkzeug fest und kratzten den Boden gerade so viel damit, daß sie nicht erfroren. Nur er, Seifert, stürzte sich mit verbissener Energie an der Stelle in die Arbeit, an der ich ihn eingeteilt hatte. Er wich nicht vom Fleck und wärmte sich auch nicht an den Feuern, wie die Anderen und die Wachposten. Er hatte tatsächlich schon ein tiefes Loch gehackt und vor ihm türmte sich ein beachtlicher Haufen von Erdsplittern. Plötzlich brach er zusammen und wir dachten, er sei tot. Zufälligerweise war unter uns auch ein Arzt, der sich um Seifert bemühte und feststellte, daß er noch lebte. Wir legten ihn in die Nähe eines Feuers und deckten ihn mit irgend etwas zu. Glücklicherweise war der Feierabend nicht mehr fern. Seifert schlug die Augen auf und wir konnten bald abmarschieren. Ich ging neben ihm und hakte ihn unter, weil ich dachte, daß er noch sehr mitgenommen sein müßte. Aber er sagte: „Laß man, es geht schon" und marschierte ohne Hilfe bis zum Lager. Nachdem er gestorben war, beschrieb ich diese Geschichte in meinem Kondolenzbrief an die Witwe und sie antwortete mir: „Das war echt Erich."

Das waren also meine „lahmen Enten", die ich so nenne, weil sie, obwohl profilierte Persönlichkeiten, des täglichen Gedankenaustausches mit mir bedurften, wie des täglichen Brotes. Daß sie sich gerade mich ausgesucht hatten, lag wahrscheinlich daran, daß ich bereit war, ihnen zuzuhören.

Ein anderer sehr lieber Freund war Oberst von Tarbuk aus Wien, derselbe, den ich im Lager Weidendamm in Riga empfangen hatte, als er aus dem Gefängnis kam. Er bedurfte keines Zuspruchs und seine Zukunft im Falle der Entlassung, war klar vorgezeichnet. Er war der Erbe einer der größten Autofirmen Wiens, hatte sich schon früher für die Nachfolge qualifiziert und brauchte sich keine Zukunftssorgen zu machen. Hillo und ich haben ihn zweimal in Wien besucht. Er hatte aber nicht mehr die Kraft, an den jährlichen Treffen des Lagerkreises Rewda im Waldviertel teilzunehmen. Inzwischen ist auch er gestorben.

Einmal war das Arbeitskommando, dem ich zugeteilt war, mit der Erstellung einer Fabrikhalle beschäftigt. Die Zweckbestimmung dieser

Halle wurde ebenso geheim gehalten wie beim Bau des Karzers, so daß wir annahmen, daß es sich um eine für die spätere Herstellung von Geheimwaffen oder Gift handeln müsse. Da es sehr kalt war, unterhielten wir auf einem offenen Platz ein Feuer, das immer von einem Kreis von Kameraden umgeben war, die das Bedürfnis hatten, ihre Hände zu erwärmen. Die typische Haltung ist, so nah zu stehen, daß die Füße nicht zu nahe an die Glut kommen und die Hände vorzustrecken. Das ausgedehnte Industriegelände, von dem unsere Baustelle mit Stacheldraht, Zäunen und Türmchen abgeteilt war, hatte einen eigenen verantwortlichen Feuerwehrmann, der immer wieder an unsere Feuerstelle kam, uns mit großem Geschrei „verdammte Faschisten" nannte und uns das Feuermachen verbot.

Einmal wurde Kitt gebraucht. Die Kreide war feucht und konnte so nicht verwendet werden. Ich übernahm es, sie zu trocknen. Ich besorgte mir große Blechpfannen. Innerhalb unserer Einzäunung in einer Ecke, von der entstehenden Fabrikhalle durch einen weiten Platz getrennt, stand eine kleine ehemalige Schmiede. Ich begab mich mit den Pfannen und der Kreide dorthin und machte auf der Esse ein Feuer. Durch den Rauch, der aus dem Schornstein trat, wurde bald der Feuerwehrmann angelockt. Ich erklärte ihm den Grund meines Dortseins und er fing an, mich über die Verhältnisse in Deutschland und im Westen überhaupt auszufragen. Von Zeit zu Zeit öffnete er eine Tür-Ritze und vergewisserte sich, daß der öde Platz leer war. Nachdem ich ihm unter anderem geschildert hatte, wie in Deutschland eine Kohlengrube aussieht, und wie Krankenkassen und Altersrenten funktionieren, und viele andere Fragen beantwortet hatte, schaute er plötzlich auf die Uhr, verabschiedete sich und eilte zur Tür hinaus. Dann öffnete er noch einmal die Tür, gerade so weit, daß er seinen Kopf hindurchstecken konnte, und sagte blitzschnell: „Schlimmer als der russische Mensch hat es niemand auf der Welt", und damit war er verschwunden.

Zu näheren Baustellen marschierte man, zu weiter gelegenen wurde man mit Lastautos transportiert. Wir marschierten durch das Städtchen Rewda. Eine Straße, durch die unser Weg führte, war recht breit und mit Gras bewachsen, die geschotterte Fahrbahn, auf der wir marschierten, in der Mitte. Zu beiden Seiten standen einstöckige Häuser aus Holz. Zu jedem Haus gehörte ein kleiner Hof. Alle Bewohner dieser Straße hatten weiße Hühner. Einzelne Hühner trieben sich auch auf der Straße herum und einer der Kameraden hatte ihnen zu Spaß einige Brotkrumen zugeworfen, die er gerade in der Tasche hatte, und es machte allen Spaß zu sehen, wie die Hühner sich darauf stürzten. Am nächsten Morgen hatten viele von uns Brot in der Tasche und streuten es aus. Das sprach sich unter den Hühnern herum und sie kamen familienweise aus allen Höfen auf die Straße gelaufen. Nach einigen Tagen kannten die Hühner schon das Marschgeräusch unserer Kolonne. Sobald wir um die Ecke in die Straße einbogen, stürzten sie sich, Hahn an der Spitze, aus allen Höfen auf die Straße, die eben noch grün, jetzt aber weiß war. Das ging so ein bis zwei Wochen. Dann mußte das ganze Lager antreten und es wurde folgender Tagesbefehl verlesen: „Von jetzt an ist es streng verboten, auf dem Wege zur Arbeit Hühner zu füttern. Zuwiderhandlungen werden als antisowjetische Tätigkeit betrachtet und strengsten geahndet." Die Enttäuschung des Hühnervolkes am nächsten Morgen war herzzerreißend. Die Straße war weiß wie jeden Morgen. Da wir ihnen keine Brotkrumen entgegenwarfen, kamen sie sogar bis in unsere Reihen gelaufen und konnten es offenbar nicht fassen, daß nichts geschah.

In den Paketen, die wir bekamen, waren oft Zigaretten in Blechschachteln. Am schönsten waren die dunkelblauen und dunkelroten Murattischachteln. Nürnberger Lebkuchen waren in runde, buntbedruckte Blechbüchsen verpackt. Irgendjemand von uns war einmal auf die Idee gekommen, einem Kinde eine solche Schachtel zuzuwerfen. Unser Weg, einerlei ob wir marschierten oder mit dem Lastauto fuhren, war bald flankiert von Kindern, die uns zuriefen: „Djadja, dai banotschku!" (Onkel, gib ein Schächtelchen). Ihr Ruf erschallte in allen Tonarten, mal gebieterisch, mal einschmeichelnd, mal flehend. Es waren aber nicht nur Kinder, auch Frauen streckten uns ihre Hände entgegen. Am Fenster einer „guten Stube" sah ich im Vorbeigehen zwei Lebkuchenbüchsen als Blumentöpfe ausgestellt. Der Stadtsowjet beklagte sich nach einiger Zeit bei der Lagerverwaltung, ebenso wie im Falle der Hühner, denn es war nicht erwünscht, daß strafgefangene Kriegsverbrecher sich auf diese unlautere Weise bei der sowjetischen Bevölkerung beliebt machten. So wurde denn auch das Verschenken von Blechbüchsen als antisowjetische Tätigkeit gebrandmarkt und mit schweren Strafen bedroht.

Rewda ist eine ursprünglich kleine, aber wachsende Industriestadt. Wir waren hauptsächlich damit beschäftigt, neue dreistöckige Wohnhäuser zu bauen. So entstand allmählich ein neues Stadtviertel. Um einen neuen Bauplatz für etwa sechs Häuser mit dazugehörigen Straßen zu gewinnen, fällte man zunächst den Wald. Dann wurden Stacheldrahtzäune in zwei Reihen und außen ein hoher undurchsichtiger Plankenzaun gebaut. An allen Ecken des Zaunes wurden die bekannten

Beobachtungstürmchen mit Dach errichtet. Auf jedem Türmchen steht ein Posten mit Maschinenpistole. Durch ein zweiflügeliges, undurchsichtiges Tor marschierten die Arbeitskolonnen morgens hinein und abends hinaus. Auch das gesamte benötigte Material wurde meist mit Lastautos, teilweise auch mit Pferdewagen oder Schlitten durch dieses Tor gebracht. Jedes Fahrzeug wurde durch die am Tor eingeteilten Posten kontrolliert. Besonders hinausfahrende Lastautos wurden einer genauen Untersuchung unterzogen, wenn sie Bauschutt oder Aushub und sonstiges Schuttgut geladen hatten. Die Ladung wurde mit langen Eisenstangen mehrfach durchstochen für den Fall, daß sich jemand darin versteckt haben könnte. Beim Passieren des Tores, sowohl auf dem Wege zur Arbeit, als auch abends auf dem Wege zum Lager, wurden wir jeweils zweimal gezählt, zuerst vor dem verschlossenen Tor, dann nach Passieren desselben. Beim zweiten Mal fand, sowohl beim Verlassen des Lagers, als auch beim Verlassen der Arbeitsstelle, eine Leibesvisitation statt, die so vor sich ging, daß Wachsoldaten von vorne nach hinten durch die Reihen gingen und jeden einzeln befühlten. Die Wachmannschaften wurden von Zeit zu Zeit in abendlichen Belehrungen scharf gemacht und zu Genauigkeit im Dienst aufgefordert. Es war deutlich zu merken, wann eine Belehrung stattgefunden hatte. Die Gewissenhaftigkeit und auch wohl Unfreundlichkeit war am ersten Tage besonders fühlbar und flaute dann in der Regel von Tag zu Tag ab. Sonst hätten wir ja auch nicht die Blechbüchsen aus dem Lager schaffen können. Manchmal wurde zum Beispiel ein Messer gefunden, das jemand sich auf der Baustelle selber gemacht hatte. Man wird mit der Zeit sehr gewitzt im Verstecken von Gegenständen. Ich habe verschiedene Dinge sowohl heraus, als auch hinein geschmuggelt. Ganz leicht war das natürlich mit Kleidungsstücken, die beim Betasten ja nicht auffallen. Einmal hatte mich ein Kamerad gebeten, für ihn einen Pyjama zu verkaufen. Er hatte selbst keine Gelegenheit dazu. Auf meiner Baustelle waren einige Russen beschäftigt und es gelang mir, einen Mann dafür zu interessieren. Er war nur noch nicht ganz sicher, was man mit dem hübschen Kleidungsstück eigentlich macht. Eine russische Frau sekundierte mir bei diesem Geschäftsgespräch. Sie erzählte, daß ihre Cousine Dienstmädchen bei einem Angehörigen der amerikanischen Botschaft in Moskau gewesen sei und die Amerikaner hätten tatsächlich solche „Pemjamas" zum Schlafen angezogen. Damit war der Verkauf gelungen.

Die *Prawda*, die wir regelmäßig im Lager lesen konnten, brachte einmal eine kurze Notiz darüber, daß eine Abordnung der britischen

Labour-Partei sich auf einer Informationsreise durch die Sowjetunion war, daß es keine Straflager, keine sogenannte Sklavenarbeit und keine Wachtürme gäbe. Ohne Angaben von Gründen, blieb das Lager einige Tage geschlossen, man rückte nicht zur Arbeit aus. Als dann eines Morgens die Arbeit wieder begann fuhr ich mit anderen Kameraden auf einem Lastauto. Auf der Fahrt passierten wir eine andere Baustelle, die ebenso wie unsere von einem großen Plankenzaun mit Wachtürmen umgeben war. Man hatte alle Wachtürme abgesägt und umgeworfen und dann, nachdem die britische Kommission weitergereist war, wieder aufgestellt. Der der Straße zunächst befindliche Wachturm lag aber noch auf dem Boden und ein Mobilkran war gerade unterwegs zu ihm. Als wir zu unserer Arbeitsstelle kamen, waren ebenfalls alle Türmchen, bis auf einen, wieder aufgestellt, der letzte hing zu unserem Empfang und von uns applaudiert am Kran in der Luft. Alle wußten Bescheid und amüsierten sich über den Regiefehler. Einige Zeit später brachte die Zeitschrift *Sowjetskaja Rossija* einen Schmähartikel über das Mitglied der Labour-Komission, Stanley Evans aus Manchester, der in der britischen Presse Lügen über die Sowjetunion verbreitet habe. Große Teile seines Berichtes wurden wörtlich wiedergegeben. Der Bericht war witzig, seine Angaben stimmten und zeugten davon, daß Evans mit offenen Augen gereist war. Von den Türmchen stand leider nichts drin. Der Schreiber dieses Artikels ist bald nach dieser Reise aus der Labour-Partei ausgetreten.

Eines Tages öffnete sich das Lagertor und schätzungsweise einhundert Männer in russischen Militärmänteln marschierten ein. Es waren ungarische Kriegsgefangene. Der linke Flügelmann fiel mir auf. Hochgewachsen und aufrecht, ein gutes Gesicht unter der russischen Wintermütze. Ich sagte mir, er müsse wohl ein ungarischer Magnat sein. Die Ungarn waren in einem Lager Südrußlands auf einen angeblichen Heimattransport verladen worden. Ein sowjetischer General war auf einen Stuhl gestiegen und hatte ihnen eine Rede gehalten und ihnen mitgeteilt, daß sie entlassen seien und jetzt nach Ungarn führen. Zu ihrer namenlosen Enttäuschung bewegte sich aber der Zug in östlicher Richtung und so kamen sie denn bei uns an. Da sie offiziell entlassen worden waren, weigerten sie sich am folgenden Morgen, zur Arbeit auszurücken. Während wir auf unseren Baustellen waren, ereignete sich Folgendes: Die Ungarn wurden zunächst aufgefordert, zur Arbeit anzutreten, doch es rührte sich keiner. Darauf wurde die Wachmannschaft alarmiert. Sie betrat unter Führung eines Offiziers, alle in lange Wintermäntel gekleidet, mit Hunden die Baracke. Erst als sie drin waren, holten die Männer unter ihren Mänteln Eisenstangen hervor und hieben auf die Ungarn ein. Die Baracke war außen von Wachposten mit Maschinenpistolen umstellt und zur Erhöhung der moralischen Wirkung der Aktion wurden noch einige Schüsse auf die Baracke abgegeben. Die Einschußlöcher lagen absichtlich hoch in der Barackenwand. Unter diesen Umständen blieb den Ungarn nichts anderes übrig, als klein beizugeben und am folgenden Tag zur Arbeit auszurücken. Sie wurden auf verschiedene Arbeitskommandos verteilt, ein Teil von ihnen kam zu der Gruppe, zu der ich gehörte. Auf der Arbeitsstelle kam derjenige, der als linker Flügelmann einmarschiert war, auf mich zu, redete mich bei meinem Namen an und stellte sich als Harasty vor. Er fragte, ob ich ihm helfen könnte, zwei Männern in der ungarischen Gruppe zu helfen. Es handelte sich um zwei Bildschnitzer, die durch die Gefangenschaft in eine besonders schwere Depression geraten waren. Ihre besondere Spezialität war das Schnitzen in Elfenbein oder Knochen. Elfenbein war natürlich nicht zu beschaffen, Knochen schon eher. Harasty meinte, daß man den beiden Männern aus ihrer Depression heraushelfen könnte, wenn man ihnen die Möglichkeit gäbe zu schnitzen. Messerähnliche Geräte könne man ja selber basteln und wenn sie weggenommen würden, wieder neue machen. Was aber ganz unerreichbar schien, sei eine Dreikantfeile, die sie für ihre Arbeit dringend benötigen. Ob ich ihnen wohl dazu verhelfen könnte? Ich sagte, ich würde es versuchen. Ich erinnerte mich, beim Marschieren auf der „Straße der weißen Hühner" eine gänzlich abgenutzte Dreikantfeile liegen gesehen zu haben, die ganz die Farbe des Straßenstaubes angenommen hatte. Ich stellte mich am folgenden Morgen so in die Marschkolonne, daß ich hoffen konnte, an der Feile in greifbarer Nähe vorbeizukommen. Als ich sie erblickte, bückte ich mich blitzschnell und steckte sie hinter den Hosenbund, wo sie die Visitation unbemerkt passierte. Schon vorher war ich mit einem unserer deutschen Kommandoführer in das Materiallager der Baustelle vorgedrungen und hatte mir gemerkt, an welcher Stelle der Kasten mit Feilen lag. Die Gerätschaften wurden vom Lagerverwalter, der hinter seiner Theke stand, gegen Quittung ausgegeben. Ich ging in gespielter Eile an ihm vorbei, schwenkte die unbrauchbare Feile bei seinen Protesten in der Luft und rief ihm zu, ich müsse eine Feile tauschen, warf sie in den Kasten, nahm eine neue und war schon wieder draußen, bevor der Mann Zeit gehabt hatte, über weitere Maßnahmen nachzudenken. Die Feile gab ich Harasty und der schmuggelte sie ins Lager, wahrscheinlich auch hinterm Hosenbund. Die Dankbarkeit der Bildschnitzer war sehr rührend. Sie erkundigten sich nach meinen

Familienverhältnissen und betrachteten ein von Hillo illustriertes Album, das ich in einem Paket erhalten hatte. In diesem Album hatte Hillo Abenteuer der Kinder sehr hübsch dargestellt. Ich lieh das Album den Bildschnitzern und sie wählten Dietz und Uta als Modelle. Sei schnitzen für Hillo aus Knochen ein Medaillon, das Uta und Dietz als Sternbild der Zwillinge darstellt. Hillo besitzt das Medaillon noch heute. (Uta hat das Medaillon von Hillo geerbt.) Die Ungarn füllten eine Baracke. Daneben befand sich eine Baracke mit rumänischen Kriegsgefangenen. Ungarn und Rumänen sprachen aber nicht miteinander. Nicht, weil sie sich nicht verständigen konnten, sondern weil sie verfeindet waren. Auch zwischen Deutschen und Rumänen haben sich, soweit ich beobachten konnte, keine näheren Beziehungen ergeben. Die ungarischen Offiziere waren dagegen sehr schnell mit uns integriert. Was mir bei ihnen auffiel, war der große Klassenunterschied. Dabei sahen die Angehörigen der Ober- und Unterklasse auch ganz verschieden aus, so, als ob es sich um verschiedene Völker handelte. Natürlich gab es da, wie überall, verschiedene Zwischenstufen. So konnte man sich beispielsweise den beiden Bildschnitzern durchaus verwandt fühlen. Alle liebten jedoch ohne Unterschied ihr Ungarn. Die Verhältnisse in der ungarischen Baracke waren den unseren ähnlich, denn viele von den Ungarn wurden von Deutschland aus mit Paketen betreut. Durch Harasty wurde ich sehr schnell in der ungarischen Baracke bekannt. Ich erinnere mich an Harastys Geburtstag, zu dem er mich eingeladen hatte. Er thronte wie ein König auf seinem Bett, während ihm von allen Seiten Ovationen und Sympathiebekundungen zuteilwurden. Wir saßen zu drei und drei einander gegenüber und tranken Kaffee aus Paketvorräten. Auch der Zigeunergeiger fehlte nicht. Er füllte die ganze Baracke mit seiner Musik, kam dann mit schmeichelnden und schluchzenden Tönen immer näher und spielte, ganz wie es sich gehört, dem Geburtstagskind ins Ohr. Unter den Ungarn befand sich ein Unteroffizier, der in Lagern in Ostsibirien Aufstände der Gefangenen miterlebt hatte. Das interessierte mich und ich bat Harasty, mir zu ermöglichen, diesen Mann zu interviewen. Ich bat Schulte-Ladbeck als Zuhörer dazu, als Dolmetscher fungierte ein ungarischer Generalstäbler.

Die Vorgänge vom 17. Juni in der Ostzone Deutschlands hatten in Rußland einen großen Eindruck gemacht und es hatte sich, besonders unter politischen Gefangenen in der Sowjetunion, die Ansicht verbreitet, daß man durch organisierten Widerstand eine Änderung der unerträglichen Verhältnisse erreichen müßte. In dem Konzentrationslager, in dem sich der ungarische Unteroffizier befand, hatten sich sämtliche Gefangenen einer Gruppe fähiger Führer untergeordnet. Es wurden im Lager Befestigungen gebaut, Molotowcocktails gebastelt und mit unglaublichem Erfindungsreichtum und großem Improvisationstalent alles für den Kampf vorbereitet. Der Kampf dauerte zwölf Tage und Nächte und die Garnison konnte ihn nicht entscheiden. Erst nachdem erbetene Hilfstruppen eingriffen und schließlich eine große Anzahl von Panzern in den Kampf eingriff, wurde der Aufstand bezwungen. Ich fristete mein Dasein tagsüber abwechselnd als ungelernter Arbeiter oder als Normierer. Die Eintönigkeit der Arbeit konnte noch immer ab und zu durch interessante Gespräche unterbrochen werden, wenn gerade kein Aufpasser in der Nähe war. Viele der Kameraden waren depressiv, unterschwellig litten alle unter einem diffusen Gemisch von Erbitterung, Hoffnungslosigkeit, Sorgen um die Familie und allgemeiner Ungewißheit. Das äußerte sich auch am Aussehen von uns allen. Da die Meisten unter Eiweißmangelerscheinungen litten, waren viele von uns etwas aufgedunsen, was besonders an den Säcken unter den Augen zu erkennen war. Besonders bei den älteren Leuten und auch bei den Offizieren war das, wie auch die heruntergezogenen Mundwinkel, charakteristisch. Normalerweise merkte man es nicht, weil man sich daran gewöhnt hatte. Beim Antreten stand ich im Glied und sah nicht die Front der Gesichter. Zufälligerweise mußte ich aber einmal nicht mit antreten und da fiel mir auf, wie häßlich wir alle anzusehen waren. Ich erinnere mich noch eines Nachmittags im Winter, als mich eine negative Stimmung überkam. Es wurde von den auf den Baustellen umherspazierenden Kontrollsoldaten darauf gesehen, daß möglichst viele in Bewegung waren und nicht allzu deutlich herumstanden. Ich begab mich in einen großen offenen Schuppen, unter dessen schützendem Dach Stapel von Gipsplatten gelagert waren, die für viele Häuser gereicht haben müssen. Ich machte mich sofort an die Arbeit, mit mehr Schwung als ich sonst gewöhnt war. Die Beobachter konnten ruhig hineinschauen, denn ich war pausenlos beschäftigt. Es war in dem Schuppen genügend Freiraum, so daß alle Platten ausnahmslos kaputt gingen. Die Scherben ließen sich aber trotzdem übereinander legen. Kurz von Feierabend war ich mit meinem Pensum fertig und empfand ein Gefühl der Genugtuung. Das war ein klarer Sabotageakt und ich gestehe, daß er eigentlich meiner unwürdig war.

Auf der Baustelle war ein russischer Kutscher mit einem Pferdefuhrwerk öfters beschäftigt, Materialien von außen hereinzubringen, aber auch innerhalb der Umzäunung Transporte zu machen. Er hatte ein wunderhübsches braunes Pferd, das sich unter uns Gefangenen großer Beliebtheit erfreute und oft Brotrinden geschenkt bekam. Das Pferd wurde mit der Zeit immer zutraulicher. Einmal begegnete uns auf dem Marsch zur Arbeit eine Pferdeherde, die von zwei Berittenen gleitet wurde. Die Pferde bewegten sich in ganz dichtem Verband. Als wir ihrer ansichtig wurden, strebte der uns wohlbekannte junge Braune aus dem Haufen heraus, sprengte auf unsere Kolonne zu, ließ sich von den Rufen der fassungslosen Pferdeknechte nicht beeindrucken und drang mitten in unsere Kolonne ein, rechts und links nach Händen haschend, die sich zu Liebkosungen oder mit Brotrinden ihm entgegenstreckten. So nahm das Pferd von seinen Freunden den ihm schuldigen Tribut entgegen und vereinigte sich wieder mit seiner Herde, als wir vorbei waren.

Ich kam einmal mit dem Kutscher ins Gespräch. Er erzählte mir, daß er eine Enkelin hätte, die er sehr liebte. Ich hatte von einer Schulklasse einer Mädchenschule in Wyk auf Föhr ein an einen unbekannten Kriegsgefangenen adressiertes Paket bekommen, das nach einem mir unbekannten Verteilungsschlüssel mir zugefallen war. In diesem Paket hatte sich eine Schokoladentafel mit dem Bilde von Rotkäppchen und dem Wolf befunden. Ich gab dem Kutscher die Schokolade für seine Enkelin. Einige Zeit später sah ich ihn wieder auf der Baustelle. Er winkte mir verstohlen, ihm in ein stehengebliebenes kleines Gebüsch zu folgen, wo uns niemand beobachten konnte. Dort dankte er mir für die Schokoladentafel und sagte mir, daß seine Enkelin sich sehr gefreut habe. Dann teilte er mir beruhigend mit, er habe, bevor er dem Kinde die Schokolade aushändigte, und so, daß niemand in der Familie es hätte sehen können, das Stanniolpapier, auf dem was geschrieben sei, versteckt. Das auf dem Stanniol Geschriebene könnte vielleicht eine wichtige Mitteilung für mich sein. Er griff unter die Schürze und gab es mir. Es war darauf eingeprägt: Stollwerk, Stollwerk, Stollwerk… Ich steckte das Stanniolpapier dankend ein und fragte ihn, warum er denn so außerordentlich vorsichtig sei, er bewohne doch ein Haus, wo er mit seiner Tochter, seiner Enkelein, seinem Schwiegersohn und seiner eigenen Mutter allein lebe. Das seien doch seine nächsten Angehörigen und ich könne mir gar nicht vorstellen, daß er sich von denen in Acht nehmen müsse. „Wer kann das wissen!" meinte er. Dann fragte ich ihn, ob er mir sagen könne, was für ein gelbliches und nicht nach einem Wohnhaus aussehenden Gebäude das sei, das wir auf dem Marsch in der Entfernung sähen. Es zeichnete sich durch eine besondere Ungepflegtheit aus. Er antwortete, er wisse nicht genau, welches Haus ich meinte, aber wenn es ganz besonders heruntergekommen sei, könne es sich nur um eine Kirche handeln.

Ich gebe solche an sich belanglosen Gespräche wieder, um zu zeigen, wie wir Stacheldraht-Menschen uns bemühten, uns von der uns umgebenen Wirklichkeit, von der wir ja ausgeschlossen waren, ein Bild zu machen.

Als ich wieder einmal Normierer war, saß ich im Winter frierend in einem Kellerraum und berechnete Arbeitslöhne. Eine verhungerte Katze, die nur aus Haut und Knochen bestand, gesellte sich zu mir und ich teilte mit ihr vierzehn Tage lang mein mitgebrachtes Brot, ohne daß sie davon fetter geworden wäre. Eines Tages erschien sie mit einer Maus und legte sie mir zu Füßen. Sie hatte offensichtlich nicht die Kraft, die Maus zu fressen. Als ich tags darauf zur Arbeit kam, lag die Katze tot und steifgefroren neben meinem Tisch.

Einer von den Ungarn, Oberst von Lanyi, hatte sehr große historische Kenntnisse. Ich traf mich mit ihm regelmäßig und ließ mir über die Geschichte Ungarns berichten. Anschließend rundete ich mein so erworbenes Wissen durch Gespräche mit geschichtskundigen Österreichern ab und schrieb dann eine Geschichte Ungarns vom letzten König 1918 (als österreichischer Kaiser Karl der Letzte genannt) bis zum Einmarsch der Sowjettruppen am Ende des 2. Weltkrieges. Ich verfaßte die Geschichte auf Englisch, weil ein anderer meiner ungarischen Freunde kein Deutsch verstand, aber gut Englisch sprach. Er war an dem Thema besonders interessiert.

In dieser Zeit teilte Antoni mir mit, daß der Kommandoführer Völkl mir den Vorschlag machen lasse, mich in seine Arbeitsgruppe versetzen zu lassen. Er sehe voraus, daß die Österreicher nach Abschluß des Staatsvertrages voraussichtlich eines Tages entlassen werden würden. Er halte es für gut, sich schon jetzt auf ein Leben in der Freiheit vorzubereiten und dazu gehöre die Kenntnis der englischen Sprache. Meine einzige Aufgabe in seinem Arbeitskommando würde sein, ihm englischen Unterricht zu geben. Ich willigte ein und trat am nächsten Morgen mit dem Kommando Völkl an.

Er hatte sein Hauptquartier im Kellergeschoß eines im Bau befindlichen Hauses aufgeschlagen. Natürlich mußte er die Arbeiten einteilen und während des Tages viel Zeit auf dem ausgedehnten, in üblicher Weise von Stacheldraht und Türmchen umgebenen Baugelände zubringen. Er kam aber immer wieder in den Keller und dort wurde sofort

Englisch gepaukt. Wenn er nicht da war, machte ich Lohnberechnungen oder ging spazieren und unterhielt mich mit Kameraden, oder mit den im Gelände vorhandenen Russen. Völkl hatte so gut wie keine englischen Vorkenntnisse, lernte aber sehr schnell, so daß wir uns bald auf Englisch unterhalten konnten. Es stellte sich bald der Wunsch nach englischer Lektüre ein. Ich entlieh aus der Lagerbibliothek den Band *Pygmalion* von G.B. Shaw und schmuggelte ihn auf meinem Bauch aus dem Lager heraus auf die Baustelle. Dort verwahrte ich ihn in einer Mauernische, so daß das Buch jeden Morgen zur Verfügung stand. Anhand dieses literarischen Meisterwerkes, das als verfilmtes Musical unter dem Namen *My Fair Lady* in den sechziger Jahren weltweit bekannt geworden ist, konnten Völkl und ich unsere sprachlichen Bemühungen ganz wesentlich vertiefen.

Im Lager hatte ich meine Arbeit über die Geschichte Ungarns auf losen Blättern beendet und sie meinem ungarischen Freunden und anderen Spezialisten in dieser Form zu lesen gegeben. Um den Aufsatz ins Reine schreiben zu können, kaufte ich in der Lagerkantine eine Kladde, einen Federhalter und eine Schreibfeder. Ein Tintenfaß hatten wir auf der Baustelle im Hauptquartier. Die Kladde mit Zubehör schmuggelte ich hinaus auf die Baustelle und begann, immer wenn ich Zeit hatte, die Arbeit ins Reine zu schreiben. Eines Morgens, als Völkl und ich den Kellerraum betraten, fehlten die Kladde mit der fast vollendeten Reinschrift, das Buch *Pygmalion* und die Feder, die als *corpus delicti* aus dem Federhalter heraus genommen worden war. Es konnte hier nur ein beauftragter Verräter im Spiele sein. Völkl und der Arbeitseinsatzleiter des Lagers, von Haßler, ebenfalls ein Österreicher, bemühten sich nun, beim Politoffizier zu erfahren, was los sei. Der hüllte sich aber in Schweigen und behauptete, auch nicht zu wissen, wo *Pygmalion* geblieben war. Haßler meinte, da niemand von der russischen Lagerleitung Englisch könne, hätten sie ohne Frage die Geschichte Ungarns zum Übersetzen ins Gymnasium in Rewda übergeben. Das würde voraussichtlich drei Monate dauern und dann würde man weitersehen. In dem Aufsatz war auch ein Kapitel der Schreckensherrschaft Béla Kun gewidmet, was dem KGB unmöglich gefallen konnte. Haßler hatte offenbar recht: Nach drei Monaten kam zu mir ein rumänischer Kriegsgefangener aus unserem Lager, der als Maurer eingesetzt war, und übergab mir ein Buch, das er morgens beim Betreten unseres Kellerraumes auf einer Treppenstufe unter einem Ziegelstein gefunden hatte. Treppenstufe und Ziegelstein waren feucht, das Buch aber war trocken und kann wenige Minuten dort gelegen haben. Es war *Pygmalion*. Der Spitzel, einer von uns, muß es vom KGB-Offizier mit dem Auftrag, es zurückzubringen, erhalten haben. Er muß mit dem Arbeitskommando zusammen am Morgen die Baustelle betreten und sich sehr beeilt haben, das Buch vor Völkl, mir und dem rumänischen Maurer auf die Kellertreppe zu legen, wo wir es finden sollten. Die Geschichte Ungarns dagegen blieb verschollen. Ganz ohne Zweifel muß die Politabteilung der russischen Lagerleitung gewußt haben, daß ich der Verfasser war, denn erstens wurde die Kladde ja von meinem Arbeitsplatz im Keller entwendet und zweitens war meine Handschrift, jedenfalls die russische, der KGB-Abteilung durch zahlreiche Eingaben, die ich für Kameraden zu übersetzen pflegte, gut bekannt.

Zu meinen nächsten Freunden im Lager zählte Heinz Schulte-Ladbeck aus Bochum, ein sehr vielseitig gebildeter Mensch, der perfekt Französisch sprach und am Anfang des Krieges als Sonderführer in Paris eingesetzt war. Wie so viele meiner Freunde ist er bald nach seiner Entlassung in Bochum gestorben. Auf einer Arbeitsstelle, auf der Schulte-Ladbeck gerade besonders deutlich nicht arbeitete, betrat der KGB-Offizier den Raum, erfaßte sofort die Lage und schritt auf Schulte-Ladbeck zu. Da dieser kein Russisch verstand, wollte ich den Feind von ihm ablenken und verwickelte ihn in ein aggressives Gespräch. Schulte-Ladbeck konnte unbehelligt weggehen, der KGB-Offizier erblickte aber ein deutsches Buch auf einem Tisch. Ich leugnete nicht, daß ich es dort hingelegt hatte. Noch am selben Abend wurde im Lager ein Befehl verlesen, daß ich zu zehn Tagen Karzer verdonnert sei; nicht etwa, weil ich den KGB-Offizier gekränkt hätte, sondern weil ich mich auf der Arbeitsstelle mit ausländischer Literatur beschäftigt hätte. Ich zog also in den Karzer ein, ein Gebäude mit einem Mittelkorridor und Zellen von je 2 qm zu beiden Seiten. Jede Zelle hatte hoch oben ein kleines Fenster, darunter war in Sitzhöhe eine Eisenstange zwischen den Längswänden eingemauert. Sie diente als Stütze für die Pritsche, die man am Abend von einem Stapel am Ende des Ganges holte. Der Karzer war ungeheizt und ich lief den ganzen Tag in die Runde, wozu ich nicht viel mehr als 1 qm Raum hatte. Wenn ich erschöpft war, setzte ich mich auf die Eisenstange, die aber so kalt war, daß ich gleich wieder aufsprang und weitermachte.

Die Verpflegung bestand aus warmem Wasser, Brot und einem Heringsschwanz, der anscheinend speziell im Karzer ausgegeben wurde, denn bei der Lagerverpflegung kam Hering nicht vor. Das Essen wurde täglich den Karzerinsassen durch einen älteren Herrn Stawe aus Lübeck überbracht. Er war nie Soldat gewesen, sondern hatte in Peking gelebt, wo er von den Sowjettruppen bei der Besetzung Chinas aufgegriffen worden war.

Eine Wache patrouillierte auf dem Korridor und schaute ab und zu durch das Guckloch in der Tür. Da ich Zeit hatte, habe ich ausgerechnet, wieviele Kilometer ich auf den 2 qm in die Runde gelaufen bin, ich glaube, es waren 60 km. In der völligen Ungestörtheit kann man sich sehr gut konzentrieren. Der Postenführer, ein Sergeant, wegen seines Aussehens der Katzenkopf genannt, machte mir einen Besuch und schenkte mir eine Zigarette. Das Streichholz sollte ich durch die von ihm offengehaltene Tür in den Gang werfen. Ich tat das aber nicht, sondern steckte es in die Tasche. Mit diesem abgebrannten Streichholz zeichnete ich nach langem Nachdenken ein Quinten Thermometer an die Wand (ein Begriff aus der Musiktheorie). Im normalen Leben in der Freiheit, den Kopf ständig voll der verschiedensten Eindrücke, wäre es mir ganz unmöglich, eine solch Übung zu wiederholen. Ja, ich weiß nicht einmal mehr, was das sogenannte Thermometer für einen Sinn hat. Der Katzenkopf, der mich von Arbeitsplätzen her kannte und wußte, daß ich Russisch sprach, fragte mich, warum ich im Karzer säße. Ich antwortete, im Tagesbefehl sei gesagt worden, ich hätte mich auf der Arbeitsstelle mit ausländischer Literatur beschäftigt. Der eigentliche Grund für meine Bestrafung sei aber gewesen, daß ich den Oberleutnant vom KGB gekränkt hätte. Der Katzenkopf hörte sich das nachdenklich an, schloß die Zellentür und ging fort. Die Kränkung muß tief gesessen haben, denn Versuche des Arbeitseinsatzleiters v. Haßler und anderen Personen, die Beziehungen zum russischen Stab hatten, meine Strafe abzukürzen, bleiben ergebnislos. Die Zelle war grob verputzt und weiß getüncht. Bei Dunkelheit brannte ständig eine nackte elektrische Birne. Bei flüchtigem Hinsehen wirkten die Wände gleichmäßig weiß. Nachdem ich sie einige Tage gesehen hatte, formten sich kleine Unebenheiten im Putz zu phantastischen Bildern von Tieren, Ungeheuern und Fratzen. Sonderbarerweise änderten sich diese Bilder nicht. Ich sah sie bis zum Schluß der Karzerhaft immer an den gleichen Stellen der Wände und schon, wenn ich geschlafen hatte und beim Erwachen eine Wand anblinzelte. Das Unangenehmste an diesem Aufenthalt war das ununterbrochene Frieren. Außer mir war noch ein Kamerad im Karzer, dem dieser Aufenthalt angeblich ein unheilbares Nierenleiden eingetragen hat.

Das Dankgeschenk der rührenden ungarischen Bildschnitzer, das kreisförmige Medaillon aus Knochen mit Uta und Dietz, war eine sehr hübsche Arbeit und ich hätte sie gern in Gold gerahmt. Mein Ehering und mein Siegelring waren mir im Gefängnis in Leningrad gegen Quittung abgenommen worden. Ich schrieb an die russische Lagerverwaltung einen Brief und verlangte die Auslieferung der Ringe. Es folgte zunächst nichts und ich schrieb alle zwei Monate einen neuen Brief. Nachdem ich viermal geschrieben hatte, kam zu mir einer der Dolmetscher, ob beauftragt oder aus freien Stücken weiß ich nicht, und versuchte mich zu überreden, doch keine Eingaben mehr zu schreiben, es habe gar keinen Sinn, denn ich würde ganz bestimmt nie die Ringe zurückerhalten. Ich ließ mich aber nicht beirren und schrieb weiter alle zwei Monate. Schließlich, eines Tages, ließ mir der Sachbearbeiter aus der Verwaltung sagen, ich solle ihm durch den Boten die Quittung geben, denn die Angelegenheit sie jetzt in Bearbeitung. Ich wagte es! Dann vergingen noch einmal zwei Monate und es kam jemand und sagte: „Deine Ringe sind da!" Ich konnte also gehen sie abholen.

Diese Erfahrung, daß bei den sowjetischen Behörden Beharrlichkeit zum Ziel führen kann, hat letztendlich dazu verholfen, daß einige Jahre später ein Este von der Insel Ösel von den Behörden in Moskau die Erlaubnis erhielt, die Sowjetunion zu verlassen und nach Schweden überzusiedeln. Ich arbeitete damals mit einem estnischen Juristen, der 1944 beim Abzug der deutschen Truppen aus Estland geflohen war, an der Stockholmer Sparkasse. Er wollte seinen alten Vater nach Schweden herüberholen und hatte einen entsprechenden Antrag gestellt. Tief enttäuscht zeigte er mir den ablehnenden Bescheid. Ich erzählte ihm die Geschichte von den Ringen und sagte ihm, er dürfe nie ermüden, in regelmäßigen Abständen die verschiedensten sowjetischen Behörden in Reval und in Moskau mit Briefen zu belästigen. Wir heckten gemeinsame Briefe, unter anderem auch an Chruschtschow, aus. Es dauerte ein bis zwei Jahre und eines Tages konnte der glückliche Sohn tatsächlich seinen Vater auf dem Flughafen in Arlanda in Empfang nehmen.

Im Lager gab es einen ungarischen Goldschmied, der sich bereit erklärte, aus meinem Ehering einen Rahmen für das Medaillon zu machen. Als Hintergrund hatte ich irgendwie den silbrig schimmernden Deckel einer Uhr erworben und es gelang dem Goldschmied gerade noch am Tage der Entlassung der Ungarn, das Werk zu vollenden. Ich gab das Medaillon und den Siegelring Völkl; er sollte beides von Wien aus nach Schweden schicken. Das Medaillon für Hillo, den Siegelring für Christina als Hochzeitsgeschenk. Er hat das auch getan und zwar auf diplomatischen Wege. Eines Tages wurde Hillo ins Außenministerium ins

Kabinett eines Staatssekretärs gebeten. Den Staatssekretär zeigte auf seinen Schreibtisch und fragte: „Kennen Sie diesen Ring?" und trat selbst diskret ans Fenster, indem er Hillo den Rücken kehrte, um einen eventuellen Nervenzusammenbruch nicht ansehen zu müssen. Der Siegelring war die Nachbildung eines nicht mehr vorhanden Bogislausringes, die Hillo selbst in Reval für mich hatte machen lassen. Er befindet sich heute noch im Besitz von Christina und Uta hat das Medaillon mit den Zwillingen von Hillo geerbt.

Nachdem nun die Österreicher fort waren, mußten die freigewordenen Ämter wie „deutscher Lagerkommandant", „Arbeitseinsatzleiter", „Küchenchef" und viele andere neu besetzt werden. Ich selbst übernahm auf Völkls Rat eine Arbeit, die keine körperliche Anstrengung erforderte, dafür aber eine gewisse geistige Beweglichkeit verlangte. Es kamen den ganzen Tag durch das Tor Lastautos mit Baumaterial. Wenn sie wieder hinausfuhren, waren sie entweder leer oder mit Bauschutt beladen. Ich hatte eine Liste mit den Nummern der Lastautos oder den Namen der zahlreichen Chauffeure und mußte für jede eintreffende Fuhre einen Strich machen. Am Abend hatte ich diese Liste dem russischen Arbeitsleiter zu übergeben. Nach dieser Liste wurde der Lohn der Chauffeure errechnet. Wie überall in Rußland kam es nicht darauf an, daß meine Strichliste genau stimmte. Es kommt immer darauf an, daß die Wölfe satt werden und die Schafe heil bleiben, wie ein russisches Sprichwort sagt. Das geht nicht ohne Fingerspitzengefühl. Wenn ich den Chauffeuren nur die Fahrten angestrichen hätte, die tatsächlich angekommen waren, dann wäre ich bestimmt nicht heil geblieben. Ich mußte lernen, so viele Striche zu machen, daß die Chauffeure zufrieden waren, aber nicht so viele, daß der verantwortliche Arbeitsleiter einen Schock bekam. Auch er war natürlich an möglichst zahlreichen Lieferungen interessiert, denn dadurch wurde vermutlich seine Prämie günstig beeinflußt. Ich lernte das Balancieren recht schnell und konnte meine neue Aufgabe zur allgemeinen Zufriedenheit ausführen. Da es manchmal längere Pausen gab, schmuggelte ich aus dem Lager Lektüre mit, und zwar Puschkins berühmtes Romangedicht *Eugen Onegin*, das in der Bücherei in russischer Sprache zu haben war. Ich setzte mich in die Nähe des Tores, las Puschkins makellose Verse und harrte auf Transport. Plötzlich stand der „Katzenkopf" vor mir und sagte in vorwurfvollem Ton: „Schon wieder befassen Sie sich mit Literatur!" Ich blickte erstaunt zu ihm auf und antwortete: „Literatur? Das ist doch keine Literatur! Das ist doch *Eugen Onegin*!" Er schien in tiefes Nachdenken zu versinken und entfernte sich wortlos. Man muß dazu sagen, daß alle Russen die Werke Puschkins kennen und lieben und ganz besonders *Eugen Onegin*.

Ich befinde mich hier schon am Anfang des Jahres 1955. 1953 war Stalin gestorben. Natürlich sahen wir in ihm mit Recht denjenigen, dem wir unser Leben in Zwangsarbeitslagern zu verdanken hatten. Da es sich um eine politische Verurteilung handelte, nahmen wir an, daß die Chancen für eine politische Veränderung zu unseren Gunsten nach dem Tode des Diktators günstiger waren. Wir schöpften wieder Hoffnung. Tatsächlich war auch eine etwas günstigere Entwicklung für uns zu beobachten. Die Verpflegung wurde allmählich etwas besser, die Paketzustellung wurde immer korrekter und das Verhalten des russischen Personals schien auch etwas freundlicher zu werden. Wenn ein Diktator stirbt, findet immer ein großes Tauziehen statt. In der Presse sind ja die Kämpfe der Stalinepigonen untereinander allgemein bekannt geworden. Solche Kämpfe gab es aber ohne Zweifel in der ganzen Sowjetunion. Wir, aus unserer Stacheldrahtperspektive, konnten nur eines beobachten: Unmittelbar nach Stalins Tod verschwand der KGB-Offizier, der mir später den Karzer eingebracht hat, und tauchte erst nach sechs Monaten wieder auf, mit einer wachsbleichen Gesichtsfarbe, wie nur Menschen sie haben, die aus dem Gefängnis kommen. Ich schließe daraus, daß in der ganzen Sowjetunion viele Tausend oder Zehntausende nach Stalins Tod vorsorglich erst einmal ins Gefängnis gewandert sind, um dann nach angemessener Zeit (wie in unserem Fall) rehabilitiert zu werden (oder auch nicht).

Es gab beim Lagerstab außer KGB-Offizieren noch einen Offizier der Abwehr, der „der Blaue" genannt wurde. Einen solchen gab es in allen Lagern. Diese Kategorie trug blaue Kragenspiegel, daher der Name. Ich war in den meisten Lagern, in denen ich mich befunden habe, immer wieder zum Blauen gerufen worden, wobei es sich, mit einer Ausnahme, immer darum handelte, ob ich während des Krieges unter der Bevölkerung der besetzten Gebiete Vertrauensleute zurückgelassen hätte, die im Falle eines erneuten Krieges in der Lage sein könnten, für die kapitalistischen Mächte Spionage zu treiben. Die Ausnahme betraf eine Karte von Hillo, in der sie mir mitteilte, daß mein Bruder Jörn nach Kanada auszuwandern im Begriff sei. Diese Geschichte habe ich schon erzählt. Die sogenannten Blauen stellten solche Fragen natürlich nicht aus eigenem Interesse, sondern sie wurden von Moskau beauftragt. Die Hauptaufgabe der Blauen bestand wahrscheinlich darin, immer über die Stimmung im Lager, über etwaige rebellische

Absichten rechtzeitig Bescheid zu wissen und übergeordnete Stellen zu informieren. Die Blauen aller Lager verfügten unter den Lagerinsassen über eine größere oder kleinere Anzahl von Informanten, deren Dienste sie sich anscheinend sicherten. Man neigte meiner Ansicht nach dazu, die Zahl der sogenannten „Holzaugen" zu hoch zu schätzen, was zu einem allgemeinen Mißtrauen führte. Ich selbst habe vor Holzaugen nie Angst gehabt, weil ich mir sagte, daß mir nicht sehr viel mehr passieren konnte als das, was ich schon hatte, nämlich 25 Jahre Zwangsarbeit. Ich wurde recht häufig gewarnt, wenn ich mit jemandem sprach. In einem Fall hatten die Warner tatsächlich recht. Ich unterhielt mich häufiger mit einem Wiener, der sehr abenteuerliche Geschichten von seinem Leben auf dem Balkan zu erzählen wußte. Das war im Jahre 1955. Auf der Baustelle kam einer der Kameraden, den ich kaum kannte, zu mir und fragte mich: „Was will der eigentlich von Ihnen?" Mir war nichts Besonderes aufgefallen und da machte er mich auf den eben erwähnten Wiener aufmerksam, den er schon seit einer Weile beobachtet habe. Er habe gesehen, daß der Betreffende schon seit einiger Zeit, wo ich auch sei, Kreise um mich züge, als ob er was von mir wolle, aber den Absprung nicht finden könne. Ich dankte für den Hinweis und sagte, der Betreffende solle nur abspringen. Ich faßte den Balkanabenteurer nun auch ins Auge. Er trat plötzlich auf mich zu und sagte: „Herr von Rosen, ich muß Ihnen etwas sagen. Ich habe einen Auftrag gegen Sie, aber ich kann nicht. Helfen Sie mir." Er hatte vom Blauen den Auftrag, mich auszuforschen und ihm zu berichten, welche Kontaktpersonen ich in den ehemaligen besetzten Gebieten Rußlands zurückgelassen hatte. Ich sagte ihm, er könne am Abend zu mir auf eine Tasse Kaffee kommen und mich fragen, was er wolle. Ich würde alle Fragen ehrlich beantworten, allerdings unter einer Bedingung: Dies müsse sein letzter Auftrag sein. Er entgegnete, er wolle doch auch einmal nach Hause und man habe ihm gesagt, wenn er mitarbeite, würde man ihn nach Hause entlassen. Ich erklärte ihm, daß wir alle politisch verurteilt seien und im selben Boot säßen, und entweder alle zusammen oder gar nicht entlassen würden, und daß es unerträglich sei, sich durch eine solche Tätigkeit eventuell die Freiheit auf Kosten anderer erkaufen zu wollen. Er meinte, er habe sich schon vor vielen Jahre schriftlich verpflichtet und könne nicht mehr zurück. Ich entgegnete, es sei nie zu spät, einen Irrtum einzusehen und die Folgen zu tragen, auch wenn es das Leben koste. Das sei immer noch besser, als eines Tages in die Freiheit zurückzukehren und sich selbst einen Lumpen nennen zu müssen.

Einige Tage später, am Termin, den der Blaue ihm befohlen hatte, ging er hin und ich fragte ihn nachher, was er denn über mich berichtet habe. Er behauptete gesagt zu haben, ich sei so raffiniert, daß es ihm unmöglich gewesen sei, irgend etwas aus mir herauszubringen. Wenn er das wirklich gesagt hat, dürfte der Blaue wohl begriffen haben, daß sein Informant wertlos geworden war.

Bei meiner letzten Befragung durch denselben Blauen, die jedes Mal mit umfangreichen Schreibarbeiten begannen (wann geboren, wo geboren etc.), fragte er mich nach Abschluß des immer wieder ergebnislosen Protokolls, ob ich mein Dasein als Verurteilter akzeptieren könne oder als gerecht empfände. Ich sagte „Ja" und beobachtete, wie sich in seinen Augen Genugtuung und etwas wie Triumph abzeichnete, obwohl er es offensichtlich zu verbergen suchte. Ich ergänzte nun mein Jawort mit der Bemerkung, daß ich das mir vom Schicksal zugedachte Los wohl akzeptierte, aber nicht wegen der vom Justizapparat angedichteten Verbrechen, sondern aus zwei ganz anderen Gründen. Erstens hätte ich seinen Vorgängern vor vielen Jahren viel zu offen auf ihre Fragen über meine Tätigkeit während des Krieges geantwortet und ihnen dadurch die Möglichkeit gegeben, meine Akte für die Verurteilung vorzubereiten. Zweitens sei es mir bewußt, daß wir den Krieg verloren haben und daß ich, ebenso wie unzählige meiner Kameraden, stellvertretend für Vieles, was leider geschehen ist, geradestehen müßte. Die zuerst zum Ausdruck gekommene Freude war aus dem Gesicht des Blauen gewichen. Er wurde nachdenklich, entgegnete nichts und ich konnte mich verabschieden.

Das letzte Mal sah ich ihn bei einer Gelegenheit, bei der er eine kluge Entscheidung traf. Unser Arbeitskommando von mindestens einhundert Mann marschierte zu Fuß durch die Straßen von Rewda zurück zum Lager. Der Posten schien gerade schlecht gelaunt oder frisch aufgehetzt zu sein. Wir marschierten entweder zu schnell oder zu langsam und er brüllte unnütze Kommandos, die aber niemand beachtete. Wütend, wie er war, kommandierte er plötzlich: „Halt, alle hinhocken!" Ich befand mich in den hinteren Reihen der Kolonne und während ich eben nur noch Köpfe vor mir gesehen hatte, sah ich jetzt bis weit voraus hockende Gestalten, bis auf einen etwa 19 jährigen Jüngling, der stehen blieb. Als Letzter ging mein Vordermann, ein Westfale, in die Knie und ich hörte ihn murmeln: „Ach, das hat ja doch alles keinen Zweck!" Nun kommandierte der Postenführer „Feuer". Selbstverständlich wurde in die Luft geschossen, allein schon wegen der Passanten auf dem Trottoir. Ich empfand die Situation nicht so wie mein Vordermann. Ich hatte das deutliche Gefühl, daß ich mein Gesicht verlieren würde, wenn ich mich hinhockte. Da nur der Jüngling vorn und ich hinten stehenblieben, wurde die Schießerei natürlich auf uns konzentriert und einer der Posten ballerte genau neben meinem Kopf mit seinem sowjetischen Zehnschußgewehr in die Luft, dessen Knall außerordentlich auf die Nerven wirkt. Die moralische Wirkung dieses widerwärtigen Lärms empfand ich nicht in meinem Kopf, wohl aber sehr stark in meinen Knien, die mich mit einem Zentnergewicht in die Hocke zwingen wollten. Es kostete meinem Kopf eine große Anstrengung, meine Knie zum Gehorsam zu zwingen. Die Passanten auf der Straße eilten größtenteils möglichst schnell vorbei. Es gab aber auch einige, die sich durch das Geballer aufwiegeln ließen und die den Posten zuriefen: „Recht so, Jungs, knallt die verdammten Faschisten nieder!" Dem Postenführer blieb nichts anderes übrig, als das Feuer einstellen zu lassen, dem Rangältesten das Kommando zu übergeben und selbst ein Telefon zu suchen. Bis er mit dem Stabe telefoniert hatte, verging eine recht lange Zeit, während derer der Jüngling, ich und die Posten standen und meine übrigen Kameraden hockten. Dann erschien eine schwarze Limousine. Der Blaue stieg aus, erfaßte mit einem Blick die lächerliche Situation und befahl dem vom Telefon zurückgekehrten Postenführer: „Lassen Sie marschieren!", stieg wieder ins Auto und verschwand. Und wir marschierten ohne weitere Zwischenfälle zum Lager.

Da die Blauen einen solch unangenehmen Auftrag hatten, sind wir alle ihnen immer mit großem Mißtrauen begegnet und haben sie im allgemeinen nicht als Mitmenschen, sondern als böswillige Quälgeister angesehen. Das Gespräch am Schluß meiner letzten Vernehmung und das von geistiger Überlegenheit zeugende Verhalten des Blauen während des Vorfalls auf der Straße, zeigen diesen Mann auch als Menschen, dem man die Achtung nicht verweigern kann.

Ich habe die Entlassung der Österreicher bereits erwähnt. Vor ihnen wurden schon die Ungarn und die Rumänen aus dem Lager abtransportiert. Außer diesen beiden Nationalitäten befand sich lange Zeit auch eine größere Gruppe Spanier im Lager von Rewda. Es mögen etwa fünfzig Mann gewesen sein. Die eine Hälfte davon hatte der Blauen Division angehört, die im Raume zwischen dem Ilmensee und Nowgorod an der Front eingesetzt war und die dort in Gefangenschaft geraten war. Die anderen waren Rotspanier. Sie hatten sich auf einem spanischen Kriegsschiff befunden, das während des Bürgerkrieges 1936 vor dem siegreichen Franco bis nach Odessa geflüchtet war. Dort hatte man der gesamten Mannschaft die sowjetische Staatsbürgerschaft angeboten. All die Spanier bleiben wollten, wurden ins Gefängnis gesperrt, und dann auf Konzentrations- oder Straflager in Mittelasien und Sibiriern verteilt. Die meisten waren wahrscheinlich im Lauf der langen Zeit von etwa achtzehn bis zwanzig Jahren ums Leben gekommen. Und das kleine Häuflein von etwa 25 Mann hatte man in unserem Lager zusammengezogen, vermutlich, um sie von dort aus nach Spanien zu entlassen. Die meisten dieser Überlebenden waren noch sehr jung gewesen und hatten vermutlich gerade die Volksschule beendet, als der Panzerkreuzer sich dem Zugriff Francos entzog. Sie hatten weder eine nennenswerte Schulbildung erlangen können, noch irgendwelche Berufe erlernt. Unter den ehemaligen Angehörigen der Blauen Division befand sich der Capitan (Hauptmann) Palacios, ein allgemein geachteter und gebildeter Mann, der später in Spanien ein Buch über die Zeit der Gefangenschaft in Rußland verfaßt hat, das in ganz Spanien bekannt geworden ist. Palacios nahm sich seiner unwissenden jüngeren Kameraden aus beiden Gruppen an, der roten und der blauen. Er erteilte ihnen regelmäßigen Schulunterricht in mehreren Fächern, wozu auch Grundkenntnisse der spanischen Geschichte gehörten. Seinem segensreichen Wirken war es zu verdanken, daß er die beiden Gruppen, die zunächst ähnlich zueinander gestanden haben mögen wie die Ungarn zu den Rumänen, zu Spaniern gemacht hat. Die Roten und die Blauen sahen in Spanien ihre gemeinsame Heimat und vertrugen sich untereinander.

Nachdem nun die Österreicher, Spanier, Ungarn und Rumänen fort waren, konnten wir Übriggebliebenen beobachten, daß zunehmend ein anderer Wind wehte. Der Kunsthistoriker Bachmann beispielsweise starb ganz plötzlich auf der Arbeitsstelle. Früher waren die Leichen nachts hinausgekarrt worden und es war sogar verboten gewesen, ihre Namen aufzuschreiben. Jetzt wurde die Leiche Bachmanns in einer geschmückten leeren Baracke nach russischer Art in einem offenen Sarg aufgebahrt. Zwei Kameraden, darunter mein Freund Schulte-Ladbeck, wurden in neue Wattehosen und Wattejacken eingekleidet und standen Totenwache, während alle Lagerinsassen vorüberdefilierten. Anschließend wurde der Sarg und die nächsten Freunde Bachmanns in Begleitung von Pfarrer Krause mit einem Lastauto zum Gefangenenfriedhof gefahren und der Pfarrer hielt eine längere Grabrede. So etwas hatte man noch nie in der Gefangenschaft erlebt. Dieser Friedhof ist mir unvergeßlich: eine leicht gewellte, von kurzem Gras und niedrigem Buschwerk bewachsene Landschaft, die das Gefühl äußerster Verlassenheit ausstrahlte. Aus dieser

Einöde war ein Rechteck von etwa 1000 qm Größe durch einen schiefen Stacheldrahtzaun markiert. In diesem Rechteck befanden sich außer neuen Grabhügeln eine größere Zahl von geringen Bodenerhebungen, die von dem gleichen kurzen Gras bewachsen waren, das alles bis in weite Ferne zudeckte. Es waren Gräber deutscher Kriegsgefangener aus dem 1. Weltkrieg. Das Lager, in dem wir uns befanden, war in jener Zeit errichtet worden, also vor 40 Jahren.

Auch ein anderer Tod ereignete sich auf der Arbeitsstelle: Eines Morgens, beim Abmarsch auf die Arbeitsstelle, kam ein aus der Harzgegend stammender Bodenhausen zu mir und fragte, ob er sich auf dem Marsch bei mir einhängen dürfte; denn er schaffte es nicht, die etwa 4 km allein zu gehen. Offenbar hatte er einen schweren Herzfehler. Auf meine Frage, ob es nicht richtiger sei, sich beim russischen Arzt zu melden und sich krankschreiben zu lassen, erwiderte er wegwerfend: „Ach, die kümmern sich ja doch nicht darum!" So wurde es uns Gewohnheit, das er sich vor dem Abmarsch neben mir einordnete und wir dann eingehakt marschierten. Leider konnte ich unterwegs nicht viel mit Bodenhausen sprechen, weil das Gehen ihm große Mühe machte, so daß er sehr schnaufen mußte. Auf der weitläufigen Arbeitsstelle trennten wir uns dann und sahen uns den ganzen Tag nicht. Am Abend marschierten wir eingehakt zurück. Nachdem wir einige Tage so zusammen marschiert waren, brach er auf der Arbeitsstelle zusammen und war tot.

Der Besuch Adenauers in Moskau wurde in der *Prawda* und der *Iswestia* in langen Artikeln beschrieben. Wir erlebten die ganze Zeremonie im Lagerrundfunk mit. Nach allem, was wir erlebt hatten, war es überraschend und ungewohnt, die Melodie des Deutschlandliedes, die im Anschluß an die Sowjethymne gespielt wurde, zu hören. Einer meiner Kameraden antwortete nach der Entlassung einem Zeitungsreporter auf die Frage, was sein schönstes Erlebnis (!) während der Gefangenschaft gewesen sei: „Das aus Moskau übertragene Deutschlandlied anläßlich des Besuches von Adenauer." Ich habe das anders empfunden. Daß das gesamte Protokoll über den Rundfunk über die ganze Sowjetunion gesendet wurde, zeigte mir, welchen Stellenwert man in Moskau dem Besuch Adenauers beimaß. Wir alle schöpften neue Hoffnung aus diesem Vorfall und sagten uns, daß dies die politische Wende sein müsse, auf die wir so lange gewartet hatten. Im Anschluß an dieses Ereignis fingen wir an, auf die Entlassung hinzuleben und ich hatte den Eindruck, daß wir auch von sowjetischer Seite wohlwollender behandelt wurden.

Ein weites Rechteck zwischen den Baracken wurde in freiwilliger Arbeit in eine Parkanlage verwandelt, mit Wegen, Blumenbeeten, Bänken und sogar einem kleinen Springbrunnen. In einem kleinen Häuschen in der Nähe dieser Anlage, wurde eine Küche eingerichtet, in der Freiwillige Dienst taten und in der man sich am Abend zusätzliche Speisen bereiten konnte. Unter den Kameraden, deren Bekanntschaft ich durch meinen Freund Schulte-Ladbeck machte, war Dr. Semmelroth aus Herford. Er hatte in England studiert und war zu seiner Zeit Tennismeister an der Universität von Boston gewesen. Nach Westfalen oder ins Rheinland entlassene Kameraden schickten ihm in Paketen einige Rackets und Tennisbälle. Jeder, der dem Club beitreten wollte, mußte sich verpflichten, abends in der Freizeit am Bau des Tennisplatzes mitzuarbeiten. Die sowjetische Lagerleitung war sportfreundlich gesinnt, was ich auch schon in früheren Lagern erlebt hatte. So wurde beispielsweise im Lager Borowitschi 1950 Fußball gespielt. Der Fußball stand unter dem Protektorat des Politoffiziers, der, soviel ich weiß, dafür sorgte, daß die Mannschaft arbeitsmäßig geschont wurde. Die beiden Mittelstürmer wurden von den Russen Pieck und Adenauer getauft. Unsere Initiative, im Lager Tennis zu spielen, wurde von der russischen Lagerleitung positiv aufgenommen und wir erhielten die Erlaubnis, auf einem Freiraum innerhalb des Lagers einen Platz anzulegen. Unter vielen Deutschen galt das Tennisspielen noch als ein Privileg der Oberklasse. Die Russen empfanden ganz anders. Für sie war Tennis ein Sport wie jeder andere, dessen sich kein Proletarier zu schämen brauchte. Die Gegner des Tennisspiels unter uns, wie z.B. Schulte-Ladbeck, führten an, daß die ganze Welt uns bedaure, während wir Tennis spielten. Es entspannten sich quer durch alle Freundeskreise hitzige Debatten. Bevor wir aber spielen konnten, mußten die Voraussetzungen geschaffen werden. Die Lagerleitung stellte Lastautos zur Verfügung. Schotter, Sand, Zement mußten organisiert werden. Eine Walze aus Zement wurde im Lager konstruiert, ebenso auch ein Turm für den Schiedsrichter und ein Netz. Wir hatten zwei oder drei ehemalige Turnierspieler, wie z.B. Semmelroth, und jeder versuchte, bei ihnen zu lernen, so gut er konnte. Das Tennisspiel ist bei den Gegnern nie populär geworden. Sie blieben bis zur Entlassung bei ihrer negativen Einstellung.

In diese Zeit fiel Christinas Hochzeit und ich hatte einige Freunde eingeladen, zur gleichen Vormittagsstunde mit mir zusammen des wichtigen Ereignisses zu gedenken. Am Tage vorher hatte ich einen der Chauffeure, mit denen ich ja täglich zu tun hatte, gebeten, mir eine Flasche

Wodka mitzubringen. Er brachte mir jedoch eine Flasche Portwein aus der Krim, weil es nichts anderes gegeben hatte. Mit dieser Flasche zogen wir uns in den Kellerraum eines im Bau befindlichen Hauses zurück, den man hinter einem hohen Schutthügel durch das Fenster betreten konnte. Wir konnten also von Kontrollen nicht gesehen werden. Ich verteilte den Portwein in irgendwelche Becher oder Blechbüchsen und wir tranken auf Christinas Wohl. Ich erinnerte mich dessen, daß man bei der Taufe von Schiffen eine Sektflasche an der Schiffswand zu zerschlagen pflegte und wollte etwas Ähnliches tun, um die kurze Feier zu beenden. Ich schleuderte die leere Portweinflasche gegen die Betonwand des Kellerraums und sie rollte mir unversehrt vor die Füße. Alle waren etwas betreten.

In allen Lagern, in denen ich gewesen bin, tauchten immer einzelne oder Gruppen von deutschen Kriegsgefangenen auf, die aus teilweise sehr weit entfernten Gebieten der Sowjetunion kamen, wie beispielsweise Kamtschatka, Magadan, Workuta, Alma Ata usw. Der Grund solcher Einzelverlegungen war in den meisten Fällen ein sehr unfreundlicher gewesen. Es handelte sich meist um Prozesse, wobei die Neuankömmlinge sowohl Angeklagte, als auch Zeugen sein konnten. Ich habe in verschiedenen Lagern mit vielen solcher Neuzugänge gesprochen, sowohl mit Offizieren als auch mit Mannschaften. Bei ihren Erzählungen über Kriegsgefangenen- oder Konzentrationslager in entfernten Gebieten, berichteten alle übereinstimmend immer das Gleiche: Jeder Einzelne hatte unter den Vertretern der verschiedensten Völker auch einen oder mehrere Esten getroffen, die in Haltung und Zuverlässigkeit den anderen überlegen waren. Einige meiner Gesprächspartner betonten ausdrücklich, daß die Esten nicht nur im Vergleich zu den zahlreichen anderen Völkerschaften der Sowjetunion sich unter den besonderen Bedingungen der Gefangenschaft als standhafter erwiesen, sondern auch besser als die Deutschen.

Eines Tages erschien im Lager von Rewda eine größere Gruppe von Deutschen, die nicht aus einem Kriegsgefangenenlager, sondern alle aus Konzentrationslagern im Raume von Workuta kamen. Es waren zum Teil Wehrmachtsangehörige, zum Teil aber auch deutsche Zivilisten. Offensichtlich handelte es sich bei dieser Gruppe nicht um Menschen, gegen die man Böses im Schilde führte, sondern um eine Gruppe von Menschen, die zum Zwecke des Heimtransportes in unser Lager gebracht worden war. Der jahrelange Aufenthalt in der Tundra, in der der Boden auch im Sommer nur oberflächig auftaut und wo es keine Bäume gibt, und das noch unter den Verhältnissen eines Konzentrationslagers, in dem man sich gegen die herrschende Spitzbubenmafia behaupten muß, wirkte, wie man sich denken kann, sehr deprimierend auf die Menschen. Ich hatte schon früher oft von Workuta gehört, das allgemein als eine Hölle galt, in der die Sterblichkeitsrate besonders hoch war. In Gesprächen mit den Neuankömmlingen konnte ich feststellen, daß die materiellen Verhältnisse in den Lagern von Workuta eher etwas besser waren als bei uns, und daß vor allem die Trostlosigkeit der Umgebung und die Verbrecherherrschaft es waren, die den Menschen seelisch zusetzten. Sie empfanden die Verhältnisse in unserem Lager, in dem Ordnung und ein anständiger, kameradschaftlicher Ton herrschte, wie ein Paradies.

Nach Feierabend walzte ich den Tennisplatz. An einem Pfosten lehnte einer der Neuankömmlinge und ich hörte ihn sagen: „Nein, ist das wirklich möglich? Kann das wirklich wahr sein? Ich wage es kaum auszusprechen. Ist das, was Sie walzen, etwa ein Tennisplatz?" Ich sagte: „Ja, und wenn Sie wollen, können Sie mitmachen. Einzige Bedingung, Sie müssen sich verpflichten, den Platz zu pflegen, wie ich es eben tue." Es war der Schlesier Bernhard von Mutius. Er war von München aus als CSU-Abgeordneter an die Volkskammer der neu entstehenden DDR entsandt worden. Eines Tages wurde er abgeholt, in ein Gefängnis gebracht, zu 25 Jahren Straflager verurteilt und nach Workuta abgeschoben.

Ein anderer interessanter Mann, der die Tundra völlig unbeschadet überwunden hatte, war der Psychologe Dr. Binski, irgendwo aus dem Ruhrgebiet, den wir sogleich zu unserer Mini-Universität heranzogen, wo er unserer kleinen Gruppe hochinteressante Vorträge über Tiefenpsychologie hielt. Der dritte bemerkenswerte Neuankömmling war der später als Romanschriftsteller sehr bekannt gewordene Horst Bienek. Er war als hochbegabter junger Mann in das Kultusministerium der neu geschaffenen DDR berufen worden. Dort hatte er vermutlich eine eigene Meinung vertreten und sollte dafür 25 Jahre lang in Workuta abbüßen. Auf sein jugendliches und poetisch veranlagtes Gemüt hatte das Tundraerlebnis besonders deprimierend gewirkt und er hatte zwei dicke Zementsackpapierbände mit existentialistischen Gedichten beschrieben, die er in den Baracken kursieren ließ. Ich las die Gedichte durch und bekam den Eindruck, daß man in die Angst verliebt sein muß, um Existentialist zu sein. Ich wollte aber sehen, ob ich das *auch* konnte, setzte mich auf der Arbeitsstelle, auf der ich immer noch die hereinkommenden Lastautos zu zählen hatte, auf einen Stein und begann, ein Gedicht auf einen Zettel zu schreiben. Plötzlich hörte ich hinter meinem Rücken einen Seufzer des Entzückens und eine Stimme sagte: „Ach, ist das schön!" Es war Bernhard Mutius. Er hatte sofort begriffen, woher die Anregung kam und gab mir Ratschläge, wie ich das Gedicht abschließen könnte. Wir beendeten es in gemeinsamer Beratung und lachten herzlich.

Dr. Vogel, unser Polyhistoriker, der nicht nur in der Literatur, sondern auch in Physik und Mathematik zuhause war und unserer Gruppe viele Vorlesungen gehalten hatte, ging am folgenden Morgen aus mir nicht mehr erinnerlichen Gründen nicht zur Arbeit. Als wir ausrückten schlief er noch. Ich legte den Zettel mit dem Gedicht auf den Schemel neben seinem Kopfende. Am Abend fragte ich ihn, ob er den Zettel gefunden habe. „Ach", antwortete er, „haben Sie den hingelegt? Das ist ohne Frage das beste Gedicht von Bienek." Ich erklärte ihm, wie das Machwerk zustande gekommen war und er meinte, ich hätte es nicht machen können, wenn ich nicht entsprechende Erlebnisse gehabt hätte. Und damit hatte er Recht. Hier das Gedicht:

> Durch der Verzweiflung Schlünde aufwärts drang
> ein weher Ton ins leere Angstgeflimmer.
> War es ein Seufzer, der sich müd entrang
> der Menschenbrust, war es Sirengewimmer?
>
> Oder ein Kraterwölkchen nur, entsandt
> von blinden Kräften in das Nichts der Fragen?
> Der schwarze Sturm ergriff mit eisger Hand
> die kleine Lerche, deren Herz geschlagen.
>
> Wo ist der Anker, wer erbarmt sich mein?
> Ich bin ein Nichts in einer Welt der Trümmer,
> die taube Nuß auf einem Haufen Stein,
> die leere Schublad in dem leeren Zimmer.
>
> Geliebtes Du, da auch der kleinste Ton
> im Mutterherzen eine Antwort findet,
> dich, Kindwelt, ruf ich, ein verlorner Sohn,
> schenk mir ein Lächeln, das mich bindet.

Bald war die Sache Bienek, den ich noch gar nicht persönlich kannte, zu Ohren gekommen. Er kam, stellte mich zur Rede und hätte mich wahrscheinlich gefordert, wenn das möglich gewesen wäre. Ich ging mit ihm mehrere Male um das Lager und versuchte, ihn zu beruhigen, was mir aber nur unvollkommen gelang. Er meinte, wenn ich jemand persiflieren wollte, sollte ich Rilke und Schiller nehmen, die eigneten sich dafür. Anschließend stellte er fest, daß mein Gedicht schlecht sei. Das bewies er damit, daß der von mir gebrauchte Ausdruck „taube Nuß" ein Mißgriff sei, weil er nicht in das poetische Vokabular gehöre. Wir schieden nicht als Feinde, betrachteten einander aber mit Reserve.

Unter den Literaturinteressierten im Lager wurde das Machwerk allgemeines Gesprächsthema und Spezialisten bewiesen mir, daß es zwar nicht schlecht sei, aber Stilbrüche enthalte. Das stimmte auch, weil das unter dem Einfluß von Mutius entstanden war. Außerdem war der Gedanke des „schwarzen Sturmes" und der „Lerche" kein existentialistischer, sondern ein romantischer. Mutius wurde nach der Entlassung aus der Gefangenschaft Kultursenator in West-Berlin und ist Ende der sechziger Jahre gestorben.

Vor 1950 gab es praktisch keine Paketsendungen. Mir ist ein einziger Fall bekannt geworden, von dem ich aber nur durch andere gehört habe. Der Empfänger war Verbindungsoffizier der Wehrmacht am Königlich Belgischen Hof gewesen. Er hatte unter anderem die Aufgabe gehabt, die Prinzessinnen zu begleiten, wenn sie in Brüssel ins Theater oder in die Oper gehen wollten. Der belgische Hof schickte diesem Offizier ein mit der geschlossenen Krone geziertes Lebensmittelpaket an ein Gefangenenlager in Riga, das dem Adressaten ausgehändigt wurde.

Die segensreichen Paketsendungen begannen 1950, die ersten Sendungen waren eine Sensation. Absender waren nicht nur Angehörige von Kriegsgefangenen, sondern auch zunächst der in Essen 1948 gegründet Kameradenkreis des Lagers Borowitschi. Die Leiter dieses Kreises, Major von Dressler und Oberst von Hinkeldey, haben sich nicht nur bemüht, an alle ihnen bekannten in der Sowjetunion verbliebenen Kriegsgefangenen Lebensmittelpakete zu senden, sondern sie haben sich auch in Bonn mit großer Hartnäckigkeit für die Kriegsgefangenen eingesetzt. Es waren nicht zuletzt ihre Bemühungen, die zum Besuch Adenauers in Moskau geführt haben.

Angeregt durch den Borowitschiverein übernahm es das Evangelische Hilfswerk in München (Bischof Heckel), 1950 an jeden Kriegsgefangenen in der Sowjetunion, dessen Adresse bekannt war, monatlich ein Lebensmittelpaket zu senden. Die katholische Caritas schloß sich an. Diese Fürsorge hat höchstwahrscheinlich vielen von uns das Leben gerettet.

1950 wurden offenbar noch sehr viele Sendungen unterwegs gestohlen. Allmählich gelang es den sowjetischen Behörden jedoch, auf diesem Gebiet Ordnung zu schaffen. Der Paketsegen war so groß, daß ein Raum in der Nähe des Lagertores für die Ausgabe freigemacht werden mußte. Die Empfänger wurden durch einen Boten gerufen. Im Paketraum saß ein sowjetischer Offizier, der in Gegenwart des Empfängers jede einzelne Sendung, die von einem Soldaten der Wache ausgepackt wurde, zu prüfen hatte. Bei Schachteln, die sich öffnen ließen, wie beispielsweise Nürnberger Lebkuchen, war das kein Problem. Konservenbüchsen mußten jedoch alle geöffnet und nachher schnell verbraucht werden. Der größte Paketempfänger im Lager war mein Freund Heinz Schulte-Ladbeck aus Bochum. Seine Familie lebte in gesicherten Verhältnissen. Schulte wurde dadurch so wohlhabend, daß er sich einen Burschen leisten konnte, der ihm alle lästigen Kleinigkeiten abnahm, so daß er sich in der freien Zeit unbeschwert der geistreichen Unterhaltung und den Vorlesungen von Frick (Musiktheorie), Dr. Vogel (Literaturgeschichte, höhere Mathematik und Atomphysik) und Bachmann (Kunstgeschichte) widmen konnte. Unsere Lehrer sind alle gestorben. Bachmann schon im Lager, Frick in den siebziger Jahren, Vogel 1988. Schulte selbst übernahm nach der Rückkehr seine Firma und starb wenige Jahre darauf. Sein Bursche, Oberst Heinzelmann, starb 1988. Auch meine beiden Freunde in Wien, mit denen ich in der Gefangenschaft viel geteilt habe, Walter Antoni, der uns in Schweden besucht hat, und Oberst Kurt von Tarbuk sind gestorben.

Eines Tages kam zu mir in die Baracke ein junger Mann von vielleicht 19 Jahren. Er arbeitete abends in der Küche und tagsüber als Klempner auf der Baustelle. Er sagte mir, er habe beschlossen sich in einer vertraulichen Angelegenheit an mich zu wenden, weil er zu den anderen russisch sprechenden Kameraden nicht das nötige Vertrauen habe.

Er habe Kontakt mit einer russischen Frau aufgenommen, Marusja, die abends, wenn wir abmarschiert waren, mit einem eigenen Schlüssel die Arbeitsstelle als Nachtwächterin betrat, und morgens, wenn die Arbeitskommandos einmarschierten wieder verschwunden sein mußte. Er hatte sich mit dieser Frau durch Fensterkontakt verständigt und befreundet.

Eins der von uns errichteten Steinhäusern erhob sich in unmittelbarer Nähe des Stacheldrahts, so daß die Posten auf den Türmchen beobachten konnten wer eventuell unten vorbei ging oder an einem der Fenster stand.

Wenn man sich aber mit einem Stück Pappe oder Zementpapier in den Fond eines Zimmers stellte, dann konnten die Posten auf den Türmchen das nicht sehen. Marusja stand im Fond ihres Zimmers außerhalb des Stacheldrahtzaunes und beide konnten so einander kurze Mitteilungen machen, ohne von den Posten kontrolliert zu werden.

Er plante nun unter dem großen Arbeitstisch in der Klempnereiwerkstadt in einer Mittagspause eine Grube auszuheben, die Erde noch in derselben Mittagspause wegzubringen, die Grube mit Brettern zu täfeln und mit elektrischem Licht zu versehen. Mich bat er seine Briefe ins Russische zu übersetzen. Die Briefe sollten unter einen bestimmten Stein gelegt werden unter dem auch sie ihre Antworten verstecken sollte. Ich erklärte mich sofort bereit in dieser guten Sache mit zu machen und Eddie Schwarz übergab mir seinen ersten Brief, der mit sehr ungelenker Hand geschrieben war, denn er hatte kaum eine Schule besucht.

Seine ersten Briefe dienten zunächst der Kontaktaufnahme. Ihre Antworten waren anfangs noch zurückhaltend. Dann wagte er es ihr seinen Plan vorzuschlagen, daß sie beide einen ganzen Tag in dem Bunker verbringen sollten. Seine Briefe wurden nun immer heißer und ihre Antworten, zunächst noch zurückhaltend, waren seinem Sprachvermögen weit überlegen. Dieser Briefwechsel war hinreißend interessant. Schließlich erklärte sie sich bereit eines Morgens, bevor wir einmarschierten nicht nach Hause zu gehen, sondern kurz vor unserem Eintritt den Bunker zu besteigen. Der Bunker war durch eine Bretterluke zu besteigen, die sich unter dem großen Klempnereitisch befand. Sie bestand aus den gleichen Brettern mit denen die ganze Klempnerei belegt war.

Kurz vor unserem Eintreffen auf der Arbeitsstelle hatte Marusja den Bunker bestiegen. Die Klempnereiarbeiten, die ja sehr großen Lärm machen, waren für diesen Tag an einen anderen Ort verlegt. (z.B. Regenrinnen montieren.) Dann stieg Eddie in den Bunker zu Marusja. Er hatte an alles gedacht. In einer Ecke stand ein Glas mit Essig und einem Wattestäbchen, das sollte ein sicheres Mittel zur Empfängnisverhütung sein.

Die Briefe, die Marusja nachher schrieb waren von sehr großer Schönheit. Sie beschrieb ihre Zweifel und ihre Angst und wie sie sich unter dem Eindruck seiner immer dringlicher werdenden Einladungen unter großen inneren Kämpfen schließlich dazu durchgerungen habe das zu wagen, worum es hier eigentlich ging. Nachdem sie nun mit ihm den ersten Tag im Bunker verbracht hatte, schrieb sie hinreißend schön über das erste Zusammensein mit Eddie.

Es wurde in dem Bunker sehr warm durch die elektrische Birne. Sie konnten es dort unten nur völlig entkleidet aushalten. Es geschah über eine längere Zeit recht oft. Marusja hatte eine Freundin, ein ganz anderer Typ als sie. Sie selber war eine lyrische Schönheit, die Freundin war ein energischer, zugreifender Typ von kräftigen Körpermaßen. Sie wollte auch. Eddie verschaffte für sie einen Bunkerfreund, der als Maurer tätig war. Ebenso jung wie Eddie. Eddie hat es mir zwar vorgeschlagen, aber ich traute es mir nicht zu. Ich kannte Eddies Freund bis dahin nicht. Aber auf dem Rückmarsch zum Lager, und bevor wir gezählt wurden, ordnete er sich neben mir ein und flüsterte mir mit einer zufriedenen Baßstimme zu „Acht Mal!"

Der Maurer und seine Freundin waren miteinander höchst zufrieden. Sie hatten schon feste Pläne. Diese energische Frau hatte bereits falsche Pässe für beide besorgt und sie hatten auch einen Plan gefaßt nach Westen zu entkommen, falls Adenauers Bemühungen erfolglos geblieben wären.

Nachdem die Österreicher, Ungarn, Rumänen und Spanier das Lager in Rewda verlassen hatten, schlug eines Tages auch unsere Stunde. Es war Anfang Oktober 1955. Antreten mit Sachen (*s weschtschami*) am Tor. Ich machte noch einen Rundgang, sah am Tennisplatz einen Sack mit Bällen liegen und nahm ihn mit. Zählung und Kontrolle wurden diesmal nicht genau genommen. Wir marschierten zum Bahnhof. Auf dem Bahnhof stieg ein General des MWD (heute KGB) auf einen Stuhl und teilte uns mit, daß wir amnestiert seien und nach Hause entlassen würden. (Wir hatten unsere meist zerlumpte Kleidung im Lager gegen völlig neue dunkelblaue oder schwarze Wattehosen und Wattejacken eingetauscht und waren somit ebenso gekleidet wie die meisten Sowjetmenschen.) Außerhalb des Bahnhofgeländes stand auf der Strecke eine größere Gruppe von russischen Männern und Frauen, die in irgendeiner Form mit uns bekannt geworden waren, teils auf den Arbeitsstellen, teils vielleicht auch im Lager, wo immer wieder Transporte von zivilen Kraftfahrern angeliefert worden waren. Keine von diesen Personen wagte es, näher heranzukommen und sich von denen zu verabschieden, die sie kannten. Sie zeigten aber ihr teilnehmendes Interesse aus der Entfernung. Dort standen auch Marusja und ihre Feundin.

Eddie Schwarz und der Maurer gingen quer durch die Landschaft auf ein kleines Wäldchen zu. Marusja und ihre Freundin begaben sich ebenfalls zu dem Wäldchen und da wurde schnell Abschied gefeiert. Inzwischen waren wir alle auf den Zug gestiegen. Es wurde gezählt und gezählt. 2 Mann fehlten. Der Zug mußte warten. Schließlich kamen sie aber und der Zug ging ab. Eddie und ich hatten einen Abschiedsbrief an Marusja geschrieben und Eddie war noch ganz hingerissen und sagte mir: So eine Frau könne er in Deutschland nie finden. Er würde unbedingt eine Arbeit suchen und dann mit Visum nach Rußland fahren, um Marusja zu holen. Es kam aber anders. Auf die Dauer erwiesen sich diese Pläne als unrealistisch. Die beiden Frauen waren 40 Jahre alt, Eddie und sein Freund waren 18 oder 19. Eddie wurde Fernfahrer und heiratete eine passende Frau. Dasselbe tat sein Freund.

19

Wir waren mehr als neunhundert Mann und wurden namentlich auf die Güterwagen eingeteilt. Der vorletzte Waggon enthielt Verpflegung. Ich erinnere mich an einen sehr reichlichen Brotvorrat. Im letzten Waggon befand sich die sowjetische Zugbegleitung. Ein Oberleutnant der MWD-Truppen, ein Sergeant als Stellvertreter und eine Feldscherin, alle drei waren genau wie wir in schwarzes Wattezeug ohne Rangabzeichen gekleidet, aber mit roten Armbinden kenntlich gemacht. Auf denen stand in kyrillischen Buchstaben „Natsch trans" (Transportleiter), „Sam natsch trans" (stellvertretender Transportleiter) und „San trans". Nach langem Warten kam eine Lok und der Zug setzte sich in Bewegung. Es war nicht mehr zu bezweifeln, wir fuhren wirklich in westlicher Richtung. Bewacht wurden wir nicht. Es waren unter uns nur wenige, die die Absicht hatten, in der Ostzone Deutschlands auszusteigen. Fast alle strebten nach dem Westen. Ich selbst hatte konsequent Hameln als Wohnort meiner Familie angegeben. In Ohr bei Hameln lebten meine nächsten Verwandten, Ernest und seine Schwestern. In der Domeierstraße in Hameln lebte die dritte Schwester, Lucie Schilling, die Mutter von Totti und Wilhelm. Alle Karten und Pakete, die Hillo aus Stockholm schickte, wurden von Lucie auf die Post gegeben und ich hatte alle meine Karten an die Hamelnsche Adresse geschickt. Die Stadt Hameln erwartete mich bereits als Heimkehrer.

Es gab unter uns manche, die genau wußten, was sie nach der Heimkehr vorhatten, wie beispielsweise Heinz Schulte, dessen Platz als Firmenleiter von seiner Schwester und seinem Bruder für ihn, den weit Überlegenen, warmgehalten worden war. Oder auch Kurt Tarbuk, der von einem Onkel in Wien eine bedeutende Autofirma geerbt hatte. Andere, wie ich, kamen in ein Land, das sich aus den Trümmern längst erhoben hatte und wir sahen die Schwierigkeit, uns als Nachzügler dort einzuschalten. Die Bahnstrecke ist zum großen Teil eingleisig, so daß unser Zug immer wieder auf Ausweichgleisen stehen mußte, um Gegenzüge abzuwarten. Die erste Haltestelle war in der Tatarei. In einiger Entfernung sah man ungewöhnlich ärmlich, strohgedeckte Hütten. Schnell sammelten sich am Zuge Mengen ärmlich gekleideter Menschen, die mit uns Geschäfte machen wollten. Man gab ihnen überflüssige Wäschestücke und dergleichen und erhielt dafür Rubel in Zahlung, wobei es auf den Preis gar nicht ankam, weil es verboten war, Geld aus der Sowjetunion mitzunehmen. Ich warf den ersten Tennisball aus dem Netz in die Nähe einer Gruppe von Kindern. Ein kleiner Junge fing ihn, rannte zu einer Gruppe von Erwachsenen und schrie atemlos: „Mama, Mama, sieh, was ich bekommen habe!" Sicher waren Tennisbälle, die so gut sprangen in diesem Dorf völlig unbekannt.

Unser Zug mußte noch an mehreren solcher Ausweichstellen halten und ich hatte keine Mühe, meine Bälle unter die Leute zu bringen. In einem kleinen Städtchen brauchte die Lok Wasser und ich ging zur Post, um einen Brief an Hillo abzuschicken. Ich überquerte den Marktplatz, auf dem Bauern oder Gartenbesitzer in winzigen Mengen ihre Erzeugnisse anboten. Ein halbwüchsiger Junge versuchte, mir zwei Äpfel zu verkaufen. Eine junge Frau hatte drei Eier, eine andere ein kleines Körbchen mit Kartoffeln. Auf der Post stand am Briefmarkenschalter eine ziemlich lange Schlange. Die meisten Menschen, besonders die Männer, waren genauso gekleidet wie ich. Sobald ich den Raum betrat, winkten mir die Leute und gaben mir den Vortritt. Die Postbeamtin frankierte meinen Brief, ich zahlte. In diesem Moment öffnete sich die Tür, eine Frau trat ein, sah mich vor dem Schalter stehen und rief: „Kamerad, Kamerad, die Lokomotive hat schon gepfiffen, machen Sie schnell!" Ich bedankte mich und eilte über den Marktplatz, der Zug bewegte sich schon, aber ich konnte noch aufspringen.

Einen längeren Aufenthalt hatte der Zug auf dem Bahnhof einer Gebietshauptstadt. Es war zu erkennen, daß die Lok verschwand und bis eine neue vorgespannt war, konnten vielleicht einige Stunden vergehen. Wir stiegen alle aus, auch unsere Zugbegleitung mit ihren roten Armbinden zeigte sich auf dem Bahnsteig. Das Bahnhofsrestaurant war zu unserer großen Enttäuschung geschlossen. Ich fragte einen Mann auf dem Bahnhofsvorplatz, wo man denn in dieser Stadt ein Glas Bier trinken könnte. Er antwortete, so etwas gäbe es nicht und fügte erklärend hinzu: „Wir führen nämlich gerade eine Kampagne gegen den Alkoholismus durch!" Diese Information gab ich den in der Nähe herumstehenden Kameraden weiter und es blieb uns nichts anderes übrig, als auf dem Bahnsteig auf und ab zu gehen. Plötzlich stieß mich einer der Kameraden an und zeigte auf die Restauranttür, die von innen geöffnet wurde. Eine größere Gruppe von Zivilisten hatte sich, von uns unbemerkt, vor der Tür angesammelt, sie strömten nun alle in dichten Haufen hinein. Wir betraten hinter ihnen das Restaurant. Andere Kameraden wurden darauf aufmerksam und folgten unserem Beispiel, so daß bald alle Stühle besetzt waren. An der Wand hing ein Kolossalgemälde, das

Innere eines Fichtenwaldes mit durchscheinendem Abendhimmel, der sich im Vordergrund in einer Wasserlache spiegelte. Vor dieses Gemälde setzte ich mich mit drei Kameraden an einen runden Marmortisch mit vier Stühlen. Am anderen Ende des Restaurants stand ein zehn Meter langer Tisch, auf dem sich als Hauptattraktion viele Wodkaflaschen und zahlreiche Teller mit aufgeschnittenem Schwarzbrot befanden, möglicherweise auch sonst noch etliche Sakuskateller. Die Zivilisten, die vor uns das Lokal gestürmt hatten, standen alle um diesen Tisch herum, schenkten sich Wodka ein, griffen alle durcheinander nach Brot und entfalteten eine laute Konversation, die wie ein ununterbrochenes Geschrei klang. Es gab mehrere adrett gekleidete Kellnerinnen, alle mit dem gleichen bunt gestreiften Schal um den Hals. Wir bestellten Wodka und Gulasch. Letzteres bestand fast nur aus Sehnen und war sehr schwer zu beißen. Trotzdem genossen wir diesen ersten Aufenthalt in einem Restaurant in noch nicht ganz überzeugender Freiheit. Vom langen Tisch kamen nun einige der Zivilpersonen und mischten sich unter die Heimkehrer. Zu uns kamen Pat und Patachon, ein überlanger, hagerer, in einen sehr schlechten Zivilanzug gekleideter Mann, mit einer Schlägermütze auf dem Kopf, und ein untersetztes Männchen in einer schwarzen Uniform, vielleicht ein Eisenbahner. Der Lange ergriff einen leeren Stuhl und setzte sich neben mich. Der Kurze stand hier und da an unserem Tisch herum und versuchte, dem Langen zu sekundieren. Der Lange versuchte mir zunächst klar zu machen, was für eine wichtige Person er sei: er behauptete, einen verantwortungsvollen Posten bei der militärischen Abwehr zu bekleiden. Deshalb, meinte er, könne er es sich leisten, immer nur die beste Qualität zu kaufen. Seine langen Beine mit Harmonikahosen hatte er unter den Tisch geschoben. Wenn es unterm Tisch nicht so dunkel wäre, könnte ich erkennen, daß seine Hosen von der allerfeinsten Güte seien. Nachdem er sich davon überzeugt zu haben schien, daß ich ihm die gebührende Hochachtung entgegenbrachte, wollte er von uns allen wissen, wie wir es denn in der Gefangenschaft gehabt hätten. Sicher hätten wir doch immer gut zu essen gehabt und seien bestimmt auch immer gut behandelt worden. Die Antworten aus unsere Runde fielen etwas zögernd aus und schienen den Langen nicht voll zu befriedigen. Da schaltete der Kurze sich beschwichtigend ein und sagte: „Nu, Sie fahren doch jetzt wieder nach Hause und alles wird wieder gut sein." Nach langem Herumstehen hatte er sich immer näher herangearbeitet und, da kein freier Stuhl zu sehen war, er aber an meiner Unterhaltung mit dem Langen teilnehmen wollte, landete er schließlich auf meinem Schoß. Mitten in einem Satz stockte er, sah sich nach mir um und sagte: „Ach, entschuldigen Sie bitte, ich glaube, ich sitze auf ihrem Knie."

So wie ein ganzes Volk Stare ohne ersichtlichen Grund plötzlich auffliegt, so verließen die Männer und Frauen mit einem Schlag das Lokal, ohne daß jemand sie gerufen hätte. Das war auch für Pat und Patachon das Zeichen zum Aufbruch. Unsere Karaffe war längst geleert, das Gulasch heruntergewürgt und auch wir brachen auf. Es war auch Zeit. Die Mannschaft in meinem Güterwagen war schon vollzählig versammelt. Es dunkelte bereits. Der Kamerad, neben dem ich zufällig stand, fragte mich leise mit einer Kopfbewegung: „Was ist das für ein Typ?" „Wer denn", fragte ich. „Der da an der Tür steht. Das ist doch kein Russe. Er steht schon eine ganze Weile da und sagt kein Wort." Ich ging zu ihm, ein sehr intelligent aussehender junger blonder Mann, ziemlich elegant gekleidet. Sein Blouson war offensichtlich von einem deutschen Schneider aus Stoffresten genäht. Wir kamen sofort in ein lebhaftes Gespräch. Er erzählte mir, daß er vor kurzem aus der Ostzone Deutschlands zurückgekehrt sei, wo es ihm sehr gut gefallen habe, und daß er der Sohn (oder Neffe?) des Parteichefs des Gebietes sei, in dessen Verwaltungszentrum wir uns gerade befanden. Sicherlich gehörte er zu den Privilegierten. Wir unterhielten uns ohne Punkt und Komma. Da, plötzlich fragte er ganz unvermittelt: „A kak wascha familia?" (Wie ist eigentlich ihr Name?) Das Alarmzeichen klingelte laut in meinem Kopf und ich antwortete „Kunze". Da ging die Unterhaltung weiter, als wenn nichts gewesen wäre. Dann hielt er plötzlich wieder inne und fragte stockend: „Ja, heißen Sie denn wirklich Kunze?" Ich schaute ihn verständnislos an und antwortete ebenso stockend wie er: „Ja, ich verstehe nicht, ich habe mein Leben lang immer Kunze geheißen!" „O.K.", sagte er, woran man sieht, daß er zu den Privilegierten gehörte.

Inzwischen war es ganz dunkel geworden. Der Zug hatte sich in Bewegung gesetzt und fuhr immer schneller und schneller. Mein Gesprächspartner blickte hinaus in vorübereilende Büsche. Er rief: „Jetzt muß ich aber nach Hause!", umarmte mich stürmisch, küßte mich und sprang hinaus in die Dunkelheit. So kam ich nicht mehr dazu, ihn zu fragen, wie er hieß, sonst hätte ich ihm gerne später aus Hameln eine Ansichtskarte vom wunderschönen Firmenschild des Kunstschmiedemeisters Kunze geschickt. Es ist mir unbegreiflich, was dieser Mann eigentlich wollte und ich denke heute noch erfolglos darüber nach.

Auf einer anderen Haltestelle begegnete uns ein nach Sibirien fahrender Personenzug, der aus Moskau kam. Ihm entstiegen wohlgenährte Herren in Pyjamas, um ein wenig frische Luft zu genießen und eine Papyros zu rauchen. Sie unterhielten sich sehr freundlich mit uns, soweit wir Russisch konnten.

In Moskau blieb der Zug auf einem Rangiergleis am Kasanschen Bahnhof stehen. Dort war ein längerer Aufenthalt zu spüren und ich ging mit einigen Kameraden aus meinem Waggon in die Stadt. Ins Zentrum wagten wir nicht zu fahren. Wir wollten nur einen Eindruck vom Leben auf der Straße gewinnen und vielleicht einen Ort finden, wo Bier ausgeschenkt wurde. So etwas gab es aber weit und breit nicht. Dann geschah wieder etwas ähnliches, wie schon bei meinem Gang auf die Post. Im Gewimmel auf dem Trottoir begegnete uns eine Frau und rief: „Kamerad, Kamerad, macht schnell, der Zug fährt gleich ab!" Wir beschleunigten also unser Tempo und kamen gerade noch rechtzeitig. Der Zug setzte sich bald in Bewegung. Es war schon dunkel. Ich hatte mich, um mehr sehen zu können, auf einen offenen Plattformwagen mit Stahlrohren gesetzt, der an den Zug angehängt worden war. So fuhren wir an den Sperlingsbergen vorbei, von denen aus Napoleon nach Moskau hineingeschaut hat. Auf dieser Anhöhe thront die Moskauer Universität, die mit Lichtern übersät war und die Form einer gewaltigen Orgel zu haben schien. Sie wirkte wie ein gewaltiges Tivoli.

Am nächsten Tag waren wir in Smolensk, der Hauptstadt von Weißrußland. Wir wollten gerne am großen Bahnhofsbüfett ein Glas Wodka, ein Glas Bier und ein Wurstbrot kaufen. Das gab es aber leider nicht, es gab nur Krimsekt, der alle Regale bis zur Decke füllte. Der Bahnsteig wimmelte von Zivilpersonen beiderlei Geschlechts, die anscheinend nur gekommen waren, uns zu sehen und mit uns zu sprechen. Die Frauen fielen durch ein etwas westliches Aussehen und eine etwas westlichere Aufmachung auf, als wir bisher gewohnt waren.

Am folgenden Tage näherten wir uns Brest, früher Brestlitovsk. Diese ehemalige Festung liegt an der Grenze zwischen Rußland und Polen, die im Vertrage von Hitler mit Stalin vereinbart worden war. Nach dem Rückzug der deutschen Truppen am Ende des 2. Weltkrieges wurden alle Polen aus dem ostpolnischen Gebiet umgesiedelt. Sie leben heute größtenteils in Pommern und Schlesien. Dafür wurden Russen im okkupierten Teil Polens angesiedelt. An der Grenze bei Brest endete die russische Breitspur, denn Polen hat die westeuropäische schmalere Spurweite. Die Züge müssen infolgedessen an der Grenze umgeladen werden. Wir wußten das und konnten daher mit einer sehr langsamen Grenzabfertigung rechnen. Der Zug verlangsamte sein Tempo und blieb schließlich stehen. Irgend etwas schien mit der Lokomotive los zu sein. Mit einem längeren Aufenthalt war zu rechnen. In der Ferne waren die Schornsteine von Brest zu sehen. Seitlich war flaches Kusselgelände, dahinter Äcker, auf denen sich zahlreiche Menschen bewegten. Ich spazierte hin und fragte ein Mädchen namens Marussia, was sie da täten. Sie erklärte mir Folgendes: Es handele sich um einen riesigen Kartoffelacker einer Sowchose (Staatsdomäne). Alle Mädchen gehörten einer Klasse des Brester Gymnasiums an, seien mit ihren Familien aus Leningrad hierher verpflanzt worden. Die ganze Klasse hätte sich zu einem spontanen Arbeitseinsatz in der Landwirtschaft verpflichtet und heute handele es sich darum, Kartoffeln aufzulesen. Mir kam eine Idee! Ich fragte Marussia: „Wo ist euer Brigadier?" Darauf holte sie die Klassenlehrerin. Sie kam eilfertig herbei, stand vor mir stramm, mit den Händen an der Hosennaht, und stellte sich als Brigadier vor. Ich schlug ihr vor, einen sozialistischen Wettbewerb im Kartoffellesen zu organisieren und versprach, zwei Preise zu stiften. „Eine ausgezeichnete Idee", sagte die Bürgerin Brigadier und klatschte in die Hände: „Mädchen, herhören! Wir veranstalten einen sozialistischen Wettbewerb und der Genosse vom Heimkehrerzug – wie heißen Sie bitte? Ah, Nikolai Pawlowitsch hat Preise für die zwei Besten in Aussicht gestellt. Wir stellen uns in einer Reihe auf, ich gebe das Startzeichen." Ich lief so schnell ich konnte zum Zug zurück und holte aus meinem Gepäck eine Tafel Schokolade und eine wunderschöne leere Muratti Zigarettenschachtel aus Blech. Mein Freund Heinrich Dechamps steuerte noch einen dritten Preis bei und kam selber mit, den Wettkampf anzuschauen. Auf der Wiese, beim Kartoffelacker, hatte sich eine größere Gruppe neugieriger Kameraden eingefunden. Die Genossin Brigadier hatte die Bedingung gestellt, daß es gerecht zugehen müsse und keines der Mädchen Hilfe erhalten dürfte. Dann gab sie das Startsignal. Es war nicht zu verhindern, daß sich einige meiner Kameraden ebenfalls in die Kartoffeln stürzten und daß die Hübscheste in der Brigade, Marussia, von zwei Mann unterstützt wurde. Jedes Mädchen hatte ein kleines Körbchen. Am Ende der Furchen, weit am Horizont, war das Ziel und da waren die Körbe gerade gefüllt. Es war der armseligste Kartoffelacker, den ich in meinem Leben gesehen habe. Marussia mit ihren zwei Helfern gewann natürlich das Rennen und ich schritt zur feierlichen Preisverteilung. Die drei Gewinnerinnen traten militärisch an. Nun sagte die Brigadierin, die Mädchen wollten auch ihrerseits einen Beitrag bringen, sie könnten sehr gut singen und ich sollte Lieder vorschlagen, die ich gerne hören wollte. Ich schlug alte russische Volkslieder vor, wie beispielsweise den „Roten Sarafan", aber die waren unter Stalin verboten gewesen wegen ihres nostalgischen Charakters. Ebenso wie Hitler seinen Hofdichter Herms Nil neue Lieder wie „Erika" schreiben ließ, so hatte Stalin den Komponisten Alexandrow, der Volkslieder ohne schwächlichen Sehnsuchtsgehalt fabrizierte, wie z.B. „Mein Moskau". Alexandrow war allerdings der musikalisch Überlegene. Von ihm stammt auch die neue sowjetische Hymne. Da nun meine Vorschläge wertlos waren, schlug die Brigadierin das Pionierlied vor, das ihre Mädchen bereits mit großem Erfolg in Ostberlin vorgetragen hätten. Ich mußte nun diese Parade abnehmen. Die Sängerinnen traten militärisch an und sangen zackig das Lied der Pioniere, deren Entsprechung im Hitlerdeutschland „Pimpfe" genannt wurden. Immer noch ein Vers und immer noch ein Vers, bald 100 Verse. Meine Kameraden waren alle verschwunden, ich mußte das Lied zu Ende hören und mich bei der Brigadierin und den Mädchen bedanken und ihnen versprechen, ihnen aus Deutschland eine Postkarte zu schicken. Nachdem ich diese Pflichten erledigt hatte, setzte ich mich im Laufschritt in Bewegung, geriet in einen Sumpf, die Füße sanken tief ein und waren, ganz wie in einem bösen Traum, nur schwer herauszuziehen. Die Lokomotive pfiff, der Zug setzte sich in Bewegung, mit letzter Kraft erreichte ich den Bahndamm und sah die winzigen Tritteisen, aber hatte nicht mehr die Kraft, mich da hinaufzuschwingen und ließ den Zug passieren. Im letzten Wagen stand der russischen Major und grinste übers ganze Gesicht. Ich ging längs der Schienen hinterher Richtung Brest, das nicht weit entfernt war. Dort stand der Zug viele Stunden lang, bis es Zeit war auf einen anderen Bahnsteig hinüberzugehen, an dem ein Zug mit westeuropäischer Spurbreite bereitgestellt wurde. Zunächst wurde unser Gepäck kontrolliert. Ich hatte einen Holzkoffer, während des Krieges von einem russischen Kriegsgefangenen gemacht, und einen Rucksack. Sie suchten, wie sie mir sagten, nur Gold und sowjetisches Geld. Beides durfte nicht ausgeführt werden. Für Papiere und Bücher hatten sie kein Interesse. Wenn ich das gewußt hätte, hätte ich manches Interessante mitbringen können. Auf dem Bahnsteig hatten sich zwei Maschinenschreiberinnen aufgebaut. Man konnte Telegramme an die Angehörigen aufgeben und hierfür die letzten Rubel ausgeben. Ich stand mit zwei jungen Generalstäblern zusammen. Der eine von ihnen war Raison, der Schwiegersohn des Finanzministers Schwerin. Sie rieten mir, zum Spaß in einer ungewöhnlichen Sprache zu telegrafieren. Ich fragte die beiden Telegrafistinnen, ob ich ihnen einen chinesischen Text diktieren könne. Selbstverständlich, sagte die eine, als ob das gar nichts Besonderes wäre, nahm Block und Bleistift und sah mich erwartungsvoll an. Da mir aber das Chinesische nicht geläufig war, zog ich es vor, Hillo eine französische Nachricht nach Stockholm zu senden: „Arrivé à Brest, bientôt chez toi". Jetzt konnte ich ruhig die schwedische Adresse preisgeben.

Und dann fuhren wir wirklich über die Grenze nach Polen hinein. Wer noch einen kleinen Zweifel übrig gehabt hatte, konnte jetzt ganz sicher sein: Es ging in die Freiheit. Es war kaum zu fassen. Als der Zug abfuhr, nahmen der sowjetische Major, der Sergeant und die Feldscherin die roten Armbinden ab. In Polen wagten sie nicht, sie zu zeigen. Auch hier hielt der Zug immer wieder und immer strömte eine Menge Menschen herbei. Sie wollten alle bei uns etwas kaufen. Als erstes fiel mir auf, daß die Polinnen viel besser frisiert waren als die Frauen in Sowjetrußland. Obwohl wir auf dem langen Wege vom Ural bis Brest eigentlich schon alles verkauft hatten, was wir übrig hatten, so entwickelte sich trotzdem auch in Polen immer wieder ein rechter Trödelmarkt. Ein polnischer Eisenbahnoffizier, der etwa meine Größe hatte, wollte unbedingt meine neue Wattejacke und Wattehose kaufen. Ich sagte ihm, daß das eigentlich meine ganze Kleidung sei, wir noch eine unbestimmte Zeit zu fahren hätten und man nicht wissen könne, wie kalt der Oktober noch werden würde. Er aber ließ nicht locker und erklärte, daß ich in Westdeutschland bald alles Nötige haben würde, während für ihn die Möglichkeit, mein Wattezeug zu erwerben, eine einmalige und nie wiederkehrende Gelegenheit sei. Schüchtern fragte er weiter, ob ich vielleicht zufällig ein Paar Gummistiefel hätte, die er so dringend brauchte. Hillo hatte mir in einem Paket Gummistiefel geschickt und sie lagen in meinem Rucksack. Ich gab ihm alles und empfing eine symbolische Gegenleistung in Zloty und zog einen ebenfalls von Hillo erhaltenen Trainingsanzug an, in dem ich dann in Herleshausen eingetroffen bin.

Auf allen Haltestellen war das gleiche Bild: Es strömten viele Polen zusammen, und zwar nicht nur, um etwas zu kaufen, sondern auch, um sich mit uns zu unterhalten. Von Brest bis Kutno sprachen nicht viele Polen Deutsch. Man konnte sich mit ihnen besser auf Russisch verständigen. Von Kutno an sprachen alle Deutsch. Es ist ein wichtiger Knotenpunkt mit einem großen Bahnhof. Wir hatten nichts mehr zu verkaufen. Die Polen waren aber um so interessierter am Gespräch.

Unser sowjetischer Transportleiter, der genauso gekleidet war wie ich und, wie schon erwähnt, seine rote Armbinde versteckt hatte, hatte sich ebenfalls in das Gewimmel auf dem Bahnhof gemischt. Ein Pole kam auf mich zu und sagte: „Mit Ihnen unterhalte ich mich ja gerne, trotz allem, was während des Krieges über uns ergangen ist. Aber mit denen da (und er zeigte diskret auf den Transportleiter) will ich nichts zu tun haben!" Woran konnte er den Russen sofort erkennen? Aus allen Gesprächen mit Polen war eine für uns schwer vorstellbare Ablehnung alles Russischen zu erkennen. Einer sagte: „Während des Krieges gab es Straßenbahnwagen für Deutsche und für Polen. Heute ist es genau das Gleiche. Aber die Deutschen sind trotzdem eine Kulturnation, die Russen sind Tiere."

Der Zug umfuhr Posen, so daß ich auf ehemals Bekanntes keinen Blick werfen konnte. In Benschen ging ich in ein Geschäft in der Nähe des Bahnhofs und kaufte Goplanaschokolade für Uta und Bettina, als einen Gruß aus der Stadt, in der sie geboren sind. Diese Schokolade wurde auch während des Krieges in Posen hergestellt und entsprach dem allgemeinen Standard. Was ich aber den Kindern nach Schweden mitbrachte, erwies sich als kaum eßbar.

Die Grenze zwischen Polen und der Ostgrenze Deutschlands ist Frankfurt/Oder. Als der Zug auf dem Bahnhof einlief, zeigte sich ein völlig neues Bild. Der Stil der Uniformierten, die in großer Zahl sichtbar wurden, erinnerte an Hitlerdeutschland. Schwarz und ganz im SS-Stil gekleidete jüngere Menschen beiderlei Geschlechts begrüßten uns nicht etwa als Heimkehrer, sondern mit Arroganz und spöttischer Ablehnung. Aussteigen gab es nicht. Die Schiebetüren des Waggons auf der rechten Seite, wo der Bahnhof lag, wurden zugeschoben und von außen verriegelt. Dann setzte sich der Zug in Bewegung. Er wurde nicht über Berlin geleitet, wo einige von uns hatten aussteigen wollen. Da alle Stationen, durch die wir fuhren auf der rechten Seite lagen, fuhren wir ins Ungewisse, denn man konnte nicht erkennen, wohin es ging. Erst als der Zug in der Nacht hielt, war es möglich, die Türen auf der rechten Seite wieder aufzuriegeln.

In einer kleinen Stadt in Thüringen hielt der Zug um die Mittagszeit. An den Enden der Bahnsteige waren Volkspolizisten postiert, die das Publikum daran zu hindern hatten, sich dem Zuge zu nähern. Es war gerade die Zeit des Schulschlußes. Eine große Gruppe von Jungen und Mädchen stürmte unbekümmert über die Schienen auf den Bahnsteig, auf dem wir herumstanden und mischten sich unter uns. Wir beschenkten sie mit den letzten Schokoladentafeln aus unserem Gepäck.

Der Bahnhofsvorsteher in Uniform, ein sympathischer älterer Herr, kam mit sorgenvollem Gesicht näher. Ich kam mit ihm ins Gespräch und er sagte mir auf die Kinder weisend: „Verjagen will ich sie ja nicht, aber es ist der Bevölkerung streng verboten, mit Ihnen Kontakt aufzunehmen und ich blicke dem morgigen Tag mit Sorgen entgegen. Sie können sich kaum vorstellen, was ich morgen auszustehen haben werde." Wir fuhren weiter durch ein fremdes und feindseliges Land. An Straßenübergängen war es immer wieder erschütternd zu sehen, wie weinende Frauen hinter dem Schlagbaum standen und uns nachsahen. Auf dem Bahnhof Erfurt war ein längerer Aufenthalt. Wir mußten an den offenen Türen in den Waggons bleiben und wurden nicht auf den Bahnsteig gelassen. Unten patrouillierten Volkspolizisten, benahmen sich feindselig und teilweise aggressiv. Zweien meiner Kameraden wurde das zu bunt. Sie sprangen aus dem Zug, warfen zwei Volkspolizisten nieder, schleuderten ihre Maschinenpistolen in die Büsche und waren im Nu wieder im Zug. Man tat das Klügste, was man in dieser Lage tun konnte und gab kurz nach diesem Zwischenfall das Abfahrtssignal. Bald waren wir an der Grenze zur Bundesrepublik. Der erste Mensch, den wir auf der Westseite erblickten, war ein für unsere Begriffe elegant gekleideter Angehöriger der Grenzpolizei. Er sah wohlhabend, intelligent und freundlich aus, legte die Hand an die Mütze und grüßte lachend zu uns herüber. Bald lief der Zug in Herleshausen ein. Hier endete der Auftrag der sowjetischen Zugbegleitung. Der Oberleutnant und seine Gehilfen hatten in Frankfurt/Oder ihre für die Fahrt durch Polen versteckten Armbinden wieder angelegt und trugen sie auch hier in der Bundesrepublik, ohne Feindseligkeiten befürchten zu müssen. Das Weitere verlief wie im Traum. Irgendwelche Formalitäten sind mir nicht erinnerlich. Wir wurden in Bussen in einer längeren Fahrt zum Heimkehrer-Auffangslager Friedland gebracht. Direkt auf der Grenze hatte, wie gesagt, ein Angehöriger der Grenzpolizei gestanden, der durch sein freundliches Aussehen und sein Grüßen, besonders nach den Erlebnissen in der Ostzone, uns das Gefühl des Willkommenseins, des Nachhausekommens gegeben hatte. Aber seine überdimensionierte Dienstmütze mit geschwungenem Teller erweckte in mir ein Gefühl der Besorgnis, weil sie mir als ein Symbol des Obrigkeitsstaates erschien. Die ganze nun folgende Prozedur war jedoch völlig locker und frei von Bürokratismus. Es war schon gegen Abend. Friedland ist ein Barackenlager, das auf Initiative einer Engländerin kurz nach dem Kriege für die Aufnahme von Vertriebenen, Flüchtlingen und Heimkehrern errichtet worden ist. Auf dem Lagerplatz empfing uns eine größere Zahl von traurigen Frauen. Jede von ihnen trug an einem Stock ein weißes Stück Pappe mit dem Namen des vermißten Mannes oder Sohnes. Sie gingen zwischen uns umher und versuchten, die Namen von allen Neuankömmlingen lesen zu lassen. Ich habe es leider nicht erlebt, daß ein Schicksal auf diese Weise aufgeklärt werden konnte. Doch weiß ich, daß solche Fälle vorgekommen sind. Ein Vertreter der Regierung aus Bonn hielt eine Begrüßungsansprache, bemühte sich, allen Mut für den Neuanfang zu machen und erklärte, daß wir nicht zu spät gekommen seien. Zwei Tage vorher war auch Adenauer da gewesen. Am nächsten Morgen sollte der amtliche Kram beginnen: Feststellung der Personalien, Ausstellung von Ausweispapieren, Geldauszahlung (Jeder bekam DM 1. pro Tag der Gefangenschaft. Was bei mir etwa 5.500 DM ausmachte). Auch wurde man neu eingekleidet, so daß ich meinen Trainingsanzug ablegen und einen grauen Straßenanzug mit Hemd, Schlips und braunen Schuhen anziehen konnte. Schon im Ural hatte ich durch einen Kassiber erfahren, daß der Sachbearbeiter des Roten Kreuzes in Friedland „von Rosen" hieß. In Friedland, am Ankunftsabend, fragten mich mehrere Kameraden: „Sind Sie schon bei Herrn v. Rosen gewesen? Er hat was für Sie!" Ich ging also noch am Ankunftsabend zu ihm. Er hatte auf einer großen Pappe alle Anfragen notiert, die mich betrafen, darunter war eine Telexnachricht von Roman Tiesenhausen aus Bremen, mit der er mich bat, ihn sofort zu benachrichtigen. Ich schrieb einen Text auf, den Herr von Rosen per Telex an Roman durchgab. Ich fragte ihn natürlich, was für ein Rosen er sei und schlug vor, daß er vielleicht ein Sohn aus Grocholin in West-Preußen sein könnte. Er antwortete mit einer vagen Handbewegung, die wohl andeuten sollte, daß die Beantwortung meiner Frage etwas kompliziert sei. Später erfuhr ich, daß dieser Herr von Rosen für seinen unermüdlichen, vorbildlichen Einsatz in Friedland den höchsten schwedischen Orden erhalten habe. Kurz nach dieser Ehrung hätte sich herausgestellt, daß er in Wirklichkeit „Grabowski" hieß und sich unter dem anderen Namen in Friedland hatte tarnen wollen.

Da es nun nichts weiter zu tun gab und ich mich von der Reise ermüdet fühlte, legte ich mich in einer der Baracken schlafen, nachdem ich Heinz Schulte-Ladbeck und seinem Freund und Helfer Heinzelmann Gute Nacht gesagt hatte. Bevor ich noch eingeschlafen war, erschien Heinzelmann an meinem Bett und sagte: „Ihre Frau ist gekommen!" Hillo war mit ihrem Volkswagen aus Stockholm gekommen und hatte sich in dem völlig ausgestorbenen Lager Friedland (die meisten schliefen schon) unter eine Laterne gestellt und den von ihrer Mutter Olga

Tiesenhausen eingeführten Familienerkennungsruf „juku-aa-ai" ertönen lassen. Heinzelmann, auch schon in einer Baracke, erkannte den Ruf, den ich ihm und Schulte wohl einmal im Ural vorgemacht haben muß. Er ging hin und sagte zu Hillo: „Sie sind doch Frau von Rosen!" So konnte ich Hillo unter der Laterne umarmen. Es war wie im Märchen.

Claus und Hillo in München, 1980, beim Ritterschaftsball.

20

Soweit war ich am 29. Januar 1989 um halb zwölf gekommen. Ich hatte zwei Stunden lang Hesi Truchseß meine Erinnerungen diktiert. Als unsere Zeit um war und wir das Wiedersehen in Friedland nach elf Jahren erreicht hatten, sang ich Hesi den Ruf vor, „juku-aa-ai" und hörte im inneren Ohr das Echo eine Terz tiefer. Es war, als hätte Hillo mich gerufen. Als hätte? Ich glaube, es war wirklich Hillo.

Hesi war wie ich von der Stimmung des Augenblicks ergriffen. Die einsame Frau nach tausend Kilometern Autofahrt auf dem dunklen Platz im Schein der einzigen Laterne! Mir kamen die Tränen. Ich verabschiedete mich und ging hinunter.

Hillo hatte einen Schlaganfall erlitten und war bewußtlos. Zwei Tage später, ganz früh am 1. Februar, verschied sie in Utas Gegenwart in Hofheim im Krankenhaus, ohne vorher ins Tagesbewußtsein zurückgekehrt zu sein.

Seit dem sind drei Jahre vergangen. So Gott will, werde ich die Niederschrift der Erinnerungen wieder aufnehmen und zu einem neuen Abschluß bringen.

Nachwort

Es wurde anders. Claus von Rosen lebte noch viele Jahre, nahm aber die *Erinnerungen* nicht wieder auf. So blieben 43 Jahre nach seiner Heimkehr unbeschrieben. Er arbeitete an der Stockholms Sparbank und dann bei der Deutsch-Schwedischen Handelskammer in Stockholm als Sekretär. Er war einige Jahre Vorsitzender der Schwedischen Abteilung vom „Verband der Baltischen Ritterschaften." Nachdem Mutter und Vater beide pensioniert wurden, verkauften sie ihr Haus in Vallentuna außerhalb Stockholm und zogen zu unserer Schwester Uta und ihrer Familie in Unterfranken. Dort starb Vater im Frühjahr 1998.

Detlev von Rosen

www.ingramcontent.com/pod-product-compliance
Lightning Source LLC
Chambersburg PA
CBHW022006160426
43197CB00007B/298